D1677796

HORST UND GISELA KRETZSCHMAR
WOLFGANG ECCARIUS

Orchideen auf Kreta, Kasos und Karpathos

Ein Feldführer durch die Orchideenflora der zentralen Inseln der Südägäis

mit einem Beitrag von RALF JAHN

2002

Umschlagbild: *Orchis pauciflora* - 10.5.1997 (KR) Orino
Rückumschlagbild: *Ophrys tenthredinifera* - 3.4.1994 (KR) Saktouria
Titelbild: *Ophrys cretica* subsp. *ariadnae* 28.3.1998 (KP) Menetes

Selbstverlag H. KRETZSCHMAR, Bad Hersfeld 2002
Nachdruck und auszugsweise Wiedergabe nur mit ausdrücklicher Genehmigung der Autoren
© 2002, alle Rechte vorbehalten

ISBN 3-00-008878-4

Fertig zur Auslieferung am 1.2.2002

Druck: Hoehl-Druck GmbH, Bad Hersfeld
gedruckt auf chlorfrei gebleichtem Papier

Anschrift der Autoren:
Dr. Horst und Gisela KRETZSCHMAR, Goethestraße 4c, D-36251 Bad Hersfeld
Prof. Dr. Wolfgang ECCARIUS, Amrastraße 107, D-99817 Eisenach

Inhaltsverzeichnis

Einleitung	5
Die Inseln Kreta, Kasos und Karpathos	7
Allgemeines zur Pflanzen- und Tierwelt des Gebietes	28
Besonderheiten der Orchideenflora auf der Insel Gávdos (von Ralf JAHN)	39
Zur Verbreitung und Gefährdung der Orchideen auf Kreta, Kasos und Karpathos	42
Taxonomie, Artabgrenzung und Genetik	48
Allgemeines zum Artbegriff	*48*
Ergebnisse genetischer Untersuchungen	*50*
Übersicht der Taxa im Untersuchungsgebiet	52
Bestimmungsschlüssel	54
Blühzeiten und Ansprüche an die Bodenreaktion	62
Artenteil	64
Hybriden	354
Bemerkungen zur Fototechnik	393
Empfehlenswerte Exkursionen	394
Literatur	406
Register der wissenschaftlichen Orchideennamen	411
Danksagung	416
Unterkunftsmöglichkeiten / hilfreiche Adressen	416

Einleitung

Mit diesem Feldführer wird nach der Behandlung der Orchideenflora von Rhodos (KRETZSCHMAR et al. 2001) die Bearbeitung der Orchideen der Süd-Ägäis fortgesetzt. Während auf Rhodos floristisch viele kleinasiatische Elemente zu finden sind, überwiegen auf den übrigen, hier zusammengefaßten Inseln eher europäische Einflüsse (RAUS 1991).

In den vergangenen 10 Jahren konnte während zahlreicher Besuche auf Kreta, Kasos und Karpathos eine große Datenmenge zusammengetragen werden. Sie erfuhr dank der freundlichen Unterstützung durch R. JAHN eine wesentliche Erweiterung, der uns neben Geländedaten, die im Rahmen seiner Arbeit über die südägäischen Phrygana-Gesellschaften erfaßt wurden, auch seine Auswertungen der Literatur über die Gefäßpflanzen der Südägäis zugänglich machte. Unsere Auswertung der speziellen Orchideen-Literatur wurde dadurch wesentlich ergänzt. Insgesamt konnten auf diese Weise Orchideenfunde für Kreta schon ab dem frühen 19. Jahrhundert lokalisiert werden. So wurde es möglich, für die Orchideen des Gebietes eine Feinrasterkartierung vorzulegen, die trotz mit Sicherheit noch bestehender Kartierungslücken gerade für seltenere Arten erstmals geographische Verbreitungsgrenzen zeigt.

Die Kenntnis der Verbreitung der Arten stellte eine wichtige Grundlage für ein weiteres, wesentliches Anliegen der Autoren dar: ähnlich wie für Rhodos eine sinnvolle und leicht nachvollziehbare Gliederung der Arten und Unterarten des Gebietes zu schaffen. Da es in den letzten zwei Jahrzehnten leider üblich geworden ist, jeden auch noch so kleinen Unterschied auf der Rangstufe der Art zu beschreiben, war es unumgänglich, eine Reihe von Taxa in den Rang einer Unterart, andere in die Synonymie zu verweisen. Die Kriterien, die hierbei anzuwenden waren, werden in einem speziellen Kapitel erörtert.

Andererseits kam es den Autoren aber darauf an, die oft extreme individuelle Vielfalt der Arten auch im Bild zu dokumentieren. Gerade die Kenntnis der hohen Variabilität mancher Arten führte zu der Einsicht, daß manche durchaus auffällige Abweichung sich zwanglos in die Varianz der Stammart einordnen läßt. Dies hatte zur Folge, daß das vorliegende Werke besonders reichhaltig mit über 700 Abbildungen ausgestattet ist. Jedem Bild sind Ort und Datum der Aufnahme zugeordnet. Zusätzlich wird in Klammern noch die betreffende Insel durch ein Kürzel angegeben (KR für Kreta, KP für Karpathos und KA für Kasos).

Das einleitende Kapitel stellt in knapper Form historische, geographische, geologische und klimatische Fakten über das Gebiet zusammen. Ihm folgt die Vorstellung einiger Vertreter der reichhaltigen übrigen Flora und Fauna. Ein besonderes Kapitel ist der Insel Gávdos als südlichstem Punkt Europas gewidmet. Ihm schließen sich statistische Auswertungen, eine kartenmäßige Darstellung der Artendichte für die drei Hauptinseln sowie eine Erörterung der Bestandssituation an, auf bestehende Gefährdung einiger Lebensräume wird speziell hingewiesen. Das anschließende Kapitel über Taxonomie und Artabgrenzung wird durch eine Zusammenstellung der Erkenntnisse der Genetik ergänzt. Es folgt eine Übersicht aller Taxa in der Reihenfolge, in der sie im Artenteil behandelt werden. Der allgemeine Teil dieses Feldführers wird durch einen Bestimmungsschlüssel und einen Blühkalender abgeschlossen. Im Schlüssel ist als Besonderheit zur Erleichterung der Bestimmung bei jeder Art ein „Blüten-Icon" abgedruckt. Diese Icons stehen zueinander im natürlichen Größenverhältnis und sollen es auch dem botanisch weniger versierten Benutzer ermöglichen, Bestimmungsfehler zu vermeiden. Im Blühkalender werden zusätzlich die grundsätzlichen Bodenansprüche der einzelnen Arten durch unterschiedliche Farben verdeutlicht.

Wie auch auf Rhodos gehören einige der auf Kreta, Kasos und Karpathos vorkommenden *Ophrys*-Arten zu ausgesprochen schwierigen Formenkreisen. Um dem Benutzer hier die Einarbeitung und Bestimmung zu erleichtern, sind diese Arten zu jeweils nach einer „Leitart" benannten „Verwandtschaftsgruppe" zusammengefaßt worden. Mit diesem Begriff wollen die Verfasser natürlich keine neue taxonomische Rangstufe einführen, sondern betrachten ihn vielmehr als spezifisch didaktisches Hilfsmittel.

Die Anordnung der Arten im Artenteil erfolgte lexikographisch nach wissenschaftlichen Artnamen. Die Gruppen sind nach ihrem Gruppennamen in diese Reihenfolge eingeordnet, innerhalb einer Gruppe stehen die zugehörigen Arten dann erneut in alphabetischer Folge. Um ihre Zugehörigkeit zu einer Gruppe zu betonen, wird bei solchen Arten in der Kopfleiste ein gemeinsames Icon gezeigt. Zusätzlich sind kretische Endemiten durch einen in roter Farbe gehaltenen Artnamen, solche von Karpathos durch lila und unstete Arten durch blaue Schrift gekennzeichnet.

Zu jeder Art wird neben einer ausführlichen Diagnose auch auf bevorzugte Habitate hingewiesen. Außerdem werden die im Gebiet bisher aufgefundenen Hybriden aufgezählt, es wird auf Verwechslungsmöglichkeiten mit anderen Arten aufmerksam gemacht sowie die Blütezeit und die Datenbasis der Verbreitungskarte genannt. Letztere zeigt im 2km-UTM-Raster die Verbreitung jedes behandelten Taxons in drei Zeitzonen (vor 1980 - schwarze Punkte, 1980-1989 blaue Punkte, ab 1990 - rote Punkte).

Den Arten folgen die Hybriden, zunächst die intergenerischen, danach die interspezifischen. Sie sind ebenfalls, jetzt nach der Hybridformel, alphabetisch geordnet und zusätzlich durch eine andersfarbige Kopfleiste gekennzeichnet. Eine Kurzdiagnose, die vor allem die in der Hybride erkennbaren Merkmale der Eltern herausarbeitet, wird durch die abgebildeten Blüten-Icons der jeweiligen Eltern untermauert.

Den Abschluß bilden die Beschreibung einer Reihe von empfehlenswerten Exkursionen, ein ausführliches Literaturverzeichnis und das Register der wissenschaftlichen Orchideennamen, in welchem fettgedruckte Seitenzahlen auf den Anfang des jeweiligen Hauptkapitels verweisen.

Die Inseln Kreta, Kasos und Karpathos

Die griechischen Inseln Kreta, Kasos und Karpathos liegen zusammen mit zahlreichen kleinen Nebeninseln südöstlich des Peloponnes im Mittelmeer, wobei Kasos und Karpathos zum sogenannten Dodekanes gehören. Die beiden letzteren liegen im Abstand von ca. 52 bzw. 76 km ost-nordöstlich von Kreta.

Bei den größeren Nebeninseln von Kreta handelt es sich (von Westen gegen den Uhrzeigersinn) um Gavdopoula, Gávdos, Paximadia, Hrissi, Koufonisi, Elasa, Dragonada, Psira, Gianisada und Dia, zu Karpathos zählt vor allem Saria und bei Kasos sind Armathia und Makronisi erwähnenswert. Die meisten von ihnen sind unbewohnt.

Kreta, die größte griechische Insel und die fünftgrößte im Mittelmeer (nach Sizilien, Sardinien, Zypern und Korsika), erstreckt sich in westöstlicher Richtung bei einer Fläche von ca. 8.700 km^2 über eine Länge von rund 250 km und besitzt eine maximale Breite von 56 km, während sie an der schmalsten Stelle (östlich von Ierapetra) nur eine Breite von 12 km erreicht.

In Kretas Längsachse sind vier voneinander isolierte Gebirgsmassive aufgereiht: die bis auf 2452 m aufsteigenden Lefka Ori im Westen, das 2456 m hohe

Abb. 1: Agios Ioannis, Mittelkreta, Blick auf den Psiloritis, 3.4.1994

Abb. 2: Omalos-Hochebene, abflußlose Wanne zwischen den Dikti-Gipfeln mit Schmelzwassersee oberhalb Epano-Simi, 19.5.2001

Abb. 3: Kreta (physisch), Mündung einiger Fließgewässer durch blaue Ziffern markiert

Ida-Gebirge (Psiloritis) in der Mitte der Insel, das Dikti-Massiv mit Gipfeln von fast 2150 m im östlichen Mittelkreta und die bis 1476 m aufragenden Berge Sitias im Osten Kretas. Neben den genannten Gebirgsmassiven gibt es eine große Anzahl weiterer Bergstöcke, die noch häufig Höhen über 1000 m erreichen. Größere Ebenen fehlen auf Kreta. Eine Ausnahme bildet die fast 50 km lange, aber nur wenige km breite Tiefebene der Messara im Süden Mittelkretas. Von den zahlreichen, meist kurzen und nicht immer wasserführenden Bächen und

Abb. 4: Küste bei Agios Pavlos, 6.4.1994

Flüssen sind Gioferos (1), Geropotamos (2) und Anapodaris (3) die bedeutendsten, ersterer mündet an der Nordküste, die beiden anderen an der Südküste ins Mittelmeer.

Ein auffälliges morphologisches Charakteristikum Kretas sind hochgelegene abflußlose Wannen (sogenannte Poljen, vgl. Abb. 2), deren größte die Lassithi-Hochebene ist. Die Nordküste Kretas ist durch Buchten und Halbinseln reich gegliedert (Abb. 4). Es wechseln Gebirgszüge und kleine Küstenebenen. Hier liegen nahezu alle kretischen Städte. Die meist steil abfallende Südküste ist dagegen viel dünner besiedelt.

Von den insgesamt 540.000 Einwohnern Kretas entfallen allein auf die Hauptstadt Iraklion 116.000; weitere größere Städte sind (von Westen nach Osten) die frühere Hauptstadt Chania, Souda, Rethymnon, Agios Nikolaos, Ierapetra und Sitia. Die Bevölkerung ernährt sich zum kleineren Teil aus der Landwirtschaft (neben der Weidewirtschaft vor allem durch den Anbau von Obst, Gemüse, Wein und Oliven) sowie von Handwerk und Industrie; bedeutendster Wirtschaftsfaktor ist jedoch der Tourismus.

Die Geschichte Kretas ist sehr bewegt. Im Gegensatz zum glänzenden Anfang - Kreta hat die älteste europäische Hochkultur hervorgebracht - wurde das Schicksal der Insel vor allem in den beiden nachchristlichen Jahrtausenden fast aus-

Geschichtstabelle Kreta

ab 6500 v.d.Z.
Spuren erster Besiedlung.

ab 2600 v.d.Z.
Minoische Kultur mit Zentren in Knossos und Phaistos -älteste Hochkultur Europas. Entwicklung der Landwirtschaft, Bronzewerkzeuge, später Bevorzugung des Eisens, hochentwickelte Töpferei, „minoische Seeherrschaft" führt zu Handel mit Ägypten und dem vorderen Orient. Entwicklung einer Hieroglyphenschrift. Gründung von Niederlassungen außerhalb Kretas.

um 1450 v.d.Z. - 1100 v.d.Z.
Griechische Einwanderer (Mykener) übernehmen die Macht auf Kreta.

1100 - 900 v.d. Z.
Eroberung Kretas durch neue Einwanderer (griechischstämmige Dorer).

900 - 67 v.d.Z.
Zeit der griechischen Stadtstaaten nach dem Vorbild Spartas.

67 v.d.Z. - 395
Kreta steht nach der Eroberung durch Quintus Cecilius Metellus unter römischer Herrschaft. Die Insel wird wichtiges römisches Verbindungsglied zu Afrika.

395 - 824
Bei der Teilung des römischen Reiches fällt Kreta an Ostrom und wird byzantinische Provinz.

824 - 960
Arabische Periode. Eroberung Kretas durch sarazenische Araber. Zerstörung der Städte, Bau der Festung Chandak (heute Iraklion).

960 - 1204
Zweite byzantinische Periode. Nach der Rückeroberung durch Nikephorus Phokas Zuzug byzantinischer Siedler.

1204 - 1645
Venezianische Herrschaft. Kreta wird von Venedig gekauft. Versuch der Zurückdrängung der griechisch-orthodoxen Kirche. 14 große Aufstände erschüttern die Insel während dieser Periode. 1540: El Greco auf Kreta geboren.

1645 - 1898
Türkische Herrschaft auf Kreta, nachdem Iraklion 1669 nach mehrjähriger Belagerung als letzte venezianische Festung gefallen war. Zahlreiche Aufstände auch in dieser Zeit.

1898 - 1913
Auf Betreiben Englands Autonomie Kretas unter türkischer Oberhoheit. Der Kampf der Kreter um den Anschluß an Griechenland geht weiter.

1913
Im Vertrag von London verzichtet die Pforte auf Kreta. Anschluß an Griechenland.

1941 - 1945
Kreta von deutschen Truppen besetzt.

ab 1970
Verstärkt einsetzender Tourismus.

ab 1985
Kreta gehört zu den wichtigsten Urlaubsgebieten im Mittelmeerraum, der Tourismus bildet den stärksten Wirtschaftsfaktor der Insel.

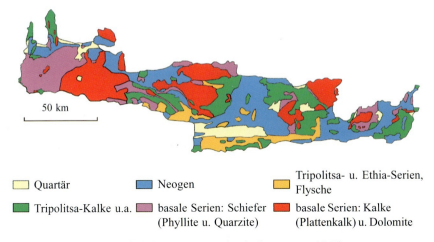

	Quartär		Neogen		Tripolitsa- u. Ethia-Serien, Flysche
	Tripolitsa-Kalke u.a.		basale Serien: Schiefer (Phyllite u. Quarzite)		basale Serien: Kalke (Plattenkalk) u. Dolomite

Abb. 5: Geologische Verhältnisse von Kreta (nach CREUTZBURG 1966)

schließlich durch von außen kommende Eroberer bestimmt. Einen Überblick über die wichtigsten historischen Ereignisse vermittelt die nebenstehende Tabelle.

Die geologischen Verhältnisse von Kreta sind im Überblick aus Abbildung 5 ersichtlich.

Erdgeschichtlich gilt die Insel als größte Restscholle eines durchgehenden, während der alpidischen Gebirgsbildung im Oligozän (vor über 30 Mill. Jahren) entstandenen Faltenzuges, der den Peloponnes im weiten Bogen mit den Gebirgen Südwestanatoliens verband.

Bei den auf Kreta auftretenden Gesteinen handelt es sich um Ablagerungen des Quartär, des Neogen (Miozän bis Pliozän) und präneogene Schichten (Jungpaläozoikum bis Alttertiär). Letztere werden in die basalen Serien (ca. 300 Mill. Jahre alt) und zwei darüber geschobene Serien, die Tripolitsa- und die Ethia-Serie, unterteilt.

Oberflächig stehen häufig Karbonatgesteine (Kalk bzw. Dolomit) an, die einer starken Verkarstung und Erosion unterliegen, wovon über 3.000 Höhlen und zahlreiche klammartige Schluchten (von denen die Samaria-Schlucht nur die bekannteste ist) beredtes Zeugnis ablegen. Ihre Verwitterung führt im Tiefland zu den am weitesten verbreiteten Roterden, die im Gebirge stellenweise durch gelbliche Lehme ersetzt werden. Hier sind die Böden allerdings weitgehend abgespült bzw. sehr skelettreich. Auch die Flysche enthalten häufig basisch reagierende Bestandteile.

Sauer reagieren insbesondere die Schiefer, deren Verwitterung gelblichrote, quarz- und humusreiche Böden ergibt. Auch die primär basischen Böden in Karstdolinen und Poljen können durch Auswaschungen eine schwach bis mäßig saure Reaktion zeigen.

Abb. 6: Eine der zahlreichen Schluchten in den südlichen Dikti bei Kato Simi. Sie wird auf keiner Karte besonders vermerkt, obwohl auch dieser Felseinschnitt mehrere 100 m hohe Wände besitzt, 21.5.2001

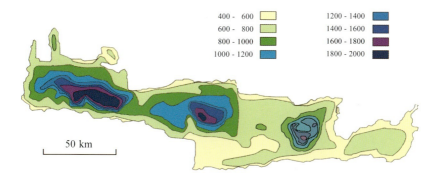

Abb. 7: Kreta - mittlere Jahresniederschläge (in mm) - nach JAHN & SCHÖNFELDER 1995

Durch diese Vielfalt an Böden erklärt sich zum Teil der große Artenreichtum der kretischen Orchideenflora.

Die klimatischen Verhältnisse Kretas werden zum einen durch seine Lage in der Mediterraneis, zum anderen durch seine starke Höhengliederung bestimmt. Die Hauptmenge der Niederschläge, von unten nach oben und von Osten nach Westen hin zunehmend, fällt in den Monaten November bis März, in den Bergen oft als Schnee, der in den Gipfelregionen bis in den Frühsommer überdauert (Abb. 8). Zur Ausbildung von Firn kommt es jedoch trotz der großen Höhe

Abb. 8: Auf dem Rücken des Bouvala bei Melambes, 3.4.1994

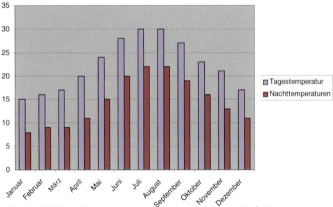

Abb. 9: Mittlere Monatstemperaturen von Chania (in °C)

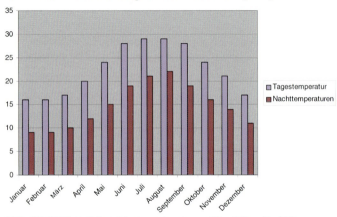

Abb. 10: Mittlere Monatstemperaturen von Heraklion (in °C)

nicht. Im Sommer ist es im Inselinneren oft unerträglich heiß, besonders wenn der Wind aus Afrika herüberweht. Der Regen gelegentlicher Sommergewitter ist dann durch Sand aus der Sahara gelblich gefärbt. Die nächtliche Taubildung fällt sommers auf Grund der Meeresnähe meist reichlich aus. Die Höhenlagen zeichnen sich zudem vor allem im Frühjahr und Herbst durch starken und böigen Wind aus.

Die heutige Vegetationsdecke Kretas ist vor allem durch die Jahrtausende während Einflüsse der menschlichen Kultur geprägt. Ihr Bild wird in geringem Maße von Kulturland (Olivenhainen, Zitrusplantagen), häufiger aber von den verschiedenen Degradationsstadien der immergrünen Wälder bestimmt.

Während HOMER in der Odyssee Kreta noch als waldreiche Insel beschreibt, ist der Waldanteil heute auf etwa 2 % der Fläche abgesunken. Er nimmt in neuerer Zeit durch die Nutzungsaufgabe unrentabler Flächen wieder etwas zu. Die Waldgesellschaften Kretas gehören zu den immergrünen Hartlaubwäldern (haupt-

Abb. 11: Südlich Thripti im lichten Kiefernwald mit *Pinus brutia,* 9.5.1997

sächlich aus *Acer sempervirens, Ceratonia siliqua, Cupressus sempervirens, Pistacia lentiscus, Quercus coccifera* und *Q. ilex*), die durch Waldweide, Abbrennen, Niederwaldnutzung allerdings meist nur als lichte Vor- und Buschwaldstadien ausgebildet sind. Manchenorts sind sie wie überall im Mittelmeergebiet durch meist sekundäre Kiefernwälder (*Pinus brutia* mit Beimischung von *Cupressus sempervirens*) ersetzt. Nur sehr kleinflächig ausgebildet sind die Schluchtwälder Kretas, die aber für die Existenz einiger Orchideenarten wichtig sind.

Weit verbreitet ist dagegen die Phrygana (Abb. 12), eine immergrüne Strauchgesellschaft mit einer Vielzahl von Halb- und Zwergsträuchern, die gegen Verbiß durch Dornen und Stacheln, ätherische Öle oder Giftstoffe geschützt sind. Ihre Existenz verdankt sie vor allem der seit dem Altertum betriebenen extensiven Weidewirtschaft. Enthält die Phrygana neben den typischen Zwergsträuchern auch potentielle Waldbäume in strauchiger Form, die bei Einstellung der Beweidung im Laufe der Zeit zu einem Vorwald auswachsen, spricht man auch von einer Garigue.

Eine weitere, vor allem wegen ihrer zahlreichen Endemiten interessante Pflanzengesellschaft stellen die Igelpolsterheiden der kretischen Gebirge dar, die in Höhenlagen zwischen 1500 und 2400 m auftreten.

Abb. 12: Phrygana oberhalb Vatos mit Blick auf das Dorf, 3.4.1994

Abb. 13: Bergphrygana am Afendis Kavousi mit Blick auf das Dorf Thripti, 9.5.1997

Nicht zu vergessen sind schließlich auch extensiv bewirtschaftete Getreidefelder, Brachen, aufgelassene Äcker und Olivenhaine, die durch *Gladiolus italicus, Anemone coronaria* oder *Tulipa doerfleri* und viele andere Arten oft eine bemerkenswerte Blütenpracht entfalten (Abb. 14, 15).

Abb. 14: *Anemone coronaria* auf einem aufgelassenenem Acker bei Agios Pavlos, 1.3.1996

Abb. 15: *Tulipa doerfleri* auf einer Brache bei Gerakari, 12.4.2001

Kasos ist mit nur 66 km² (bei einer Länge von 19 km und einer Breite von 6,6 km) die kleinste der hier besprochenen Inseln, während das in nordsüdlicher Richtung langestreckte Karpathos (mit einer Länge von nahezu 50 km und einer größten Breite von 15 km) zusammen mit der durch einen schmalen Kanal getrennten Insel Saria eine Fläche von rund 305 km² erreicht. Karpathos ist durch junge Gräben in drei Gebirgsmassive zerlegt: Homali-Massiv im Süden, Kalilimni-Massiv (1213 m) im zentralen Teil und ein schmales Massiv im Norden, das sich auf der Insel Saria fortsetzt. Die gesamte Insel wird von zahlreichen Störungen in ein Schollenmosaik zerlegt. Auf Kasos wird der höchste Punkt am Prionos im Osten der Insel mit 601 m erreicht.

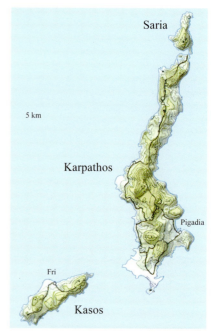

Abb. 16: Kasos und Karpathos (physisch)

Abb. 17: Lange aufgelassene Olivenkultur bei Katodio auf Karpathos mit viel *Ferula communis*, 1.4.1998

Abb. 18: Verlassene Siedlung südlich Olimbos im Norden von Karpathos, 1.4.1998

Beide Inseln zeichnen sich durch Mangel an Ebenen aus, die nur äußerst kleinflächig ausgebildet sind. Ackerbau ist nur auf künstlich angelegten Terrassen möglich, der Anbau von Getreide tritt daher sehr zurück.

Im Gegensatz zu Kreta hat sich auf den beiden Inseln bisher noch kein ausgesprochener Massentourismus entwickeln können, weil dazu weitgehend der geeignete Platz fehlt. Auf Karpathos beschränkt er sich auf die unmittelbare Umgebung des Hauptortes Pigadia und einzelne Küstenhotels an Buchten der Ostküste nördlich von Pigadia sowie bei Lefkos an der Westküste. Die Erwerbsmöglichkeiten für die Bevölkerung sind daher sehr beschränkt, folglich ist die Abwanderung beträchtlich. Zahlreiche verlassene Siedlungen geben davon Kunde. Angesichts dieser Verhältnisse scheint es dem heutigen Besucher kaum glaublich, daß allein Kasos früher einmal 11.000 Einwohner besessen haben soll, was einer Bevölkerungsdichte von mehr als 160 Einwohnern pro Quadratkilometer entspräche. So sind denn auch große Teile der Insel mit heute aufgelassenen Terassen überzogen, die von der einst intensiven Nutzung des kargen Bodens zeugen. Trotz dieses Umstandes dürfte die Insel nicht in der Lage gewesen sein, ihre Einwohner mit Nahrungsmitteln zu versorgen. Auch auf Karpathos zeugen viele aufgelassene Terassen von früherer intensiver Landnutzung. Saria ist heute sogar völlig unbewohnt.

Geschichtstabelle Kasos und Karpathos

Über die Frühzeit der Geschichte der beiden Inseln gibt es mangels archäologischer Funde keine gesicherten Informationen. Der Sage nach soll die Erstbesiedlung durch Phönizier erfolgt sein.

1000 - 500 v.d.Z.

Die griechischstämmigen Dorer wandern vom Festland ein und besiedeln die Inseln.

um 480 v.d.Z.

Kasos und Karpathos unterstehen der Oberhoheit Athens und zahlen jährlich 1000 Drachmen Steuer.

44

Kasos und Karpathos werden der römischen Provinz Asia einverleibt.

395

Bei der Teilung des römischen Reiches fällt der Dodekanes mit Kasos und Karpathos an Ostrom. Beginn der byzantinischen Herrschaft.

825 - 961

Die Araber überfallen von Kreta aus häufig die beiden Inseln.

1207 - 1537

Kasos und Karpathos werden von Kreta aus unter venezianische, zwischen 1287 - 1307 auch unter genuesische Herrschaft gebracht. Während dieser Periode wurden die Inseln fortwährend von Piraten aus der Türkei, Tunis, Algerien, Kreta und Tripolis überfallen und ausgeraubt.

1537 - 1912

Kasos und Karpathos werden von den Türken erobert, die den Inseln aber eine weitgehende Selbstverwaltung gewährten und sich mit der Erhebung einer halbjährlichen Naturalsteuer begnügten. Die Überfälle durch Piraten gingen jedoch weiter, so daß Kasos ab 1579 unbewohnt war und erst 1622 wieder besiedelt wurde. In der Zeit danach erholte sich die Bevölkerung sehr stark, wodurch allein Kasos 1821 ca. 11.000 Einwohner gehabt haben soll (heute ca. 1.200).

1824

Kasos spielte durch mehr als 100 gut bewaffnete Handelsschiffe eine große Rolle im 1821 beginnenden griechischen Befreiungskampf gegen die Türken. Deshalb wird bei einer Bestrafungsaktion durch Ismail Gibraltar fast die gesamte Bevölkerung niedergemetzelt.

1912 - 1947

Italienische Periode in der Geschichte von Kasos und Karpathos.
Nachdem die Italiener 1912 die Türken vertrieben hatten, fiel der gesamte Dodekanes durch den Vertrag von Lausanne (1923) an das faschistische Italien.

1947

Friedensvertrag von Paris, Kasos und Karpathos werden griechisch.

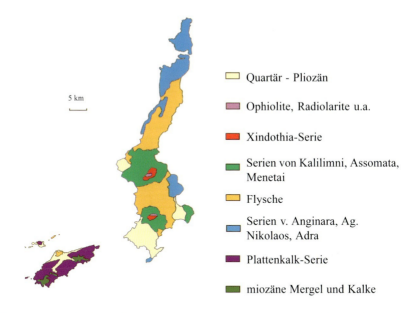

Abb. 19: Geologische Verhältnisse von Karpathos (nach JACOBSHAGEN 1986) und Kasos (IGME 1984)

Legende:
- Quartär - Pliozän
- Ophiolite, Radiolarite u.a.
- Xindothia-Serie
- Serien von Kalilimni, Assomata, Menetai
- Flysche
- Serien v. Anginara, Ag. Nikolaos, Adra
- Plattenkalk-Serie
- miozäne Mergel und Kalke

Abb. 20: Blick auf Fri, den Hauptort von Kasos, 23.3.2001

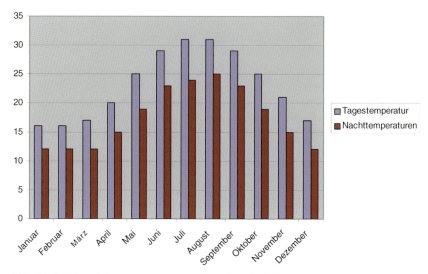

Abb. 21: Mittlere Monatstemperaturen Karpathos (in °C)

In geologischer Hinsicht dominieren auf beiden Inseln basisch reagierende Gesteine. Kasos besteht fast ausschließlich aus Hornstein führenden Marmoren der Plattenkalk-Serie. Die Gebirgsmassive von Karpathos werden von massigen Kalkfolgen des Jura bis Eozän gebildet. Verbreitet sind außerdem auch Flysche, Gipse, Kreidekalke und Kalkbrekzien. Auch hier sind, begünstigt durch die Entwaldung, die Böden entweder abgespült oder extrem skelettreich. Großflächig steht nackter Fels an, der durch die Erosion zerklüftet wurde, auch wenn ständig fließende Gewässer auf beiden Inseln fehlen.

Beide Inseln zeichnen sich klimatisch durch ein „typisches" Inselklima aus. Auch hier fallen die Hauptniederschläge in den Monaten November bis Februar. Da die Berge nicht so hoch sind, gibt es normalerweise keinen Schneefall. Die hohen Temperaturen des Sommers werden durch einen beständig wehenden Wind gemildert. Im Frühjahr frischt er in starkem Maße auf, so daß der Aufenthalt im Freien recht unangenehm werden kann.

Ähnlich wie auf Kreta ist die heutige Vegetationsdecke beider Inseln durch lange währende Einflüsse der menschlichen Kultur geprägt. Anders als dort ist aber heute hier kaum noch in Nutzung befindliches Kulturland vorhanden, denn die früher angelegten und allgegenwärtigen Terassen zur landwirtschaftlichen Nutzung des meist recht steilen Geländes (Abb. 22-23, 27 - 29) sind fast überall aufgelassen und inzwischen mit Phrygana bedeckt. Ihre Auflassung kündet, jedenfalls im allgemeinen, aber nicht von einem Bevölkerungsrückgang, der im Einzelfall wohl vorliegen mag, sondern mehr von einer Änderung in der Erwerbstätigkeit, weil die aufwendige Bearbeitung der Terassen unter den heuti-

Abb. 22: Kleine Olivenplantage um ein Kirchlein in einer Erosionsrinne oberhalb der Bucht von Agnondia (KP), 29.3.2001

Abb. 23: Aufgelassene Siedlung an der Nordspitze von Karpathos mit Blick auf die Insel Saria, 29.3.2001

Abb. 24: Mündung eines Erosionstals bei Forokli im Norden von Karpathos, 27.3.2001

Abb. 25: Erosionslandschaft auf Karpathos südlich Olimbos, 28.3.2001

Abb. 26: Reste eines Kiefernwaldes oberhalb der Bucht von Apella (Karpathos), 28.3.2001

gen Verhältnissen unwirtschaftlich ist. Sie erfolgt oft nur noch zum Gemüseanbau in unmittelbarer Umgebung der Orte. Gelegentlich werden abgelegene, frühere landwirtschaftliche Geländestücke von den Einheimischen als Wochenend- oder Sommerwohnsitze genutzt. Auch in aufgelassenen und verfallenen Ortschaften, von denen oft nur die Kirchen erhalten blieben, dienen manchmal einzelne Gebäude diesem Zweck oder bieten einem Hirten während des Sommers gelegentliche Unterkunft. Aus den genannten Gründen sind auf beiden Inseln auch die sowohl auf Kreta wie auf Rhodos häufigen Ackerbrachen mit ihrer speziellen Artengarnitur weitgehend verschwunden. Auch Olivenhaine, die in der Ägäis auf sonst nicht anders nutzbarem Gelände häufig angelegt wurden, treten auf Karpathos sehr zurück und fehlen auf Kasos fast gänzlich.

Dagegen ist der relative Waldanteil auf Karpathos im Vergleich zu Kreta erheblich größer und muß im 19. Jahrhundert noch ausgedehnter gewesen sein, wird doch in Meyers Konversationslexikon von 1887 angegeben, daß sich der größte Teil der damals 5.000 Einwohner „mit Holzarbeiten beschäftigt". Nur die Nebeninsel Saria wie auch Kasos sind heute praktisch baumlos.

Bei den Wäldern auf Karpathos handelt es sich in der Regel um sekundäre Kiefernwälder bzw. Kiefernwaldreste. Sie sind vor allem an der Ostseite der Inselmitte zwischen Mesohori im Norden bis südlich Lefkos ausgebildet. Kleinere Waldstücke befinden sich in der Gegend um Piles und auf einer Halbinsel südwestlich der Inselhauptstadt Pigadia sowie entlang eines schmalen Streifens an der Ostküste zwischen der Bucht von Pigadia bis hinauf nach Apella. Ein weiteres Waldstück befindet sich in der Umgebung von Diafani ganz im Norden der Insel.

Eine Regeneration der ursprünglichen immergrünen Hartlaubwälder, deren Reste besonders in dem erwähnten Waldstück zwischen Mesohori und Lefkos erkennbar sind, wird vor allem durch die inzwischen eingetretene Verkarstung und Abspülung der Böden sowie durch die Weidewirtschaft mit Ziegen erschwert, die jeden aufkommenden Baumwuchs niederhalten. Da aber auch diese Weidewirtschaft inzwischen rückläufig ist, kann für die Zukunft mit einer langsamen Ausbreitung und Regeneration ursprünglicher Waldgesellschaften gerechnet werden.

Die auf beiden Inseln, Kasos wie Karpathos, dominierende Pflanzengesellschaft ist die Phrygana, die in den steilen Hanglagen meist sehr schütter (Abb. 25) und nur auf weniger geneigten Hängen dicht aufgewachsen ist. Letzteres ist vor allem im Südteil von Karpathos der Fall. In nicht zu trockenem Gelände bietet sie eine enorme Artenfülle und begeistert den Beobachter durch ihre Vielfalt an Formen, Farben und Düften.

Die großflächigen Erosionslandschaften im Norden von Karpathos sind wohl hauptsächlich auf die geologischen Eigenschaften des dort anstehenden sehr lokkeren Flysches zurückzuführen, die im Verein mit diesem sauren und extrem nährstoffarmen Untergrund nur eine sehr geringe, artenarme Vegetationsdecke zulassen (Abb. 25).

Abb. 27: Zentrum der Insel Kasos mit zahlreichen aufgelassenen Terassenanlagen, 22.3.2001

Abb. 28: Verlassene Siedlung Skafi in einem Hochtal auf Kasos, 22. 3. 2001

Abb. 29: Die Reste von Skafi auf Kasos, 22.3.2001

Allgemeines zur Pflanzen- und Tierwelt des Gebietes

Die Flora der drei hier behandelten Inseln ist sehr artenreich. Nach den in JAHN & SCHÖNFELDER (1995) publizierten Zahlen kommen auf Kreta insgesamt ca. 1900 Arten von Farn- und Blütenpflanzen vor, während es auf Karpathos und Kasos noch etwa 950 Arten sind. Zum Vergleich kommen in dem sehr viel größeren Gebiet der Bundesrepublik Deutschland etwa 3000 Spezies vor (WISSKIRCHEN & HAEUPLER 1998).

9,4% der auf Kreta vorkommenden Arten sind Endemiten, kommen also nur hier vor. Auf Karpathos beträgt dagegen ihr Anteil an der einheimischen Flora nur 1,2 %, während von Kasos keine Endemiten bekannt sind. Bei den meisten der kretischen Endemiten dürfte es sich um alte Überreste einst weiter verbreiteter konkurrenzschwacher Sippen handeln, die auf Grund der durch die Insellage bedingten langen Isolierung überleben konnten, während sie anderswo längst durch konkurrenzstärkere Arten verdrängt worden sind.

Die artenreichsten Familien sind die *Asteraceae* mit 209 Arten, dicht gefolgt von den *Fabaceae* mit 190 Arten. Nach den *Poaceae* (166), *Brassicaceae* (90),

Abb. 30: *Arum creticum*, Kritsa (KR), 12.4.1994

Abb. 31: *Sternbergia sicula*, Saktouria (KR), 27.10.2001

Abb. 32: *Anagallis arvensis* var. *arvensis*, Orino (KR), 3.4.1994

Abb. 33: *Arum idaeum*, Xyloskalon (KR), 18.5.1997

Abb. 34: *Cyclamen creticum*, Neohori (KR), 12.4.2000

Abb. 35: *Campanula laciniata*, Sougia (KR), 18.5.1997

Abb. 36: *Fritillaria messanensis*, Thripti (KR), 9.5.1997

Abb. 37: *Dracunculus vulgaris*, teilalbinotisch, Zaros (KR), 11.5.1997

Lamiaceae (80), *Liliaceae* (78) und *Apiaceae* (72) folgen die *Orchidaceae* mit jetzt festgestellten 64 Arten (bei der Zählung nach Unterarten sind es 74 Sippen) dann in dieser Reihenfolge an 8. Stelle.

Bei fast der Hälfte aller Arten (42%) handelt es sich um einjährige Pflanzen, eine speziell für das Mittelmeerklima charakteristische Erscheinung. Auch die Geophyten, bei denen sich bekanntlich fast alle Vertreter der einheimischen Orchideenflora einordnen, sind mit 15% besonders reich vertreten. Dagegen ist das Gebiet verhältnismäßig arm an höherwüchsigen Strauch- und Baumarten (6% der Gesamtflora), während Wasserpflanzen mit nur 2% eine ganz marginale Rolle spielen. Nach einer Schätzung von GREUTER (1971) sind etwa ein Drittel der auf Kreta vorkommenden Arten erst seit der Besiedlung durch den Menschen eingeschleppt worden.

Eine spezielle Orchideenflora kann diese Vielfalt natürlich nicht darstellen. Die Bilder in diesem Kapitel sollen aber doch einen kleinen Eindruck vermitteln, welche Schönheiten auch außerhalb der Orchideenflora hier zu finden sind. Neben einigen besonders attraktiven Arten werden aus dem Kreise der Endemiten gezeigt: *Arum idaeum* (Abb. 33), *Campanula pelviformis* (Abb. 40), *Petromarula pinnata* (Abb. 49, 50 - hierbei handelt es sich sogar um einen Gattungsendemiten!), *Tulipa bakeri* (Abb. 46), die bemerkenswerte vielblütige *Tulipa cretica* (Abb. 47), die unterschiedlichste Habitate besiedelt sowie *Verbascum arcturus* (Abb. 38).

Abb. 38: *Verbascum arcturus*, Paleohora (KR), 9.5.1997

Abb. 39: *Campanula carpatha*, Achata (KP), 27.3.2001

Abb. 40: *Campanula pelviformis*, Selakano (KR), 13.5.2001

Abb. 41: *Urginea maritima*,
Ag. Ioannis (KR), 26.10.2001

Abb. 42: *Gladiolus italicus*,
Katharo (KR), 23.5.200

Abb. 43: *Colchicum* pusillum,
Ag. Ioannis (KR), 26.10.200

Abb. 44: *Urginea maritima*,
Ag. Ioannis (KR), 26.10.2001

Abb. 45: *Gynandriris monophylla*, Kato Saktouria (KR), 13.4.1994

Abb. 46: *Tulipa bakeri*, Gerakari (KR), 6.4.1994

Abb. 47: *Tulipa cretica*, Vatos (KR), 5.4.1994

Abb. 48: *Linum arboreum*, Olimbos (KP), 27.3.2001

Abb. 49: *Petromarula pinnata,* Strovles (KR), 11.5.2001

Abb. 50: *Petromarula pinnata*, Melambes (KR), 10.4.1994

Abb. 51: *Ranunculus asiaticus*, Ierapetra (KR), 10.4.1993

Abb. 52: *Aristolochia cretica*, Kato Saktouria (KR), 14.4.1992

Abb. 53: *Symphytum creticum*, Gerakari (KR), 17.4.2000

Abb. 54: *Delphinium staphisagria*, Sougia (KR), 18.5.1997

Abb. 55: *Dittrichia viscosa* mit Bläuling (vermutlich *Polyommatus icarus*), Ag. Ioannis (KR), 26.10.2001

Die Fauna Kretas und auch der anderen Inseln ist relativ arm, sieht man von der Vogelwelt ab. Besonders fällt im Vergleich zu anderen Regionen der Ägäis die Armut an Reptilien auf, speziell Schlangen sind selten zu sehen. Aus der Avifauna sind in kleinen, küstennahen Restlagunen, soweit sie nicht dem Tourismus zum Opfer gefallen sind, gelegentlich Flamingos zu beobachten, bemerkenswert sind weiterhin Arten wie der Rotbraune Sichler, der in kleinen Trupps die vom Schmelzwasser gespeisten Flüsse bei der Nahrungssuche besucht.

Besonders häufig sind Vertreter aus der Greifvogelwelt zu beobachten. In den zahlreichen, sehr unzugänglichen Schluchten mit hohen Felswänden finden sie ideale Brutgebiete. So kann man neben verschiedenen Adlern und Falken besonders oft Gänsegeier am Himmel kreisen sehen, die Ausschau nach toten Weidetieren halten.

Abb. 56: Flamingos (*Phoenicopterus ruber*) in Küstenlagune, Xerokambos (KR), 4.4.1994

Abb. 58: Gefleckter Walzenskink (*Chalcides ocellatus),* Vatos (KR), 3.4.1994

Abb. 57: Bockkäfer (*Purpuricenus dalmatinus),* Mitilini (KR), 21.5.2001

Abb. 59: Skolopender (*Scolopendra cingulata*), Vatos (KR), 28.3.1992

Abb. 60: Balkan-Zornnatter (*Coluber gemonensis*), Agios Ioannes (KR), 15.5.2001

Abb. 61: Rotbraune Sichler (*Plegadis falcinellus*), Agia Galini (KR), 4.4.1994

Abb. 62: Zipfelfalter (*Callophrys rubi*), auf *Teucrium brevifolium,* Arkasa (KP), 26.3.2001

Abb. 63: Schmetterlingshaft (*Libelloides macaronius*), Sisarha (KR), 9.5.2001

Besonderheiten der Orchideenflora auf der Insel Gávdos
(von Ralf JAHN)

Die etwa 10 km lange Insel Gávdos liegt 37 km südlich von Kreta. Ihre Südspitze ist zugleich der südlichste Punkt Europas. Die Südwesthälfte besteht aus einem bis 368 m hohen, zur Küste steil abfallenden Höhenzug aus kristallinem Kalk. Die Nordosthälfte, in der das Gelände sanft zu Küste abfällt, besteht zum großen Teil aus Sedimenten aus dem mittleren Miozän und Böden mit relativ hohem Sandanteil.

Abb. 64: *Pinus brutia*, Gávdos, 2.4.1996, R. JAHN

Das Klima wird einerseits durch die niedrigen Niederschlagsmengen von 300–400 mm, andererseits durch die gerade im Frühjahr häufig einfallenden heißen Südwinde geprägt, die in manchen Jahren neben den Kulturpflanzen auch die oberirdischen Teile der blühenden Orchideen in wenigen Tagen hinweggraffen und ihren Reproduktionserfolg schmälern. Die Insel war früher dichter besiedelt als heute – zahlreiche verfallene Kulturterrassen zeugen davon. Große Teile von Gávdos sind mit ± lockeren und windgebeugten Kiefernwäldern bestanden (vgl. Abb. 64).

Insgesamt wurden bisher 457 Arten (+ 12 zusätzliche Unterarten) von Farn- und Samenpflanzen auf Gávdos gefunden (BERGMEIER, JAHN & JAGEL 1997). *Bupleurum gaudianum* ist der einzige Endemit der Insel, die nordafrikanischen Arten *Artemisia herba-alba*, *Callitriche pulchra* und *Reseda odorata* kommen in Griechenland nur auf Gávdos vor. Die Orchideenflora läßt

Abb. 65: *Bupleurum gaudianum*, Gávdos, 9.5.2001, R. JAHN

Gemein	*Ophrys cinereophila*	
Verbreitet	*Serapias orientalis*	
Zerstreut	*Anacamptis pyramidalis*	*Orchis collina*
	Limodorum abortivum	*Orchis fragrans*
	Ophrys episcopalis	*Serapias bergonii*
	Ophrys mammosa	
Sehr zerstreut	*Aceras anthropophorum*	*Ophrys tenthredinifera*
	Ophrys sicula	
Selten	*Neotinea maculata*	*Orchis papilionacea* subsp. *heroica*
	Ophrys apifera	*Orchis quadripunctata*
	Orchis italica	

Tab. 1: Die auf Gávdos vorkommenden Orchideen und ihre Häufigkeit

dagegen im Vergleich zu der von BAUMANN & BAUMANN (2001) für die Cyrenaika vorgelegten Liste keine auffälligen Beziehungen nach Nordafrika erkennen. Es wurden 17 Orchideenarten gefunden (BERGMEIER, JAHN & JAGEL 1997), die in Tab. 1 nach absteigender Häufigkeit sortiert aufgezählt sind.

In dieser Liste fehlt *Ophrys doerfleri*, eine Art, die von Gávdos beschrieben wurde und bisher als synonym mit *Ophrys cretica* aufgefaßt wurde. Den Typusbeleg zu *Ophrys doerfleri* sammelte der österreichische Botaniker Ignaz DÖRFLER (1866–1950) am 19.3.1904 am Kap Kamarela, in der Nähe der Südspitze der Insel Gávdos unter der Nummer 474. Der Beleg ist zusammen mit Belegen von *Ophrys episcopalis*, *Ophrys cinereophila* und *Ophrys sicula* sowie 133 weiteren in diesen Tagen auf der Insel gesammelten Herbarbelegen im Naturhistorischen Museum Wien aufbewahrt. Auf der Grundlage dieses Beleges 474 wurde 21 Jahre später (FLEISCHMANN 1925) *Ophrys doerfleri* beschrieben.

Abb. 66: *Ophrys mammosa*, Gávdos, 3.4.1996, R. JAHN

Dieser Name ist im Artrang älter als *Ophrys cretica* und wurde erstmals von RENZ (1932) mit *Ophrys cretica*, die damals noch als Form von *Ophrys spruneri* galt, synonymisiert. Diese Interpretation wurde von KÜNKELE (1979) und RENZ & TAUBENHEIM (1984) übernommen und auch in BAUMANN & KÜNKELE (1986) trotz der inzwischen von CAMPBELL (1982) und GÖLZ & REINHARD (1985, 1987) erhobenen Einwände aufrechterhalten.

Ausgehend von diesem Herbarbeleg (Abbildung in GÖLZ & REINHARD 1987) können Blütenform und -Größe, nicht aber die Zeichnung und Farbe sicher beurteilt werden. Gegen eine Zuordnung von *Ophrys doerfleri* zu *Ophrys cretica* sprechen die vor und nicht auf den Seitenlappen sitzenden Höcker, die schwache Dreilappigkeit, die kahlen Ränder des Mittellappens. Ein lang geschnäbeltes Konnektiv kann gelegentlich auch an *Ophrys cretica* beobachtet werden, ist aber kein diese Art besonders kennzeichnendes Merkmal. Außerdem wurde *Ophrys cretica* von dem Schweizer Ehepaar K. & E. URMI im März/April 1983 auf der Insel Gavdos nicht gefunden (GÖLZ & REINHARD 1985), statt dessen aber *Ophrys mammosa*-ähnliche Pflanzen mit diesen Merkmalen. Dieser Befund konnte in den Jahren 1994–1996 bestätigt werden (BERGMEIER, JAHN & JAGEL 1997), als *Ophrys cretica* im Gegensatz zu fast allen anderen von Dörfler auf der Insel gesammelten Arten trotz intensiver Durchforschung der Insel durch mehrere Botaniker nicht gefunden werden konnte. Das Vorkommen einer Sippe der *Ophrys cretica*-Gruppe auf Gávdos ist deshalb sehr unwahrscheinlich.

Sinnvoll ist ein Vergleich der gaudianischen *Ophrys mammosa* (Abb. 66, 326) mit der Beschreibung und den veröffentlichten Abbildungen des Typusmaterials von *Ophrys doerfleri*. Beide *Ophrys mammosa*-Blüten haben ungeteilte Lippen. Fotobelege für *Ophrys mammosa* mit geteilter Lippe (z. B. BUTTLER 1986: 221 links unten) zeigen, daß sich die Typus-Blütenanalyse von *Ophrys doerfleri* durchaus in den Variationsbereich von *Ophrys mammosa* stellen läßt. Die Grundfarbe der Sepalen der abgebildeten Blüten ist grün; ob sich die für *Ophrys mammosa* sonst oft typische Rotfärbung im Exsikkat hält, ist fraglich. Die Lage und Form der Höcker und die Petalenbehaarung fallen ebenso wie die Form des Mittellappens in den Variationsbereich von *Ophrys mammosa*. Auffallend ist ein langer Konnektivfortsatz, der *Ophrys doerfleri* auszeichnet und die Pflanzen neben der Teilung der Lippe an *Ophrys transhyrcana* heranrückt.

Die nächsten Fundorte populationsstarker Vorkommen von *Ophrys transhyrcana* liegen allerdings etwa 700 km entfernt von Gávdos in Süd-Anatolien (KREUTZ 1998) bzw. Zypern. Die gaudianische *Ophrys mammosa* unterscheidet sich von *Ophrys transhyrcana* (auch dieser Name ist jünger als *Ophrys doerfleri*) durch die ausgeprägte Höckerung. Pflanzen mit langem Konnektiv (ALIBERTIS & ALIBERTIS 1989: 84) oder mit geteilter Lippe sind bei *Ophrys mammosa* auch vom kretischen Festland bekannt, treten aber auf Gávdos gehäuft bis dominant auf. Wahrscheinlich ist daher eine Ableitung zumindest großer Teile der Population auf Gávdos von *Ophrys mammosa* auf der Grundlage eines einmaligen Besiedlungsereignisses, wobei zu bedenken ist, daß auf jeder Kleininsel nur ein kleiner Ausschnitt des Genpools einer Art vertreten ist, und Zufallsphänomene wie Gendrift relativ schnell zur morphologischen Abwandlung von Kleininselpopulationen führen können.

Ophrys doerfleri wird infolgedessen in die Synonymie von *Ophrys mammosa* gestellt und hat keine Beziehungen zu *Ophrys cretica*. Trotz der bestehenden morphologischen Abweichungen soll mangels gesicherter biometrischer Daten der gaudianischen Sippe wie auch auf anderen Kleininseln eine weiterführende taxonomische Bewertung unterbleiben. Sicher interessant wäre gerade bei diesem isolierten Vorkommen eine Untersuchung der Bestäubungsbiologie.

Zur Verbreitung und Gefährdung der Orchideen auf Kreta, Kasos und Karpathos

Das bearbeitete Gebiet, vor allem aber Kreta, gehört zu den orchideenreichsten Regionen Europas. Dies betrifft sowohl die Artendichte (Anzahl der Taxa pro Flächeneinheit) wie auch die Individuenzahl mancher Arten. Die von ihnen gebildeten Massenvorkommen werden im Bildteil eindrucksvoll dokumentiert.

Informativ sind in dieser Hinsicht die beiden Karten der Artendichte (Abb. 68 und 72+73). Im 10km-Raster gibt es 18 Felder mit 40 und mehr Taxa, und selbst im 5km-Raster sind es noch 7 mit einem Maximum von 45 verschiedenen Taxa. Diese Artenfülle ist eine Folge der kleinräumig sehr starken Diversität der Landschaft und ihrer Nutzungsformen. Auch geologische Besonderheiten spielen eine Rolle, die z.B. in der Umgebung von Feld KV 79 zu einem engen Nebeneinander von sauren und basischen Böden führten.

Die Durchforschung des Gebietes, das aus 440 5x5 km-Feldern besteht, basiert auf ca. 27400 Meldungen. Ein erheblicher Teil davon wurde von den Autoren selber im Verlauf des letzten Jahrzehntes zusammengetragen, wobei seit 1993 alle Angaben mittels GPS-Peilung exakt lokalisiert sind. Als besonders günstiger Umstand erwies sich die Tatsache, daß die von Ralf JAHN im Rahmen seiner Arbeiten für dieses Gebiet zusammengetragenen Daten in diese Kartie-

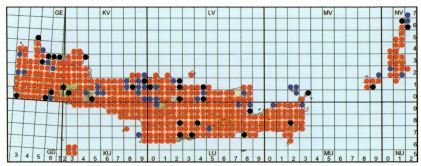

Abb. 67: Übersichtskataster aller Taxa (5km-Raster)

Abb. 68: Anzahl der jemals beobachteten Taxa (10km-Raster)

rung einfließen konnten, darunter auch die Ergebnisse verschiedener studentischer Exkursionen in diesem Gebiet. Die am besten kartierten 10x10km-Felder sind auf Karpathos die Felder NV13 und NV12 mit 1708 bzw. 1236 Meldungen, auf Kreta LU98 mit 1522, KU79 mit 1442 und KU89 mit 1217 Meldungen. Weniger gut kartiert sind einige schwer zugängliche Gebirgs- bzw. Hochgebirgsregionen, wobei allerdings hier die Artenzahl von Natur aus kleiner ist. Trotzdem dürfte das Gebiet hinsichtlich der Orchideenflora mit zu den am besten kartierten Regionen Südosteuropas zählen. Dies schließt nicht aus, daß einige Regionen auch für die Zukunft noch ein interessantes Betätigungsfeld bieten. Dies gilt z.B. auch für Kasos, das nur zu Zeiten besucht werden konnte, in denen der Witterungsverlauf durch extreme Trockenheit geprägt war. In regenreicheren Jahren dürften erheblich mehr Pflanzen zu finden sein.

Trotz der großen Artenfülle sind im Gebiet zahlreiche Orchideenarten und ihre Biotope durch verschiedene Umstände bedroht. Zu ihnen gehören:

1. Bebauung und damit Totalverlust der Wuchsorte, was besonders küstennahe Feuchtbiotope betrifft. So zeigt Abb. 69 die letzten Reste einer Küstenlagune im äußersten Osten Kretas, daneben den Rohbau eines Hotels. Dieses Beispiel ist symptomatisch, denn der Hotelboom hat zur Zerstörung zahlreicher Küstensümpfe geführt, z.B. bei Frangokastello. Auch dem letzten Vorkommen von *Orchis palustris* var. *robusta* an der Küste bei Malia rückt der Tourismus immer näher.

2. Beweidung der Phrygana, die oft unangemessen ist. Sowohl Überweidung, noch mehr aber fehlende Beweidung sind dieser Landschaftsform extrem

Abb. 69: Xerokambos (KR), Rest einer Küstenlagune mit Hotelneubau, 6.4.1994

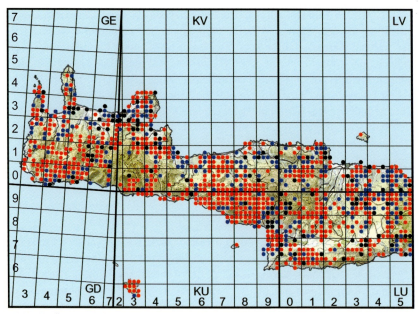

Abb. 70: Übersichtskataster aller Taxa (2km-Raster) - Westhälfte des Gebietes

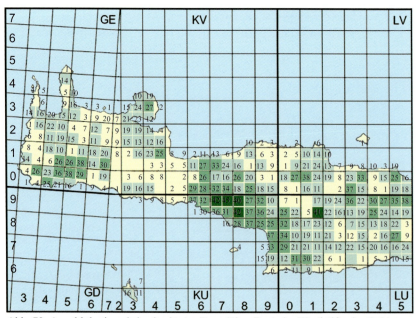

Abb. 72: Anzahl der jemals beobachteten Taxa (5km-Raster) - Westhälfte des Gebietes

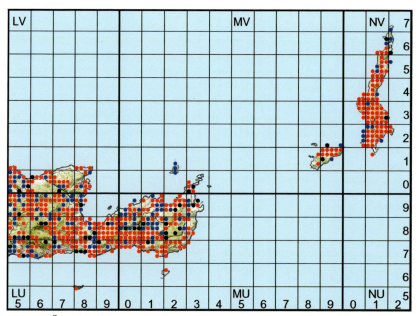

Abb. 71: Übersichtskataster aller Taxa (2km-Raster) - Osthälfte des Gebietes

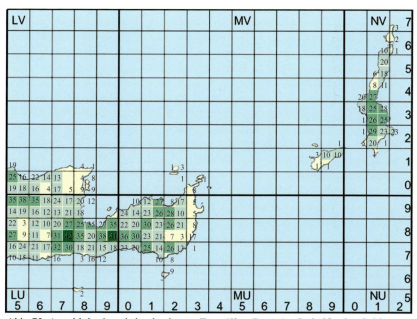

Abb. 73: Anzahl der jemals beobachteten Taxa (5km-Raster) - Osthälfte des Gebietes

Art	abs.	%
Anacamptis pyramidalis	338	76.82
Ophrys phryganae	309	70.23
Ophrys sicula	292	66.36
Serapias bergonii	282	64.09
Orchis italica	262	59.55
Ophrys heldreichii	261	59.32
Orchis papilionacea subsp. *heroica*	259	58.86
Ophrys cretica subsp. *ariadnae*	255	57.95
Barlia robertiana	251	57.05
Orchis collina	225	51.14
Ophrys tenthredinifera	224	50.91
Ophrys mammosa	222	50.45
Ophrys episcopalis	217	49.32
Orchis fragrans	208	47.27
Ophrys fusca s.l.	207	47.05
Ophrys bombyliflora	200	45.45
Ophrys iricolor	199	45.23
Serapias orientalis	199	45.23
Orchis quadripunctata	194	44.09
Ophrys sphegodes subsp. *cretensis*	176	40.00
Ophrys herae	144	32.73
Orchis lactea	141	32.05
Ophrys omegaifera ssp. *omegaifera*	138	31.36
Orchis anatolica	128	29.09
Serapias lingua	120	27.27
Ophrys cinereophila	110	25.00
Orchis pauciflora	107	24.32
Serapias parviflora	100	22.73
Orchis laxiflora	97	22.05
Aceras anthropophorum	95	21.59
Neotinea maculata	87	19.77
Ophrys candica	80	18.18
Ophrys spruneri subsp. *spruneri*	78	17.73
Orchis simia	66	15.00
Limodorum abortivum	64	14.55
Ophrys apifera	62	14.09
Ophrys sphegodes subsp. *gortynia*	57	12.95
Orchis boryi	50	11.36

Art	abs.	%
Orchis sitiaca	48	10.91
Serapias cordigera subsp. *cretica*	46	10.45
Ophrys fusca subsp. *creberrima*	43	9.77
Ophrys fleischmannii	42	9.55
Ophrys omegaifera subsp. *basilissa*	40	9.09
Orchis tridentata	32	7.27
Ophrys fusca subsp. *creticola*	31	7.05
Dactylorhiza romana	30	6.82
Ophrys cretica subsp. *cretica*	28	6.36
Ophrys sitiaca	28	6.36
Ophrys cretica subsp. *bicornuta*	23	5.23
Orchis prisca	23	5.23
Ophrys fusca subsp. *leucadica*	18	4.09
Ophrys ferrum-equinum	17	3.86
Ophrys spruneri subsp. *grigoriana*	17	3.86
Spiranthes spiralis	17	3.86
Ophrys aegaea	16	3.64
Cephalanthera cucullata	15	3.41
Epipactis microphylla	15	3.41
Himantoglossum samariense	15	3.41
Orchis provincialis	15	3.41
Ophrys fusca subsp. *cressa*	14	3.18
Epipactis cretica	13	2.95
Cephalanthera longifolia	11	2.50
Ophrys mesaritica	11	2.50
Listera ovata	10	2.27
Orchis sancta	10	2.27
Ophrys vernixia subsp. *orientalis*	8	1.82
Orchis papilionacea subsp. *alibertis*	6	1.36
Orchis palustris var. *robusta*	5	1.14
Ophrys melena	4	0.91
Cephalanthera damasonium	3	0.68
Ophrys fusca subsp. *thriptiensis*	3	0.68
Orchis morio subsp. *picta*	2	0.68
Cephalanthera rubra	1	0.25
Epipogium aphyllum	1	0.25
Ophrys umbilicata subsp. *rhodia*	1	0.25

Tab. 2: Absolute Häufigkeit und prozentuale Verbreitung der Taxa (5km-Raster), bezogen auf 440 5km-Felder
rot: Endemiten von Kreta, violett - Endemiten von Karpathos, blau - unstete Arten

abträglich. Häufig wird keine Wanderschäferei mehr betrieben, sondern stattdessen eine Pferchung der Herden durchgeführt. Dadurch tritt lokal eine extreme Überweidung auf, während andernorts die Vegetation der Phrygana immer höher und undurchdringlicher wird, so daß besonders lichtbedürftige Pflanzen immer weniger Raum finden.

3. Entwässerung durch Fassung natürlicher Quellen in den höheren Regionen zur Versorgung der Landwirtschaft in tieferen Lagen, was zur Austrocknung der Schluchtwaldregionen führt. Vor allem in den südlichen Dikti durchziehen zahlreiche dicke Plastikschläuche zur Ableitung des Quellwassers die

letzten Waldregionen und werden früher oder später zur Vernichtung dieser schon an sich seltenen Lebensräume führen.
4. Brände in den letzten Waldregionen führten speziell im Süden Ostkretas im letzten Jahrzehnt zum Verlust eines großen Teiles der Kiefernwälder, was zwar die lichtbedürftigen Arten förderte, den eigentlichen Waldarten aber den Lebensraum entzog.

Die Angaben zur Häufigkeit der einzelnen Arten in Tab. 2 leitet zu einigen weiteren Aspekten der Gefährdung von Orchideen im Gebiet über. Die verbreitetsten Arten sind *Anacamptis pyramidalis*, *Ophrys phryganae* und *Ophrys sicula*. Bei einer ganze Reihe von Taxa mit hoher Flächenverbreitung von 40 % und mehr ist eine akute Gefährdung sicher nicht gegeben. Die in dieser Gruppe aufgeführte *Ophrys mammosa* dürfte wahrscheinlich etwas seltener, die in der nächsten Gruppe aufgeführte *Ophrys herae* dagegen etwas häufiger sein, was durch die fehlende Differenzierung beider Sippen in älteren Kartierungsdaten bedingt ist. Auch die relative starke Verbreitung von *Orchis anatolica* liegt für Kreta aus ähnlichen Gründen sehr wahrscheinlich viel zu hoch, hier ist dafür *Orchis sitiaca* weit häufiger. Mit Sicherheit gibt Tab. 2 auch die Verbreitung von *Serapias parviflora* zu hoch an, da diese Art immer wieder mit kleinblütigen Exemplaren von *Serapias bergonii* verwechselt wurde. Die großen Vorkommen von *Orchis pauciflora* und *Orchis boryi* auf Kreta sind von überregionaler Bedeutung, da diese Arten in der Ägäis sonst recht selten sind. Auffällig ist, daß alle Endemiten zu den selteneren, wenn nicht sehr seltenen Arten zählen. Dies trifft allerdings nicht für den Karpathos-Endemiten *Ophrys aegaea* zu, der auf dieser Insel fast flächendeckend zu finden ist. Auch *Ophrys ferrum-equinum* und *Ophrys fusca* subsp. *leucadica* sind hier häufig. Ihre Seltenheit in Tab. 2 beruht auf dem Fehlen dieser Arten auf dem von der Fläche her dominierenden Kreta. Die relative Seltenheit der erst in jüngster Zeit erkannten Endemiten hängt auch damit zusammen, daß diese naturgemäß erst nach ihrer Beschreibung auch erfaßt werden konnten. Neben den Endemiten sind *Ophrys fleischmannii*, *Orchis tridentata*, *Dactylorhiza romana*, *Ophrys sitiaca* und *Spiranthes spiralis* selten, wobei letztere oft übersehen worden sein dürfte. Nur sehr wenige Rasterfelder besiedeln *Epipactis microphylla*, *Himantoglossum samariense*, *Orchis provincialis*, *Cephalanthera longifolia*, *Orchis sancta* und *Orchis palustris* var. *robusta*. Um ihre Bestände zu erhalten, sind direkte Schutzmaßnahmen für ihre Biotope zu fordern. Dies gilt praktisch genauso für alle endemischen Arten bzw. Unterarten mit Verbreitung in den Gebirgslagen, von denen die Mehrzahl nur sporadisch verbreitet ist.

Die letzte Gruppe betrifft die Arten, die nur vereinzelt oder in sehr kleinen Populationen vereinzelt einmal Fuß gefaßt haben (unstete Vorkommen). Hierzu gehören *Cephalanthera damasonium*, *Ophrys vernixia* subsp. *orientalis* und *Ophrys melena* auf Kreta, *Ophrys umbilicata* subsp. *rhodia* und *Orchis morio* subsp. *picta* auf Karpathos. Die Vorkommen von *Cephalanthera rubra* und *Epipogium aphyllum* auf Kreta sind überhaupt zweifelhaft.

Taxonomie, Artabgrenzung und Genetik
Allgemeines zum Artbegriff

Die Ende des 20. Jahrhunderts plötzlich einsetzende „Vermehrung" der Arten in einigen Orchideengattungen sind der Anlaß dafür, an dieser Stelle einige grundsätzliche Überlegungen zum Artbegriff vorzunehmen. Wir gehen dabei von dem Grundsatz aus, daß jegliche Systematik dazu dienen sollte, uns Menschen die Verwandtschaftsbeziehungen und Unterschiede zwischen den Arten zu verdeutlichen und sie unterscheidbar zu machen. Dies kann nur gelingen, wenn solche klar definierten trennenden Merkmale bekannt sind, die auch in der feldbotanischen Praxis verwendbar sind, denn nur dann werden zum Beispiel Aussagen über die geographische Verbreitung einzelner Sippen möglich.

> **Im Minimum muß mindestens ein sicher trennendes Merkmal existieren, das allgemeingültig nachvollzogen werden kann. Außerdem muß eine Art (bzw. Unterart) ein klar definiertes Verbreitungsareal besitzen, in dem sie biologisch oder geographisch isoliert von verwandten Arten auftritt.**

In letzter Zeit hat vor allem innerhalb der Gattung *Ophrys* die Artdifferenzierung durch unterschiedliche Bestäuber an Bedeutung gewonnen. Es handelt sich dabei um ein biologisches Phänomen, das bei der Artentstehung zweifellos eine wichtige Rolle spielt, wobei zu bedenken ist, daß dieser Einfluß erst über viele Generationen hinweg wirksam werden kann. Es ist aus diesem und anderen Gründen zumindest zweifelhaft, ob eine Art durch eine besondere Sexualpraktik definiert werden kann. Es könnte sich nämlich dabei durchaus auch um ein vorübergehendes Phänomen handeln, das zum Beispiel bei Änderung der Umweltbedingungen durch eine andere Strategie ersetzt wird. Auch der relativ geringe Fruchtansatz bei den *Ophrys*-Arten läßt eher an zufällige, seltene Ereignisse bei der Bestäubung denken.

Hinzu kommen logische Probleme, von denen hier nur angeführt werden soll: einerseits sind für *Ophrys tenthredinifera* eine ganze Reihe unterschiedlicher Bestäuber gefunden worden, ohne daß trotz aller Variabilität der Art daraus bislang irgendwelche systematischen Konsequenzen gezogen wurden, andererseits wurden innerhalb der *Ophrys fusca* - Gruppe zahlreiche morphologisch nicht klar differenzierte „Arten" unterschieden, weil man unterschiedliche Bestäuber fand. Dies ist schon deshalb konfus, weil auch *Ophrys fusca* durchaus mehrere Bestäuber haben könnte! Die in Abschnitt 1 der Präambel des Internationalen Code der Botanischen Nomenklatur geforderte „Vermeidung ... von Namen, die zu Irrtum und Zweifel Anlaß geben oder die Wissenschaft in Verwirrung stürzen" wird hier zumindest tangiert. Hinzu kommt, daß uns Menschen die Fähigkeit fehlt, Bestäuber anlockenden Pheromone wahrzunehmen, so daß sie uns als Unterscheidungskriterium auch nicht zur Verfügung stehen.

Ein anderer Ansatz wurde biostatistisch versucht. Durch Vermessung diverser morphologischer Merkmale ist es möglich, auch bei hoher individueller Varianz der

Individuen zu zeigen, daß verschiedene Populationen in der Summe deutliche Unterschiede aufweisen. Wenn aber die Variationsbreite der Individuen erheblich größer ist als die Abweichungen der Populationen untereinander, helfen solche Unterschiede auch nicht weiter, wenn bei Kartierungsarbeiten oder ökologischen Bestandsaufnahmen einzelne Pflanzen exakt der einen oder anderen Art zugeordnet werden sollen.

Ein anderes Problem resultiert aus dem Umstand, daß vielfach lokale Varianten innerhalb des Verbreitungsgebietes einer Art als eigene Arten neu beschrieben wurden. Manche dieser Beschreibungen sind rein formell wahrscheinlich schon deshalb nicht korrekt veröffentlicht, weil sie Artikel 32.3 des Internationalen Code der Botanischen Nomenklatur nicht erfüllen, der eindeutig fordert: „Die Diagnose eines Taxons ist die Angabe dessen, wodurch sich das Taxon nach Meinung des Autors von anderen Taxa unterscheidet." Eine einfache Aufzählung von Merkmalen ohne Angabe von Unterscheidungskriterien genügt den Anforderungen des Code nicht.

Ob in Zukunft die Genetiker eindeutige Grenzen zwischen problematischen Sippen definieren können, ist eher unwahrscheinlich. Anhand der bisherigen Ergebnisse wird nämlich deutlich, daß gerade *die* Artengruppen, in denen die meisten neuen „Arten" beschrieben wurden, außerordentlich nahe miteinander verwandt sind, so daß auch von dieser Seite her viele Differenzierungen im Artrang fragwürdig erscheinen. Auf diese Beziehungen wird im nächsten Abschnitt nochmals gesondert eingegangen.

Aus den oben genannten Gründen ist es geboten, an dieser Stelle die Interpretation der taxonomischen Begriffe Art, Unterart und Variation zu umreißen, wie sie diesem Buche zugrunde liegen:

1. Eine Art liegt vor, wenn zu ihrer Charakterisierung eindeutige morphologisch trennende Kriterien vorhanden sind *und* wenn sie ökologisch oder geographisch oder auf andere Weise von verwandten Arten isoliert ein bestimmtes Verbreitungsgebiet besiedelt.
2. Wandelt sich innerhalb oder auch am Rand des Verbreitungsgebietes einer Art deren Erscheinungsbild, so daß es zur Ausbildung einheitlicher Populationen aus morphologisch eindeutig von ihr zu unterscheidenden Pflanzen kommt, wird der Begriff der Unterart benutzt.
3. Treten Abweichungen, auch wenn sie durchaus auffällig sind, sporadisch oder lokal vermischt innerhalb der Populationen einer Art auf, wird der Begriff der Varietät gebraucht.

Die konsequente Umsetzung dieser Interpretation von taxonomischen Begriffen machte es nötig, eine ganze Reihe im Artrang beschriebener Sippen in die Rangstufe einer Unterart zu verweisen, darunter auch eine von Autoren dieses Buches selbst beschriebene. Auch gegenüber unserem kürzlich publiziertem Feldführer zur Orchideenflora von Rhodos (KRETZSCHMAR et al. 2001) ergeben sich Abweichungen. Aber nur so schien es möglich, der Systematik wieder den ihr gebührenden Stellenwert zu verschaffen und eine sinnvolle Gliederung der im Gebiet vorkommenden Arten zu ermöglichen.

Ergebnisse genetischer Untersuchungen

In mehreren Veröffentlichungen haben BATEMAN et al. (1997, 2001) anhand der Ergebnisse ihrer genetischen Analysen der sogenannten ITS-Segmente Verwandtschaftsbeziehungen der europäischen Orchideen vorgestellt. In diesen Untersuchungen wurde ermittelt, wieviele unterschiedliche Basenpaare sich im ITS-Segment zwischen verschiedenen Arten finden. Ihre Ergebnisse, reduziert auf die im Gebiet relevanten Arten, werden in Abb. 74 dargestellt.

Besonders bemerkenswert ist die Tatsache, daß die Gattung *Orchis* nach diesen Ergebnissen in die drei Gattungen *Orchis* s.str. (unter Einbeziehung der Gattung *Aceras*), *Anacamptis* und *Neotinea* aufzuteilen ist, wobei die bisherigen Arten *Orchis morio, O. boryi, O. fragrans, O. sancta, O. collina, O. laxiflora* und *O. palustris* zu *Anacamptis* gestellt werden, *Orchis lactea* und *O. tridentata* dagegen zu *Neotinea*. Auffällig ist der große Abstand, der zwischen der Gattung *Anacamptis* einerseits und den Gattungen *Neotinea* und *Orchis* s.str. andererseits besteht. Obwohl diese Neugliederung viel für sich hat, wird hier aus traditionellen und didaktischen Gründen noch die alte Gliederung beibehalten.

Ansonsten fällt die nahe Verwandtschaft der wenigen aufgeführten *Ophrys*-Arten untereinander auf, was auch aus genetischer Sicht die in letzter Zeit in dieser Gattung getroffenen Unterscheidungen im Artrang als fragwürdig erscheinen läßt.

Bei manchen Ergebnissen von BATEMAN et al. stellt sich allerdings die Frage, ob das untersuchte Material tatsächlich zu der bezeichneten Art gehört, denn es wäre durchaus denkbar, daß die *vor* der eigentlichen genetischen Analyse liegende Zuordnung zu einer Sippe bereits problematisch ist. Selbst wenn dies nicht der Fall sein sollte, wäre es auch denkbar, daß bereits unterschiedliche Populationen der gleichen Art zu verschiedenen Meßergebnissen führen.

Einige Teilergebisse sind aber durchaus bemerkenswert, so z.B. die Tatsache, daß bei insgesamt kleinen Unterschieden *Orchis anatolica* näher mit *Orchis quadripunctata* verwandt ist als mit *Orchis sitiaca*, die früher nur als Unterart unter *Orchis anatolica* geführt wurde. Bemerkenswert ist auch der Befund, daß trotz ähnlicher Blütenmorphologie *Orchis italica* und *Orchis simia* abstammungsmäßig relativ weit auseinander liegen. Dies korrespondiert mit der Tatsache, daß die angeblichen Hybriden zwischen diesen Arten einer kritischen Überprüfung nicht standhalten, obwohl von ihnen nicht selten berichtet wurde.

Bei der Gattung *Orchis* s.str. fällt eine Gliederung in mehrere Untergruppen auf. Von den Arten des Gebiets sind zum einen *Orchis pauciflora* und *O. provincialis*, zum anderen *Orchis prisca, O. sitiaca, O. anatolica* und *O. quadripunctata* näher miteinander verwandt als mit den übrigen Arten der Gattung. Die nahe Verwandtschaft von *Orchis anatolica* und *Orchis quadripunctata* macht die bei ähnlichen ökologischen Ansprüchen auftretende Vermischung beider Arten verständlich.

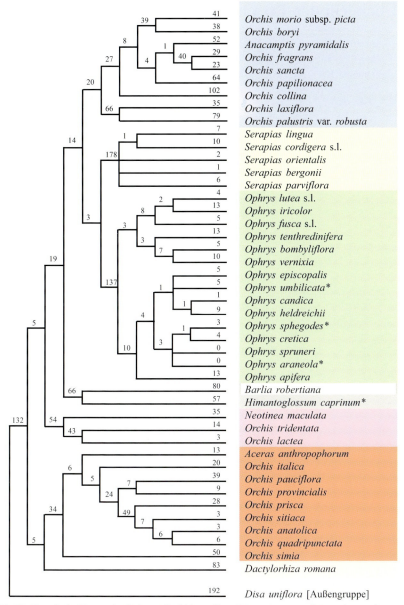

Abb. 74: Genetische Verwandtschaft von Orchideen, die auf Kreta, Kasos und Karpathos vorkommen (nach BATEMAN 2001: 118-119. Die numerischen Werte wurden aus der dortigen Graphik ausgemessen, wobei Ungenauigkeiten entstanden sein können. Die genauen Werte waren leider nicht zu erlangen). Die neue Gattungszugehörigkeit ist farbig hinterlegt. Mit * sind Arten gekennzeichnet, bei denen im Gebiet nur nahe Verwandte vorkommen.

Übersicht der Taxa im Gebiet

rot = Endemit von Kreta
violett = Endemit von Karpathos/Kasos
blau = unstete oder fragliche Vorkommen

Vorkommen (KR = Kreta, KP = Karpathos, KA = Kasos)

KR	KP	KA	
*	*	*	*Aceras anthropophorum* (L.) W.T.Aiton
*	*	*	*Anacamptis pyramidalis* (L.) Rich.
*	*	*	*Barlia robertiana* (Loisel.) Greuter
*			*Cephalanthera cucullata* Boiss.& Heldr. ex Rchb.f.
*			*Cephalanthera damasonium* (Mill.) Druce
*			*Cephalanthera longifolia* (L.) Fritsch
?			*Cephalanthera rubra* (L.) Rich.
*			*Dactylorhiza romana* (Sebast.) Soó
*			*Epipactis cretica* Kalop. & Robatsch
*			*Epipactis microphylla* (Ehrh.) Sw.
?			*Epipogium aphyllum* Sw.
*			*Himantoglossum samariense* C. & A.Alibertis
*	*		*Limodorum abortivum* (L.) Sw.
*			*Listera ovata* L.
*	*		*Neotinea maculata* (Desf.) Stearn
	*	*	*Ophrys aegaea* Kalteisen & H.R.Reinhard
*	*		*Ophrys apifera* Huds.
*	*		*Ophrys bombyliflora* Link
		*	*Ophrys cretica* (Vierh.) E.Nelson
*	*		subsp. *ariadnae* (Paulus) H.Kretzschmar
*			subsp. *bicornuta* H.Kretzschmar & R.Jahn
*			subsp. *cretica*
			Ophrys episcopalis - Gruppe
*			*Ophrys candica* Greuter, Matthäs & Risse
*	*	*	*Ophrys episcopalis* Poir.
*	*	*	*Ophrys heldreichii* Schltr.
*			*Ophrys ferrum-equinum* Desf.
			Ophrys fusca - Gruppe
*	*	*	*Ophrys cinereophila* Paulus & Gack
*			*Ophrys fleischmannii* Hayek
			Ophrys fusca Link
*			subsp. *creberrima* (Paulus) H.Kretzschmar
*			subsp. *cressa* (Paulus) H.Kretzschmar
*			subsp. *creticola* (Paulus) H.Kretzschmar
	*	*	subsp. *leucadica* (Renz) H.Kretzschmar
*	*		subsp. *thriptiensis* (Paulus) H.Kretzschmar
*			*Ophrys iricolor* Desf.
*			*Ophrys mesaritica* Paulus & C. & A.Alibertis
			Ophrys omegaifera H.Fleischm.
*			subsp. *basilissa* (C. & A.Alibertis & H.R.Reinhard) H.Kretzschmar
*	*		subsp. *omegaifera*
*			*Ophrys sitiaca* Paulus & C. & A.Alibertis

52

KR	KP	KA	
			Ophrys mammosa - sphegodes Gruppe
*			*Ophrys herae* M.HIRTH & H.SPÄTH
*	*		*Ophrys mammosa* DESF.
			Ophrys sphegodes MILL.
*			subsp. *cretensis* H.BAUMANN & KÜNKELE
*			subsp. *gortynia* H.BAUMANN & KÜNKELE
			Ophrys sicula - Gruppe
*			*Ophrys melena* (RENZ) PAULUS & GACK
*	*	*	*Ophrys phryganae* J. & P.DEVILLERS-TERSCHUREN
*	*	*	*Ophrys sicula* TINEO
			Ophrys spruneri NYMAN
*			subsp. *grigoriana* (H. & G.KRETZSCHMAR) H.KRETZSCHMAR
*			subsp. *spruneri*
*	*	*	*Ophrys tenthredinifera* DESF.
	*		*Ophrys umbilicata* subsp. *rhodia* H.BAUMANN & KÜNKELE
*	*		*Ophrys vernixia* subsp. *orientalis* PAULUS
			Orchis anatolica - Gruppe
*	*	*	*Orchis anatolica* BOISS.
*			*Orchis quadripunctata* CIRILLO ex TEN.
*			*Orchis sitiaca* (RENZ) P.DELFORGE
*			*Orchis boryi* RCHB.f.
*	*		*Orchis collina* BANKS & SOL. ex RUSSELL
*	*		*Orchis fragrans* POLLINI
*	*		*Orchis italica* POIR.
*	*		*Orchis lactea* POIR.
*	*		*Orchis laxiflora* LAM.
			Orchis morio L.
	*		subsp. *picta* LOISEL.
			Orchis palustris JACQ.
*			var. *robusta* STEPHENSON
			Orchis papilionacea L.
*			subsp. *alibertis* H. & G.KRETZSCHMAR
*	*		subsp. *heroica* (E.D.CLARKE) H.BAUMANN
*			*Orchis pauciflora* TEN.
*			*Orchis prisca* HAUTZ.
*	*		*Orchis provincialis* BALB. ex LAM. & DC.
*	*	*	*Orchis sancta* L.
*	*		*Orchis simia* LAM.
			Orchis tridentata SCOP.
*	*		*Serapias bergonii* (SOÓ) GÖLZ & H.R.REINHARD
			Serapias cordigera
*			subsp. *cretica* B. & H.BAUMANN
*			*Serapias lingua* L.
*	*		*Serapias orientalis* H.BAUMANN & KÜNKELE
*	*		*Serapias parviflora* PARL.
*	*		*Spiranthes spiralis* (L.) CHEVALL.

Bestimmungsschlüssel

Allgemeiner Hinweis: Man lege bei der Benutzung des Schlüssels nicht nur die Merkmale eines einzelnen Individuums zu Grunde, sondern ziehe nach Möglichkeit die Variationsbreite der ganzen Population zu Rate.

1	Pflanze ohne grüne Blätter	2
1*	Pflanze mit grünen Blättern	3
2	Pflanze violett oder rotviolett	*Limodorum abortivum* S. 104
2*	Stengel weißlich, am Grunde bauchig angeschwollen, Lippe und Sporn aufwärtsgerichtet	*Epipogium aphyllum* S. 98
3	mehrere Laubblätter mit Abstand am Stengel verteilt (keine Rosette) oder nur zwei elliptische gegenständige Blätter kurz über dem Stengelgrund vorhanden	4
3*	Laubblätter in bodenständiger Rosette oder zumindest alle am Grund entspringend, am Stengel nur kleine Blätter	10
4	Pflanze mit nur 2 großen elliptischen Laubblättern	*Listera ovata* S. 108
4*	Anzahl und Form der Blätter anders	5
5	Blüten kurz gespornt, weiß oder hellrosa	*Cephalanthera cucullata* S. 76
5*	Blüten ungespornt	6
6	Blüten dunkelrosa bis rot	*Cephalanthera rubra* S. 84
6*	Blütengrundfarbe weiß oder grün	7
7	Blüten weiß	8
7*	Blüten grün, oft mit rötlichem Anflug	9
8	Blätter schmal, 4-6 mal so lang wie breit, nach oben gerichtet, Blüten reinweiß	*Cephalanthera longifolia* S. 82
8*	Blätter breiter, Blüten cremeweiß	*Cephalanthera damasonium* S. 80
9	Stengel fast kahl, Lippe vorne gerundet	*Epipactis cretica* S. 90
9*	Stengel besonders im oberen Teil filzig behaart, Lippe zugespitzt	*Epipactis microphylla* S. 94

10	Lippe mit Mal (kahler, auffällig gefärbter Bereich in der Mitte), behaart (manchmal nur papillös), insektenartig ausgebildet, +/- gewölbt - **Gattung** *Ophrys*	42
10*	Blüten nicht insektenartig, Lippe +/- ausgebreitet	11

11	Blütezeit im Herbst, im Frühjahr nur dunkelgraugrüne, fettig glänzende Rosette, Blüten klein, weiß, meist spiralig am Stengel angeordnet	*Spiranthes spiralis* S. 350
11*	Blütezeit in Frühjahr oder Sommer	12

12	Lippe gespornt	13
12*	Lippe ungespornt	15

13	Narbenscheibe auffällig groß, rotbraun, verlängerte Lippenlappen grünlich oder braunrot	14
13*	Narbenscheibe unauffällig, Lippe nur seicht geteilt oder Lappen nicht grünlich braun	20

14	Lippe breit, < 25 mm lang, früh blühend	S. 72 *Barlia robertiana*
14*	Lippe schmal, > 40 mm lang, spät blühend	*Himantoglossum samariense* S. 100

15	Lippe klein, gelb oder rötlich, dreigeteilt	*Aceras anthropophorum* S. 64
15*	Lippe rotbraun, schmal bis breit oval, +/- zugespitzt, ungeteilt - **Gattung** *Serapias*	16

16	Blüten selbstbestäubend, Fruchtknoten schon im Aufblühen angeschwollen, Lippe kurz, unter 10 mm lang, Tragblatt die Blüte nicht überragend	S. 346 *Serapias parviflora*
16*	Blüten fremdbestäubt, wenn kleinblütig, dann Tragblatt die Blüte deutlich überragend	17

17	an der Lippenbasis nur 1 breite Schwiele	S. 338 *Serapias lingua*
17*	an der Lippenbasis 2 parallele Leisten	18

18	Lippe schmal, lang zugespitzt, Tragblatt die Blüte überragend, Pflanze langgestreckt	S. 330 *Serapias bergonii*
18*	Lippe breiter, Pflanze gedrungener, Tragblätter höchstens so lang wie der Helm der Blüten	19

19	Stengel am Grund rotbraun gestrichelt, Seitenlappen der Lippe kaum aus dem Helm ragend ..	S. 334 *Serapias cordigera* **subsp.** *cretica*
19*	Stengel ungestrichelt, Seitenlappen aus dem Helm weit herausragend	S. 342 *Serapias orientalis*

20	Blüten winzig, in dichter Ähre, weiß oder rötlich, Lippe kurz gespornt	*Neotinea maculata* S. 112
20*	Blüten größer, Sporn fast so lang oder länger als der Fruchtknoten	21

21	Lippen lang fadenförmig gespornt, dreilappig, rosa oder weiß, 2 Leisten am Sporneingang	*Anacamptis pyramidalis* S. 68
21*	Sporn nicht fadenförmig, dicker, keine Leisten am Sporneingang: *Orchis* und *Dactylorhiza*	22

22	Sporn dick, sackförmig, am Ende gerundet, kürzer als 1/4 Fruchtknoten, frühblühend	*Orchis collina*
22*	Sporn länger, wenn kurz, dann spätblühend	23 S. 270

23	Sporn +/- waagerecht oder aufwärts gerichtet, so lang oder länger als der Fruchtknoten 24
23*	Sporn kürzer als der Fruchtknoten, immer abwärts gerichtet 36

24	Pflanze mit steif nach oben gerichteten Blättern, den Stengel am Grund scheidig umhüllend, Blätter rinnig 25
24*	Blätter rosettig am Grund angeordnet 26

25	Blüten dunkel violettrot mit heller Lippenmitte, Seitenlappen nach unten geschlagen	*Orchis laxiflora* S. 286
25*	Blüten hellrosa bis hellrot, Seitenlappen der Lippe ausgebreitet	*Orchis palustris* S. 292

26	Blätter schmal lanzettlich	*Dactylorhiza romana*
26*	Blätter breiter, mehr oder weniger oval	27 S. 86

27	Seitliche Kronblätter nach oben hinten gebogen, Blüten rot, weiß oder gelb 28
27*	Seitliche Kronblätter nach vorn stehend, meist an Helmbildung beteiligt, Blüten rosa oder rot 34

28	Blüten gelb 29
28*	Blüten rot oder weiß 30

29	Blätter schwarz gefleckt, alle Blütenblätter einheitlich hellgelb	*Orchis provincialis* S. 312
29*	Blätter ungefleckt, Lippe dunkler gelb als die übrigen Kronblätter	*Orchis pauciflora* S. 304

30	Lippe mit zahlreichen dunkleren Punkten auf dem helleren Lippenrücken	31 S. 258
30*	nur wenige Punkte (meist 4) am Sporneingang...	*Orchis quadripunctata*

31	Blatter gefleckt	32
	Blätter ungefleckt	33

32	Blätter silbrig graugrün mit kleinen schwarzen Punkten, Lippe stark 3-lappig mit verlängertem Mittellappen	*Orchis sitiaca* S. 262
32*	Lippe nur schwach 3-geteilt, Blätter grün mit großen schwarzen Flecken, Sporn am Ende dünner	*Orchis anatolica* S. 254

33	Sporn kräftig, am Ende dick, Pflanze von unten nach oben aufblühend, Blüten rotviolett	*Orchis morio* S. 290
33*	Sporn dünn und lang, waagrecht, Pflanze von oben nach unten aufblühend, Lippen dunkel gerandet	*Orchis boryi* S. 266

34	Lippe ungeteilt, am Rande ± gewellt	35
34*	Lippe dreiteilig oder dreilappig	36

35	Pflanze gedrungen, reichblütig, frühblühend (bis Ende März), Lippenränder am Rand oft gewellt, Blüten groß, Lippendurchmesser > 10 mm	S. 300 *Orchis papilionacea* subsp. *heroica*
35*	Pflanze höherwüchsig, armblütig, spätblühend (ab Ende April), Blüten kleiner, Lippendurchmesser unter 10mm	*Orchis papilionacea* subsp. *alibertis* S. 298

36	Lippe breit dreiteilig, weißlich mit rosa bis dunklen Flecken	37
36*	Lippe dreilappig oder tief dreiteilig	38

37	Blütenstand dicht zylindrisch, Helmzipfel verbunden	*Orchis lactea* S. 282
37*	Blütenstand lockerblütig, Helmzipfel abstehend	*Orchis tridentata* S. 324

38	Lippe dreilappig, Mittellappen ungeteilt	39
38*	Lippe tief dreiteilig mit nochmals tief zweigeteiltem Mittellappen	41

39	Seitliche Kronblätter abstehend, im Zentrum grün	*Orchis prisca* S. 308
39*	alle Kronblätter zum Helm geschlossen	40

40	Lippe ungefleckt mit verbreiterten Seitenlappen	*Orchis sancta* S. 316
40*	Lippe im Zentrum gefleckt, Blüten viel kleiner	*Orchis fragrans* S. 274

41	Blätter am Rand ungewellt, Lippenteilung in schmale, einheitlich breite, meist dunkelrot gefärbte lange Zipfel auslaufend, diese häufig nach oben eingerollt, Blütengrundfärbung weißlich	*Orchis simia* S. 320
41*	Blätter am Rande kräftig gewellt, Lippenteilung schmal keilförmig, in eine Spitze auslaufend, Zipfel am Grund breit, nach vorn zugespitzt	*Orchis italica* S. 278

Gattung *Ophrys*

42	Vorderende der Säule abgerundet und stumpf	43
42*	Vorderende der Säule zugespitzt bis schnabelförmig verlängert, spitz	60

43 Sepalen rosa bis purpurrot, seltener gelblich, rundlich; Petala kurz dreieckig, Lippe annähernd quadratisch, Anhängsel nach vorn gerichtet .... *Ophrys tenthredinifera*
43* Sepalen grün, zuweilen bräunlich, rötlich oder S. 244
purpurn überlaufen; Lippe ohne oder mit kleinem,
rückwärts gerichtetem Anhängsel 44

44 Lippe im Zentrum mit blauem Spiegel, langhaarig eingerahmt .... *Ophrys vernixia*
 subsp. *orientalis*
44* Lippe anders .... 45 S. 250

45 Mittellappen der Lippe halbkugelartig gewölbt, Seitenlappen ebenfalls stark gewölbt und zottig behaart, Blüten klein .... *Ophrys bombyliflora*
 S. 124
45* Mittellappen der Lippe flach oder nur schwach gewölbt, nicht halbkugelartig 46

46 Randzone der Lippe flach, breit gelb gefärbt 47
46* Lippe allenfalls schmal, scharf abgesetzt gelb gerandet, sonst braun oder schwarzbraun 49

47 Dunkle Färbung der Lippenmitte bis in die Seitenlappen laufend, gelber Rand dadurch schmal .... *Ophrys melena*
47* nur Lippenzentrum braun, Lippe sonst gelb .... 48 S. 226

48 Lippe an der Basis ohne Knick nach unten, Blüten kleiner, Pflanze zierlich, im weiteren Aufblühen relativ hochwüchsig .... *Ophrys sicula*
 S. 232
48* Lippe an der Basis abgeknickt, Blüten meist größer, gelbe Fläche ausgedehnter, Pflanzen kräftig .... *Ophrys phryganae*
 S. 228
49 Lippengrund ohne Längskerbe 50
49* Lippengrund mit Längskerbe 52

50 Lippenvorderteil und Seitenlappen wollig behaart .... *Ophrys fleischmannii*
50* Lippe nur kurz samtig behaart, größer .... 51 S. 170

51	Lippe unter 20 mm, scharf nach unten abgeknickt, aber Blüten im Ganzen aufgerichtet, dadurch das Lippen-Vorderteil häufig parallel zur Erde stehend, kahle Lippenbasis weiß oder grau eingerahmt	S. 200 *Ophrys omegaifera* subsp. *omegaifera*
51*	Lippe bogig nach unten gekrümmt, extrem groß (> 22 (-30) mm lang)	*Ophrys omegaifera* subsp. *basilissa* S. 196
52	Lippengrund an der Basis nur schwach gekerbt	*Ophrys sitiaca*
52*	Lippengrund tief V-förmig gekerbt	53 S. 204
53	Blüten sehr klein, Lippe < 10 mm, schmal gelb oder gelbgrün gerandet, Lippe nach unten abgeknickt, frühblühend	*Ophrys cinereophila*
53*	Blüten deutlich größer	54 S. 166
54	Blüten sehr groß, Lippe > 18 mm lang, unterseits intensiv regenbogenfarbig, oberseits samtig tief schwarz mit intensiv dunkelblauem Zentrum, Pflanze kräftig	*Ophrys iricolor*
54*	Lippe kleiner, Rückseite grün oder bräunlichrot	55 S. 190
55	Blüte sehr früh, Mal graublau, sonst ähnlich 54, Seitenränder der Kerbe als schmale Leisten ausgebildet	*Ophrys mesaritica* S. 194
55*	Blütezeit später (ab Mitte II), Kerbenrand ohne schmale Leisten	56
56	Lippe an der Basis mit deutlichem Knick, Längskerbe breit wulstig umrahmt	*Ophrys fusca* subsp. *creberrima* S. 174
56*	Lippe ohne deutlichen Knick oder nur sanft gebogen	57
57	Lippe groß, > 14 mm lang, Ränder flach, gelb oder rot gerandet, Mal graublau, frühblühend	*Ophrys fusca* subsp. *creticola*
57*	Blüten deutlich kleiner	58 S. 182
58	Lippenrand flach ausgebreitet, gelb gerandet, Mal bunt, Blütezeit sehr spät (Mitte IV - V)	*Ophrys fusca* subsp. *cressa*
58*	Lippenrand nach unten geschlagen, frühblütig ..	59 S. 178 S. 184
59	nicht auf Kreta, mehr als 3 Blüten, Lippenrand meist gelb gerandet, Malfläche graublau	*Ophrys fusca* subsp. *leucadica*
59*	nur im Thripti-Massiv auf Kreta, 1(-3)-blütig, Blütezeit sehr früh, vor allen anderen Orchideen	*Ophrys fusca* subsp. *thriptiensis* S. 188

60	Petala kurz, deutlich kürzer als 1/2 Sepalenlänge	61
60*	Petala so lang oder länger als 1/2 Sepalenlänge	64

61	Griffelsäule lang, vogelschnabelartig zugespitzt	***Ophrys apifera***
61*	Griffelsäule kürzer	62 S. 120

62	Sepalen rosa, rot oder weiß, selten grünlich, Anhängsel kräftig, nach vorn gerichtet	63
62*	Sepalen immer grün, Anhängsel klein, nicht nach vorn stehend	***Ophrys umbilicata*** subsp. ***rhodia*** S. 248

63	Schultern der Lippe langhaarig, kahles Mal von der Basis her flächig auf die Lippe ausgeweitet, breit weißgelb gerandet, oft bläulich marmoriert, Lippe ohne oder mit +/- langen Höckern	***Ophrys candica*** S. 144
63*	Lippenrand und Schultern nur kurz behaart, Mal nicht flächig, abgesetztes Basalfeld weißlich-gelb gerandet, Lippe in der Größe sehr variabel, gehöckert oder ungehöckert	***Ophrys episcopalis*** S. 146

64	Linienzeichnung der Lippe gelblichweiß, ein orangerotes Basalfeld umrahmend, Grundfarbe braun, Lippe stark 3-lappig, Seitenlappen mit kräftigen Hörnern, an der Basis behaart, Mittellappen bauchig, in der Mitte am breitesten, kräftiges, nach vorn stehendes Anhängsel, Sepalen und Petalen rosarot, seltener weißlichrosa	***Ophrys heldreichii***
64*	Linienzeichnung der Lippe hellweiß, grau oder blau	65 S. 152

65	Narbenhöhle weiß, durch einen schwarzen Strich quergeteilt	66
65*	Narbenhöhle schwarz oder braun, nur im oberen Teil gelblich weiß oder grün	68

66	Narbenhöhle so hoch oder höher als breit, Lippe mit H-förmiger, von der Basis ausgehender Zeichnung, leuchtend weiß oder weiß gerandet, häufig farbige, marmorierte Flächen einschließend	***Ophrys cretica*** subsp. ***ariadnae***
66*	Narbenhöhle breiter als hoch, Blüten kleiner	67 S. 130

67	Lippe mit kräftigen, langen Seitenhörnern, Pflanze frühblühend, Sippe aus Ostkreta	***Ophrys cretica*** subsp. ***bicornuta*** S. 134
67*	Lippe ohne Hörner, mit deutlich abgeteilten, seitlich abstehenden Lappen, allenfalls schwach gehöckert, Pflanze spätblühend	***Ophrys cretica*** subsp. ***cretica*** S. 136

68 Sepalen grün, die seitlichen in der unteren Hälfte meist bräunlich bis rot überlaufen	69
68* Sepalen weißlichrosa bis rot	72
69 Pseudoaugen schwarz oder blau, Lippe groß, samtig dunkel schwarzrot, mit kräftigen busenartigen, innen braunroten Höckern, seitliche Sepalen in der unteren Hälfte meist rot überlaufen	*Ophrys mammosa* S. 212
69* Pseudoaugen grünlich bis braun, Lippe kleiner, Lippengrundfarbe braun bis schwarz, mit oder ohne Höcker, seitliche Sepalen nicht oder nur schwach bräunlich-rötlich überlaufen	70
70 Lippe im Umriß quadratisch, Grundfarbe rotbraun, ungeteilt, stark gewölbt, meist mit kräftigen, gelblich bis bräunlich gefärbten Höckern ..	*Ophrys herae* S. 208
70* Lippenumriß oval, dunkler, schwarz bis schwarzbraun, Höcker nur schwach ausgebildet	71
71 Lippen sehr klein, unter 10 mm im Durchmesser, rundlich, kugelig, Pflanze frühblühend (Mitte II - Ende III)	S. 216 *Ophrys sphegodes* subsp. *cretensis*
71* Lippe > 10 mm im Durchmesser, mit flach ausgebreitetem (gelbem) Rand, spätblühend (ab IV)	*Ophrys sphegodes* subsp. *gortynia* S. 220
72 Lippenzeichnung ohne Verbindung zur der Lippenbasis	73
72* Lippenzeichnung H-förmig, bis zur Basis reichend, Pseudoaugen blau	74
73 Lippengrundfarbe braun, zur Mitte heller bis orangebraun, Blüten groß	S. 116 *Ophrys aegaea*
73* Lippengrundfarbe schwarzrot bis tiefschwarz	*Ophrys ferrum-equinum* S. 158
74 Lippe unter 15 mm lang, ausgebreitet immer breiter als lang, meist stark dreigeteilt, besonders durch die +/- kräftig ausgebildeten Seitenlappen eine querliegende Raute ausbildend, auch wenn schwächer geteilt, breiter als lang	*Ophrys spruneri* subsp. *spruneri* S. 240
74* Lippe ausgebreitet im Umriß kreisförmig bis gerundet quadratisch, über 20 mm lang, nur leicht 3-teilig, Blüten in allen Teilen extrem groß, H-förmige Zeichnung fast immer leuchtend himmelblau gerandet	*Ophrys spruneri* subsp. *grigoriana* S. 236

Blühzeiten und Ansprüche an die Bodenreaktion

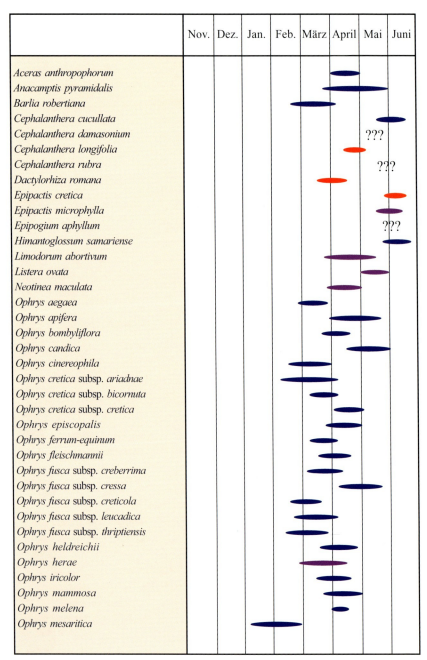

	basische Bodenreaktion		indifferente Bodenreaktion		saure Bodenreaktion	

Nov.	Dez.	Jan.	Feb.	März	April	Mai	Juni	
								Ophrys omegaifera subsp. *basilissa*
								Ophrys omegaifera subsp. *omegaifera*
								Ophrys phryganae
								Ophrys sicula
								Ophrys sitiaca
								Ophrys sphegodes subsp. *cretensis*
								Ophrys sphegodes subsp. *gortynia*
								Ophrys spruneri subsp. *grigoriana*
								Ophrys spruneri subsp. *spruneri*
								Ophrys tenthredinifera
								Ophrys umbilicata subsp. *rhodia*
								Ophrys vernixia subsp. *orientalis*
								Orchis anatolica
								Orchis boryi
								Orchis collina
								Orchis fragrans
								Orchis italica
								Orchis lactea
								Orchis laxiflora
								Orchis morio subsp. *picta*
								Orchis palustris var. *robusta*
								Orchis papilionacea subsp. *alibertis*
								Orchis papilionacea subsp. *heroica*
								Orchis pauciflora
								Orchis prisca
								Orchis provincialis
								Orchis quadripunctata
								Orchis sancta
								Orchis simia
								Orchis sitiaca
								Orchis tridentata
								Serapias bergonii
								Serapias cordigera subsp. *cretica*
								Serapias lingua
								Serapias orientalis
								Serapias parviflora
								Spiranthes spiralis

Aceras anthropophorum (L.) W.T. Aiton
Ohnhorn, Männchenorchis, Puppenorchis

Synonyme:
Orchis anthropophora (L.) All.

Diagnose: einzige Art aus der Orchis-Verwandtschaft ohne Sporn, kleine, hängende Blüten mit in vier fädige Zipfel geteilter Lippe, in schlanker Ähre angeordnet. Farbe der Lippe wie auch des Helms, der aus den übrigen Blütenblättern gebildet wird, sehr variabel von hellgelb bis dunkelrot. Grundständige Blattrosette, Blätter ungefleckt. Pflanze meist zierlich, nur selten über 30 cm hoch.

Habitat: in wiesiger Phrygana, auch im lichten Kiefernwald, an Kalk im Untergrund gebunden. Meist als einzelne Pflanzen in offenem Gelände, gelegentlich aber auch in größeren Beständen. Auf Kreta besteht ein deutlicher Verbreitungsschwerpunkt südwestlich des Psiloritis und im Gebiet um Thripti.

Hybriden: auf Kreta und Karpathos nachgewiesen mit *Orchis italica* und *Orchis simia*. Obwohl *Aceras anthropophorum* im untersuchten Gebiet sehr häufig zusammen mit Massenbeständen von *Orchis italica* oder *Orchis simia* vorkommt, sind diese Hybriden aber sehr selten.

Verwechslung: kaum möglich.

Blütezeit: Anfang IV - Ende IV

Datenbasis: 337 Meldungen.

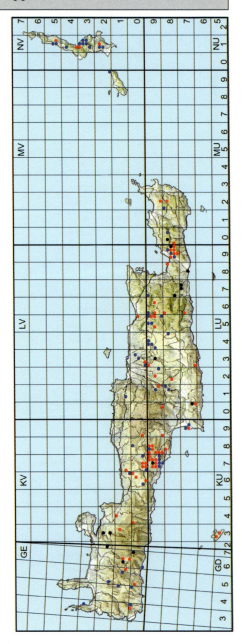

Abb. 75: Vatos (KR), 11.4.2001

Abb. 76: Gerakari (KR), 16.4.2000   Abb. 77: Aperi (KP), 25.3.2001

Abb. 78: Vatos (KR), 11.4.2001

Abb. 79: Gerakari (KR), 11.4.2001

Abb.80: Menetes (KP), 25.3.2001

Abb.81: Thripti (KR), 10.4.1992

Anacamptis pyramidalis (L.) Rich.
Pyramiden-Spitzorchis, Hundswurz

Synonyme: -

Diagnose: hochwüchsige Pflanze, die schmalen Blätter der grundständigen Rosette sind zur Blütezeit häufig schon verwelkt. Farbe der Blüten von rosarot bis weiß, auch selten gelblichweiß (manchmal sind ganze Populationen weißblütig), Lippenumriß dreilappig, am Grund zwischen 2 markanten Schwielen in einen langen, fadenförmigen Sporn mündend. Blütenstand im Aufblühen spitz kegelig, was ihr den Namen gab.

Habitat: Phrygana, in offenem Gelände, Ruderalplätze, wenig anspruchsvoll auf basischem Untergrund, bis über 1500 m. Die Verbreitungskarte von Kreta weist mit Sicherheit erhebliche Lücken auf.

Hybriden: andernorts mit *Orchis fragrans* und *Orchis sancta* vorkommende Hybriden sind im Gebiet bislang nicht gefunden worden.

Verwechslung: vom schlanken, normalen Habitus her kaum möglich, gelegentlich zu findende kleine Pflanzen (bei sehr nahrungsarmen Wuchsort) bleiben durch Länge und Form des fadenförmigen Sporns und durch die Form der Lippe mit ihren zwei Schwielen am Grund trotzdem unverwechselbar.

Blütezeit: Ende III - Ende V

Datenbasis: 1325 Meldungen.

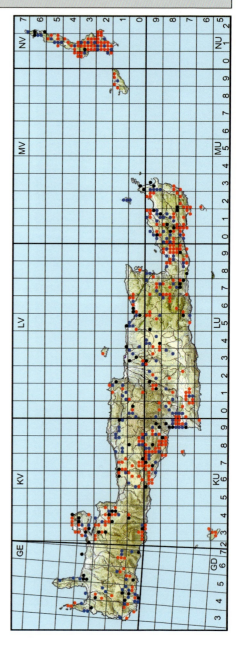

Abb. 82: Kato Saktouria (KR), 10.5.2001

Abb. 83: Arkasa (KP), 26.3.2001

Abb. 84: Selakano (KR), 21.5.2001

Abb. 85: Males (KR), 21.5.2001

Abb. 86: Goudouras (KR), 10.4.1994

Abb. 87: Agios Pavlos (KR), 10.4.2000   Abb. 88: Ag. Ioannis (KR), 22.5.2001

Abb. 89: Makris Gialos (KP), 30.3.1998

Barlia robertiana (LOISEL.) GREUTER
Roberts Mastorchis

Synonyme:
Barlia longibracteata (BIV.) PARL.
Himantoglossum longibracteatum (BIV.) SCHLTR.

Diagnose: große, kräftige Blätter schließen den manchmal fingerdicken Stengel der mastigen Pflanze scheidig ein. Voll aufgeblüht sind kräftige Exemplare über 50 cm hoch. Blüten in dichter Ähre, groß, Lippe dreilappig mit an der Spitze nochmals geteiltem Mittellappen. Blütenfarbe sehr variabel von weiß bis intensiv dunkelviolett, Blüten stark duftend.

Habitat: Pflanze wächst meist einzeln in rasiger Phrygana; in offenem Gelände, wiesige Weideflächen, von den Tieflagen bis über 1000 m; nur selten lokal in größeren Beständen. Bemerkenswert ist die Verbreitung auf Kreta, wo sie im Westen erheblich seltener ist als in Mittel- und Ostkreta. Als häufige Art ist sie in der Verbreitungskarte sicher noch unterrepräsentiert.

Hybriden: keine bekannt.

Verwechslung: unverwechselbar, wenngleich sehr kräftige Exemplare von *Orchis collina* manchmal im Habitus ähneln. Die Blütenstrukturen ermöglichen indes die Differenzierung.

Blütezeit: Ende II - Anfang IV

Datenbasis: 1120 Meldungen.

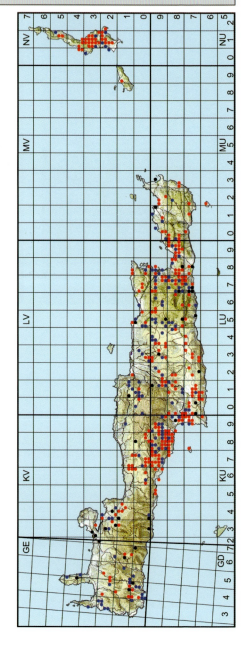

Abb. 90: Festos (KR), 26.2.1996

Abb. 91: Festos (KR), 26.2.1996

Abb. 92: Ag. Pavlos (KR), 25.2.1996

Abb. 93: Melambes (KR), 10.4.1994

Abb. 94: Apella (KP), 21.3.1998

Abb. 95: Festos (KR), 26.2.1996

Abb.96: Festos (KR), 26.2.1996

Abb.97: Ag. Achata (KP), 22.3.2001

Cephalanthera cucullata BOISS. & HELDR. ex RCHB.f.
Kretisches Waldvöglein

Synonyme: -

Diagnose: nah verwandt mit *Cephalanthera epipactoides* sind die Pflanzen erheblich kleiner und zierlicher als diese, wenigblütige Exemplare sind manchmal nur 5 cm hoch. Sie haben nach oben kleiner werdende, den Stengel scheidig umhüllende Tragblätter für die bis über 20 dicht allseitswendig stehenden Blüten. Das unterste, zugleich größte Blatt ist nur bei kräftigen Pflanzen ohne Tragblattfunktion. Die Blüten öffnen sich je nach Witterung mehr oder minder und sind kräftig rosa bis weiß gefärbt. Die Lippe trägt am Grund einen deutlichen, aber nur etwa 2 mm langen Sporn.

Habitat: die Art ist ein Endemit Kretas, der mangels geeigneter Biotope, die zudem einem starken Beweidungsdruck ausgesetzt sind, sehr selten ist. Sie wächst in größeren Höhen (über 700 m) in Laubmischwäldern (*Quercus ilex, Acer sempervirens, Cupressus sempervirens, Pinus brutia*), besonders entlang wasserführender Rinnen. Am Wuchsort ist eine hinreichende Humusauflage nötig. Die zunehmende Austrocknung der Wuchsorte durch Fassung und Ableitung natürlicher Quellen stellt derzeit die größte Bedrohung dar, daneben werden viele Exemplare durch Ziegen abgefressen.

Hybriden: bislang sind keine sicheren Hybriden bekannt.

Abb. 98: Epano Simi (KR), 19.5.2001

Abb. 99: Epano Simi (KR), 20.5.2001

Verwechslung: durch den Sporn von allen anderen vorkommenden *Cephalanthera*-Arten unterschieden, unverwechselbar ist der Habitus.

Blütezeit: Mitte V - Mitte VI

Datenbasis: 47 Meldungen.

Abb. 101: Selakano (KR), 21.5.2001

Abb. 100: Selakano (KR), 21.5.2001

Abb. 102: Selakano (KR), 21.5.2001

Abb. 103: Biotop bei Epano Simi (KR), 22.5.2001

Cephalanthera damasonium (Mill.) Druce
Weißes Waldvöglein

Synonyme:
Cephalanthera alba (Crantz) Simonk.
Cephalanthera grandiflora Gray

Diagnose: am Stengelgrund trägt die Pflanze einige breit lanzettliche bis ovale Blätter, die nach oben kleiner werdend in Tragblätter der Blüten übergehen. Blüten milch- bis rahmweiß, sich meist nur sehr wenig öffnend. Lippe mit dunkelgelben Linien aus parallelen Wülsten, ungespornt.

Habitat: Alibertis (persönl. Mitteilung) fand eine Pflanze 1989 im Psiloritis-Gebiet, an gleicher Stelle sind auch früher gelegentlich einzelne Pflanzen gefunden worden. Ein Belegfoto konnte nicht beschafft werden. Trotz der Autogamie der Art hat sich aber offenkundig ein echtes Vorkommen in Populationsstärke bislang nicht entwickelt.

Bemerkungen: fehlende Biotope werden, auch wenn am Psiloritis wirklich noch ein kleines Vorkommen existiert, eine weitere Ausbreitung mit Sicherheit verhindern.

Verwechslung: prinzipiell mit den anderen vorkommenden *Cephalanthera*-Arten. Von *Cephalanthera cucullata* vor allem unterschieden durch Stengelblätter und Sporn.

Blütezeit: geschätzt Mitte V

Datenbasis: 4 Meldungen (mit zweifelhafter Lokalisation).

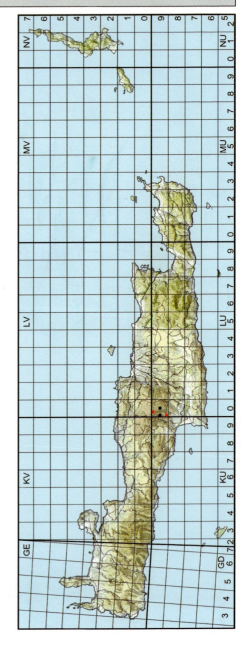

Abb. 104: Nordhessen (Deutschland), 25.5.1998

Cephalanthera longifolia (L.) Fritsch
Langblättriges Waldvöglein

Synonyme:
Cephalanthera ensifolia (Murray) Rich.
Cephalanthera xyphophyllum Rchb.f.

Diagnose: endständige Ähre, Blätter lang, schmal bis breit lanzettlich, meist steif aufwärts gerichtet, in ihre Spitzen den unteren Teil der Blütenähre einschließend. Blüten leuchtend weiß, nie gelblich oder rosa überlaufen, Lippe an der Spitze mit dottergelbem Fleck, ungespornt.

Habitat: Kastanien- und Flaumeichenwald, meist auf saurem Untergrund in Westkreta, hier lokal auch in kleinen Populationen auftretend. Mangels geeigneter Biotope ist sie auf Kreta relativ selten. Fundangaben im Psiloritis-Gebiet erscheinen, da sehr lange nicht mehr bestätigt, zweifelhaft.

Hybriden: von Kreta keine bekannt, auch nicht zu erwarten, da sie gänzlich andere Biotope als *Cephalanthera cucullata* besiedelt.

Verwechslung: von *Cephalanthera cucullata* unterschieden durch den völlig fehlenden Sporn, durch den dottergelben Fleck an der Lippenspitze, die schmalen, langen Blätter am Stengel und die endständige Infloreszenz, die keine Laubblätter trägt.

Blütezeit: Mitte IV - Anfang V
Datenbasis: 27 Meldungen.

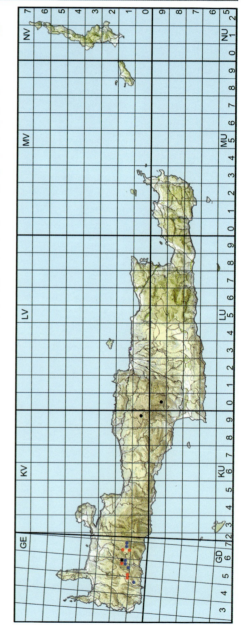

Abb. 105: Thüringen (Deutschland), 22.5.1999   Abb. 106: Ag. Irini (KR), 10.5.2001

Abb. 107: Thüringen (Deutschland), 22.5.1999

Cephalanthera rubra (L.) RICH.
Rotes Waldvöglein

Synonyme: -

Diagnose: endständige Ähre mit großen, rosa bis rosaroten, meist weit geöffneten Blüten. Lippe dunkler rot gerandet, ungespornt. Blätter breit lanzettlich, zur Seite abstehend. Stengel behaart.

Habitat: lichter Kiefernwald, auf kalkigem Untergrund.

Bemerkungen: ALIBERTIS (1997: 13) zitiert eine Fundmeldung von TESCHNER (1975), der von 20 verblühten Pflanzen am Eingang der Samaria-Schlucht berichtete. Danach wurde sie nie mehr gefunden. Es gibt keine weiteren Hinweise auf ein eventuelles Vorkommen der Art, Belegfotos fehlen ebenfalls. Immerhin kommt die Art in schönen Beständen im Taygetos in Südgriechenland vor, ebenso auch in der Süd-Türkei. Da die kretischen Gebirge die Fortsetzung der Gebirgsketten des Balkans in die türkische Südgebirgskette darstellen, wäre an ein Reliktvorkommen zu denken. Allerdings sind geeignete Biotope auf Kreta sicher sehr selten.

Verwechslung: es besteht die Möglichkeit einer Verwechslung mit knospig noch intensiv gefärbten Exemplaren von *Cephalanthera cucullata*. Die gänzlich andere Beblätterung ermöglicht die Unterscheidung.

Blütezeit: geschätzt Ende V

Datenbasis: 1 Meldung.

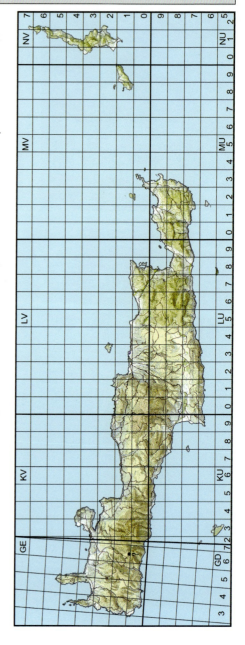

Abb. 108: Thüringen (Deutschland), 14.6.2001

Dactylorhiza romana (Sebast.) Soó
Römische Kuckucksblume

Synonyme:
Orchis romana Sebast.
Orchis mediterranea Klinge
Dactylorhiza sulphurea Franco
Dactylorhiza sulphurea subsp. *pseudosambucina* (Ten.) Franco
Dactylorhiza sambucina subsp. *pseudosambucina* (Ten.) H.Sund.

Diagnose: grundständige Rosette aus schmalen lanzettlichen Blättern. Blüten rot, rosa, weißlich oder gelb, alle Übergänge möglich. Lippe mit langem, kräftigem, aufwärts gerichtetem Sporn, der erheblich länger ist als der Fruchtknoten.

Habitat: auf bodensaurem Untergrund, meist in Buschgebieten mit Heide oder Ginstern wachsend.

Hybriden: von Kreta keine bekannt.

Verwechslung: gelbblütige Exemplare könnte man mit *Orchis provincialis* verwechseln, die aber breite, kräftig schwarz gefleckte Blätter hat. Außerdem ist die Lippe von *Orchis provincialis* nach unten gebogen, während die von *Dactylorhiza romana* gerade nach vorn steht. Rosa oder rotblühende Exemplare könnten mit *Orchis anatolica* verwechselt werden, aber auch hier sind die Blätter rundlich und dunkel gefleckt. Weiter unterscheidet die Knollenform, die bei *Orchis* rund, bei *Dactylorhiza* spitz auslaufend ist.

Blütezeit: Ende III - Mitte IV
Datenbasis: 79 Meldungen.

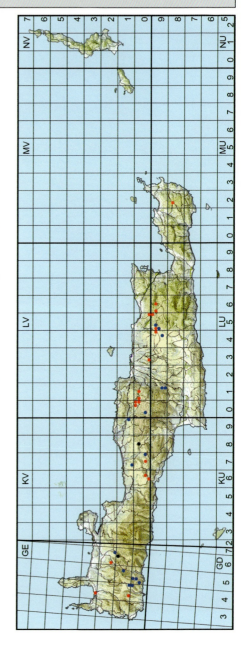

Abb.109: Angouseliana (KR), 4.4.1994

Bemerkungen: durch die Bindung an bodensaure Gebiete ist die Art auf Kreta relativ selten, besonders im kalkreichen Ostkreta. Zusätzlich ist sie an manchen alten Fundorten durch anthropogene Einflüsse selten geworden. Die Variabilität der Blütenfarbe wird durch die Bilder belegt. Auf Kreta sind gelb blühende Exemplare selten, stattdessen zeigen die hellblütigen Exemplare ein gelbliches Weiß als Blütenfarbe. Wie alle *Dactylorhiza*-Arten entwickelt sie einen guten Fruchtansatz (Abb. 114).

Andere Arten dieser Gattung wurden bislang im Gebiet nicht gefunden. Potentielle Areale könnten in den weniger untersuchten höheren Gebirgszonen Kretas liegen, wo es aber nur sehr selten kleine quellig-wiesige Zonen gibt. Die Entwässerung von Quellgebieten zur Trinkwassergewinnung und die starke Sommerbeweidung gerade in diesen Regionen mindern die Chancen für solche Pflanzen weiter.

Abb. 110: Sisarha (KR), 16.4.1992, W. Lüders

Abb.111: Angouseliana (KR), 4.4.1994

Abb. 112: Angouseliana (KR), 4.4.1994

Abb. 113: Angouseliana (KR), 4.4.1994   Abb 114: Xidas (KR), 5.5.2001

Abb. 115: Sisarha (KR), 14.4.2001

Epipactis cretica KALOP. & ROBATSCH
Kretische Stendelwurz

Synonyme: -

Diagnose: Dieser autogame, kretische Endemit ist nah verwandt mit *Epipactis gracilis* und *Epipactis troodii*. Die ganze zierliche Pflanze ist meist zart blauviolett überlaufen. Die Blätter sind klein, unter 5 cm lang, der Stengel ist nur ganz schwach behaart. Typisch für die Gruppe dieser drei Arten steht das unterste Blatt weit vom Boden entfernt ab. Die kleinen, unscheinbaren, autogamen Blüten zeigen bei trockenem Stand die Tendenz zur Kleistogamie. Hypochil und Epichil besitzen manchmal einen rötlichen Anflug, das Epichil weist leicht schaufelförmig nach vorn, es trägt keine Schwiele.

Habitat: Die Art wächst an laub- und vegetationsfreien Stellen entlang von Bachläufen in größeren Höhen (über 700 m), bevorzugt in schluchtartigen Laubmischwäldern (*Quercus ilex, Acer sempervirens*), auch zusammen mit *Epipactis microphylla* und *Cephalanthera cucullata*. Aufgrund der Seltenheit solcher Habitate auf Kreta ist sie sehr lückenhaft verbreitet, kann aber lokal größere Bestände bilden, z.B. in den südlichen Dikti.

Variation: erheblich in der Größe der vegetativen Merkmale: 12-50 cm Höhe.

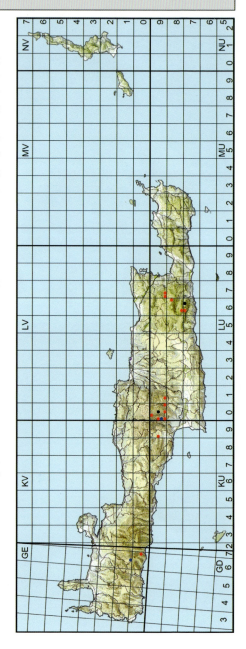

Abb. 116: Zaros (KR), 2.6.1999, C. KREUTZ

Abb. 118: Zaros (KR), 2.6.1999, C. Kreutz

Abb. 117: Zaros (KR), 2.6.1999, C. Kreutz

Abb. 119: Katharo (KR), 21.5.2001

Abb. 120: Biotop bei Epano Simi (KR), 21.5.2001

Verwechslung: nur mit *Epipactis microphylla* denkbar. Der fast unbehaarte Stengel, der Habitus der blühenden Pflanzen mit unten langem Stengel ohne Blätter und das Epichil ohne warzige Strukturen sind aber eindeutig.

Hybriden: mit *Epipactis microphylla*.

Blütezeit: Ende V - Mitte VI

Datenbasis: 24 Meldungen.

Bemerkungen: gelegentlich gibt es Exemplare, denen die blauviolette Farbe fehlt, so daß sie gänzlich grün erscheinen (Abb. 119). Die Art scheint Ziegen förmlich anzulocken: von einer im knospigen Stadium aufgesuchten Population von über 70 Pflanzen in den Dikti kamen lediglich 5 Pflanzen zur Blüte. Neben der Ziegenbeweidung ist die Art durch die Entwässerung ihrer Biotope stark gefährdet. Meist bleiben von der natürlichen Bewässerung der Habitate nur noch klägliche Rinnsale übrig, die von eventuell noch vorhandenen kleinen „Nebenquellen" gespeist werden.

Epipactis microphylla (Ehrh.) Sw.
Kleinblättrige Stendelwurz

Synonyme:-

Diagnose: charakteristische Merkmale sind der filzig behaarte Stengel mit meist nur winzigen Blättern am Stengelgrund. Die Blüten duften intensiv nach Vanille, sie öffnen sich meist nur halb und stehen dadurch oft glockenartig hängend am Stengel. Das Epichil trägt eine weißliche, warzige Schwiele. Die Sepalen sind grün, die Petalen rötlich gefärbt.

Habitat: Die Art ist sehr weit eurasisch verbreitet. Man kann sie an schattigen Bachläufen, an feuchten Rinnen im Kastanienwald, auch unter *Acer sempervirens* finden, wobei die Reaktion des Untergrundes (sauer oder alkalisch) keine entscheidende Rolle zu spielen scheint. Wegen ihrer Bindung an Wasser bleibt sie den Gebirgsstöcken vorbehalten. Nur in Westkreta gedeiht sie in Höhen unter 500 Metern. Erfreulich ist die Tatsache, daß sie jetzt auch in den Dikti (Ostkreta) gefunden werden konnte.

Variation: erheblich in der Größe der vegetativen Merkmale: 12-50 cm Höhe.

Verwechslung: nur mit *Epipactis cretica* denkbar - der filzig behaarte Stengel, der Habitus der blühenden Pflanzen mit nur wenigen, winzigen Blättern am Grund und das Epichil mit weißlicher Warzenstruktur sind eindeutig.

Hybriden: mit *Epipactis cretica*.

Blütezeit: Mitte V - Mitte VI

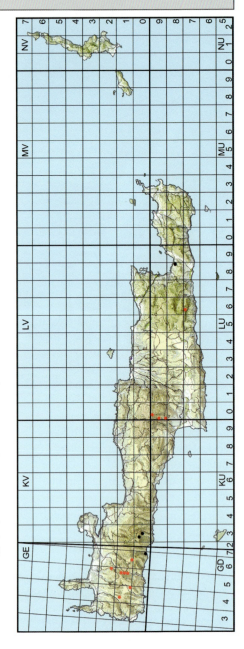

Abb. 121: Ag. Irini (KR), 20.5.2001

Abb. 123: Strovles (KR), 11.5.2001

Abb. 122: Ag. Irini (KR), 20.5.2001

Abb. 124: Strovles (KR), 11.5.2001

Abb. 125: Biotop bei Ag. Irini (KR), 10.5.2001

Datenbasis: 24 Meldungen.

Bemerkungen: Gelegentliche Berichte über Vorkommen von *Epipactis helleborine* auf Kreta bezogen sich auf Austriebfunde und stellen vermutlich Verwechslungen mit *Epipactis microphylla* bzw. *Epipactis cretica* dar, bei denen gelegentlich sehr kräftige Exemplare auftreten. Abb. 123 zeigt ein solches Phänomen bei *Epipactis microphylla*; die beiden abgebildeten Pflanzen kommen mit hoher Wahrscheinlichkeit aus einem Rhizom. Auch wenn die linke Pflanze in allen vegetativen Merkmalen viel kräftiger ist als die schon blühende rechte Pflanze, bleiben die qualitativen Merkmale von *Epipactis microphylla* erhalten.

Abb. 126: Strovles (KR), 11.5.2001

Epipogium aphyllum Sw.
Blattloser Widerbart

Synonyme:
Orchis aphylla L.

Diagnose: blattlose Pflanze, meist unter 20 cm hoch. Wenige Blüten mit nach oben gerichteter Lippe hängen locker verteilt an einem gelblichen Stengel. Die weiße, kräftig gespornte Lippe trägt rotviolett gefärbte Längsrippen. Alle übrigen, abgespreizten Kronblätter sind gelblich.

Habitat: R. LEHNER (persönl. Mitteilung) teilte mit, daß er Ende Mai 1996 im moosigen Kiefernwald in der Samaria-Schlucht ein Exemplar dieser Art gefunden habe. Belegfotos oder einen Herbarbeleg gibt es nicht. Die Angabe bedarf deshalb einer Bestätigung. Die Art ist beispielsweise in den Bergwäldern Griechenlands und der Türkei weit verbreitet. Wegen des sehr isolierten Vorkommens in niedriger Höhe und der trotz der südlichen Lage außergewöhnlich frühen Blütezeit kann eine Verwechslung nicht ausgeschlossen werden. Potentielle Biotope sind auf Kreta sicher selten. Um ein Erkennen auch im fruchtenden Zustand zu ermöglichen, werden hier auch die charakteristischen, abgeplatteten Früchte abgebildet.

Hybriden: nicht bekannt.

Verwechslung: theoretisch denkbar mit *Orobanche*-Arten oder anderen blattlosen Vollschmarotzern.

Blütezeit: geschätzt Anfang VI

Datenbasis: 1 Meldung.

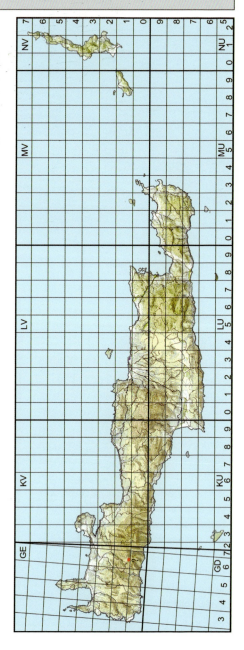

Abb. 127: Baden-Württemberg (Deutschland), 24.07.1999

Abb. 128: Baden-Württemberg (Deutschland), 24.07.1999

Abb. 129: Kärnten (Österreich), 26.07.2000

Abb. 130: Kärnten (Österreich), 26.07.2000

Himantoglossum samariense C. & A.ALIBERTIS
Kretische Bocksriemenzunge

Synonyme: -

Diagnose: Der Habitus entspricht weitgehend *Himantoglossum affine*, die in der Türkei weit verbreitet ist. Die Pflanzen sind kräftig, bis über 50 cm hoch und tragen bis zu 30 Blüten. Diese sind sehr locker angeordnet, die langen Lippen stehen steif zur Seite ab. Der Unterschied zu *Himantoglossum affine* liegt in der Gestalt der Blüten. Ihr Mittellappen ist an der Spitze manchmal nur 2 mm, manchmal bis 18 mm tief zweigeteilt. Am Grund ist der Lippenrand gewellt bis zum Abgang der 3-10 mm langen Seitenlappen. Die Lippengrundfarbe ist rötlich-braunviolett mit grünlichem Anflug. Im Zentrum zieht sich vom Sporneingang ein weißer, spitz dreieckig nach unten auslaufender Bereich herunter. Häufig, aber nicht immer tragen die Wülste am Sporneingang eine feine rotviolette Punktierung, die manchmal auch den weißen Bereich erfaßt.

Habitat: die Art wächst halbschattig im lichten Wald, unter 1000 m wurde sie nur selten gefunden. Sie ist sehr selten, da sie in den wenigen potentiellen Biotopen einem starken Beweidungsdruck unterliegt.

Hybriden: nicht bekannt.

Verwechslung: unverwechselbar.

Blütezeit: Ende V - Ende VI

Datenbasis: 32 Meldungen.

Abb. 131: Xyloskalon (KR), 22.5.2001

Abb. 132: Xyloskalon (KR), 18.5.2001

Abb. 133: Xyloskalon (KR), 14.5.2001

Abb. 134: Epano Simi (KR), 22.5.2001

Abb. 135: Laki (KR), 14.5.2001

Bemerkungen: ALIBERTIS interpretiert in seiner Beschreibung die bestehende Merkmalskombination von *Himantoglossum affine* und *Himantoglossum caprinum* als hybridogen entstanden durch Verschmelzung der genannten Arten. Das Fehlen der Eltern spricht gegen eine hybridogene Entstehung. Auf Grund der jetzt isolierten Lage Kretas mit früheren Landkontakten zur Türkei und griechischem Festland könnte es sich aber auch um Reliktvorkommen einer sehr alten *Himantoglossum*-Art handeln, die noch Merkmale beider später differenzierter Arten in sich trägt. Ähnliche Pflanzen wurden von Lesbos (BIEL 1998) gemeldet, als *Himantoglossum montis-tauris* (KREUTZ 1997) aus der Südtürkei beschrieben und kommen auch in Israel (mdl. Mitt. O. FRAGMAN) und möglicherweise im Irak (WOOD 1984) vor.

Abb. 136: Epano Simi (KR), 22.5.2001

Abb. 138: Laki (KR), 22.5.2001

Abb. 137: Laki (KR), 22.5.2001

Abb. 139: Laki (KR), 22.5.2001

Limodorum abortivum (L.) Sw.
Violetter Dingel

Synonyme: -

Diagnose: Pflanze ohne grüne Blätter, am kräftigen Stengel nur einige violette, hüllende Schuppenblätter. Blüten groß, Sepalen von weißlichviolett, stahlblau bis rotviolett, manchmal fast weiß, andernorts auch rosarot (var. *rubrum* KREUTZ). Lippe dunkler, meist blauviolett, lang gespornt, der Sporn steil nach unten gerichtet. Die Fruchtstände mit den sehr großen Früchten (Abb. 143) bleiben lange stehen und sind auch dann noch gut zu erkennen, wenn die Pflanzen noch nicht ausgetrieben haben.

Habitat: meist in *Pinus brutia*-Wäldern, in Westkreta auch in Kastanienhainen und hoher Phrygana, manchmal auch in offenem Gelände. Die Art ist insgesamt auf Kreta relativ selten, häufiger auf Karpathos, wo sie allerdings in trockenen Jahren nur spärlich blüht. Bemerkenswert sind mehrere Vorkommen auf Gávdos.

Hybriden: nicht bekannt.

Verwechslung: unverwechselbar.

Blütezeit: Ende III - Mitte V

Datenbasis: 179 Meldungen.

Bemerkungen: In Westkreta treten in sonst normalblütigen Populationen gelegentlich sehr hellblütige, intensiv rosa überlaufene Exemplare auf (Abb. 146), die etwas an die var. *rubrum* erinnern.

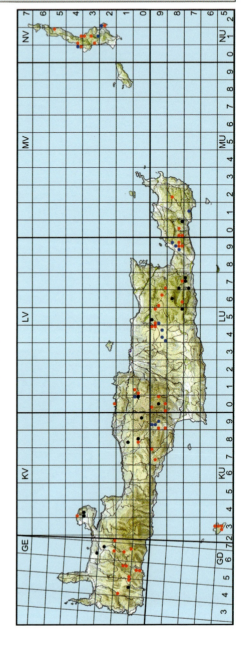

Abb. 140: Thripti (KR), 8.5.1997

Abb. 141: Thripti (KR), 8.5.1997

Abb. 142: Ag. Irini (KR), 10.5.2001

Abb. 143: Xidas (KR), 9.5.2001

Abb. 144: Thripti (KR), 8.5.1997

Abb. 145: Mesohori (KP), 3.5.2001, C. Kreutz

Abb. 146: Vamvakades (KR), 11.5.2001

Listera ovata L.
Großes Zweiblatt

Synonyme: -

Diagnose: auf kurzem, kräftigem Stengel sitzen einige Zentimeter über dem Grund zwei große, rundovale, gegenständige Blätter. In der Mitte zwischen diesen entspringt eine endständige, allseitswendige Ähre aus zahlreichen, kleinen, in allen Teilen grünen ungespornten Blüten (nur die Petala zeigen gelegentlich einen rötlichen Anflug). Nektarbildung an der Lippenbasis, der nach unten fließend eine glänzende Lippenmitte bedingt.

Habitat: auf Kreta ist sie an Bachläufen, in feuchten Schluchten, an wasserführenden Rinnen in Kastanienwäldern, auf saurem und auch auf basischem Untergrund zwischen 400 und 1200 m Höhe zu finden. Neben den schon länger bekannten Vorkommen in Westkreta konnte die Art kürzlich auch in den Dikti nachgewiesen werden.

Hybriden: nicht bekannt.

Verwechslung: unverwechselbar.

Blütezeit: Anfang V - Ende V

Datenbasis: 33 Meldungen.

Bemerkung: Die Art besitzt ein sehr großes eurasisches Verbreitungsgebiet, in dem sie sehr uniform bleibt. Das stark isolierte Vorkommen auf Kreta verwundert und ist möglicherweise (wie bei anderen Arten) als Relikt aus Zeiten der Landverbindung zum Festland zu deuten. In ihren Habitaten ist sie durch Entwässerung und Beweidung gefährdet.

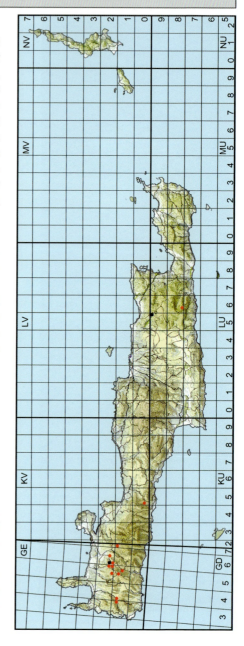

Abb. 147 (li), 148 (re): Epano Simi (KR), 21.5.2001

Abb. 149: Epano Simi (KR), 21.5.2001   Abb. 150: Epano Simi (KR), 21.5.2001

Abb. 151: knospige Pflanze, Agia Irini (KR), 12.5.2001

Abb. 152: Schluchtwald-Biotop bei Epano Simi (KR), 21.5.2001

Neotinea maculata (DESF.) STEARN
Gefleckte Waldwurz

Synonyme:
Neotinea intacta (LINK) RCHB.f.
Orchis intacta LINK

Diagnose: kleine, zierliche Pflanze, mittlere Rosettenblätter den Stengel scheidig umhüllend. Blätter dunkelgrün, am Rande oft rötlich überlaufen. Dichte Ähre aus winzigen, weißlichen bis intensiv rosa gefärbten Blüten, Lippe dreigeteilt, Mittellappen an der Spitze nochmals in 2 kurze Zipfel auslaufend, im Zentrum des Mittellappens meist rotviolett gefleckt, selten ungefleckt.

Habitat: weit verbreitete Art, die entlang der Atlantik-Küste im Norden Irland erreicht, im Süden bis auf die Kanarischen Inseln geht und auch auf Gávdos als südlichstem Punkt Europas gefunden wurde. Im Gebiet wächst sie im lichten Kiefernwald, häufig im Halbschatten an Böschungen, in buschiger Phrygana. Die Art kommt sowohl auf basischem wie auch auf saurem Untergrund vor und erreicht Höhen von mehr als 1300 m. Hier wächst sie dann im sehr lichten Wald aus *Juniperus oxycedrus*, *Quercus ilex* und *Acer sempervirens*.

Hybriden: keine sicheren Hybriden bekannt, auf Grund der neuen genetischen Ergebnisse würde man am ehesten Kreuzungen mit *Orchis tridentata* oder *Orchis lactea* erwarten.

Verwechslung: unverwechselbar.

Blütezeit: Ende III - Ende IV

Datenbasis: 316 Meldungen.

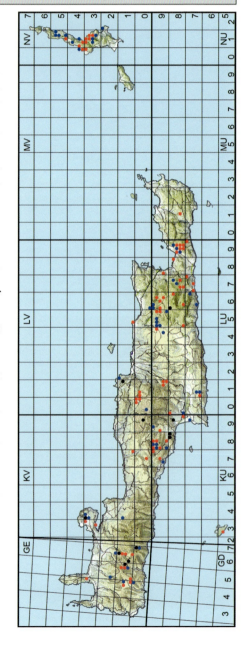

Abb. 153: Lastos (KP), 20.3.2001

Abb. 154: Grigoria (KR), 3.4.1994

Bemerkungen: BATEMAN et al. (1997: 122) haben auf Grund genetischer Untersuchungen die Arten *Orchis tridentata, Orchis tridentata* subsp. *commutata* und *Orchis ustulata* aus der klassischen Gattung *Orchis* in die ursprünglich monotypische Gattung *Neotinea* versetzt. Nach BATEMAN (2001: 119) gehören auch *Orchis lactea* und *Orchis conica* in diese Gattung. Unbestreitbar gibt es neben den genetischen auch viele morphologische Ähnlichkeiten zwischen diesen relativ kleinblütigen Arten.

Abb. 155: Xidas (KR), 9.5.2001

Abb. 156: Volada (KP), 21.3.2001   Abb. 157: Melambes (KR), 20.4.1993

Abb. 158: Melambes (KR), 20.4.1993

Ophrys aegaea KALTEISEN & H.R.REINHARD
Ägäische Ragwurz

Synonyme: -

Diagnose: Pflanze kräftig, gedrungen, meist nur 2-3 Blüten, selten bis 7. Sepalen rosa mit grünem Mittelnerv, Petalen spatelförmig, etwas dunkler, etwa 2/3 so lang wie die Sepalen. Lippe im Umriß rund, groß, annähernd flach ausgebreitet, die Lippenränder nicht zurückgeschlagen. Narbenhöhle queroval, durch braunen Querstrich geteilt, obere Hälfte weiß, die untere häufig himmelblau überlaufen. Lippe samtig, zu den Schultern hin etwas länger behaart, dunkelrotbraun, zur Mitte und zur Basis hin oft flächig hell orangerot, ein eigentliches Basalfeld fehlt. Zeichnung von der Basis abgesetzt, aus 2 meist rautenförmigen, weißlich bis metallisch blau gefärbten Feldern bestehend.

Habitat: Lichte Kiefernwälder, aber auch - wenngleich seltener - in offenen, rasigen Phrygana-Gebieten, auch in *Phlomis*-Fluren, auf basischem Grund, einzige endemische Orchidee im Kasos-Karpathos-Archipel.

Hybriden: mit *Ophrys cretica* subsp. *ariadnae*, *Ophrys ferrum-equinum*.

Verwechslung: Schwierig kann die Abgrenzung zu Hybriden mit *Ophrys ferrum-equinum* sein, die eine viel dunklere, fast schwarze Lippe und insbesondere eine im unteren Bereich meist dunklere Narbenhöhle besitzen.

Blütezeit: Ende II - Ende III
Datenbasis: 127 Meldungen.

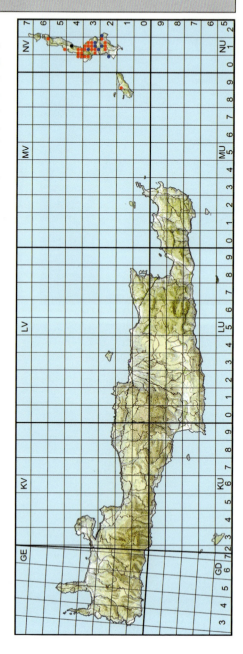

Abb. 159: Apella (KP), 21.3.2000

Abb. 161: Apella (KP), 21.3.2000

Abb. 160: Apella (KP), 21.3.2000

Abb. 162: Agia Marina (KA), ohne Datumsangabe, M. Perselis

Abb. 163: Apella (KP), 20.3.2000

Ophrys apifera Huds.
Bienen-Ragwurz, Biene

Synonyme: -

Diagnose: Sepalen weißlich-grün bis rosarot, Petalen kurz und schmal, Griffelsäule in einen verlängerten Konnektiv-Fortsatz auslaufend. Mal orange, gelblichweiß umrandet, Seitenlappen stark behaart, Anhängsel völlig zurückgeschlagen. Die Art ist selbstbestäubend: schon zur frühen Blüte klappen die Pollinien auf die Narbe herunter, wie in Abb. 164 sehr gut zu sehen ist.

Habitat: wiesige Weidegebiete, offengelassene Olivenhaine, küstennahe Marschen, gern auf wechselfeuchtem Grund.

Hybriden: durch die späte Blütezeit und Selbstbestäubung relativ isoliert, bislang im Gebiet keine Hybriden beobachtet.

Verwechslung: durch die Blütezeit von den meisten anderen *Ophrys*-Arten getrennt, ebenso durch das zurückgeschlagene Anhängsel, das sie auch von den Arten aus der *Ophrys-episcopalis*-Gruppe trennt.

Bemerkungen: Variationen der Länge und Größe der Petalen, wie sie aus Mitteleuropa bekannt sind, wurden bislang im Gebiet nicht beobachtet. Auf Kreta wurde var. *bicolor* gefunden.

Blütezeit: Ende III - Mitte V
Datenbasis: 129 Meldungen.

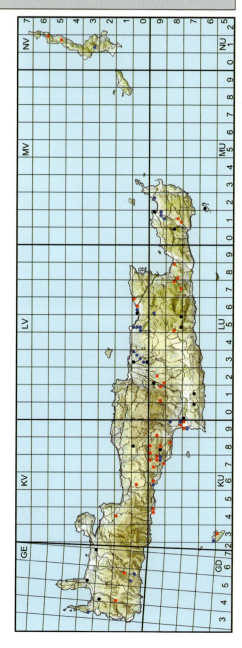

Abb. 164: Malia (KR), 14.4.2001

Abb. 165: Malia (KR), 14.4.2001

Abb. 166: Mournes (KR), 17.5.2001

Abb. 167: Festos (KR), 14.4.1994

Abb. 168: Mournes (KR), 17.5.2001

Abb. 169: Festos (KR), 14.4.1994

Abb. 170: Kisi Kambos (KR), 13.4.1994

Ophrys bombyliflora LINK
Drohnen-Ragwurz

Synonyme:
Ophrys tabanifera WILLD.
Ophrys distoma BIV.-BERN.
Ophrys hiulca MAURI
Ophrys canaliculata VIV.

Diagnose: Sepalen grün, Petalen spatelig, behaart. Kleine, dreilappige Lippe schwarzbraun, selten heller, nur unscharf begrenzte hellgraue Lippenzeichnung, Seitenlappen dunkel behaart. Tiefe, breite und schwarze Narbenhöhle, deren Ränder von schwarzen Wülsten eingerahmt werden. Die wenigen Blüten stehen rechtwinklig vom Stengel ab. Die Art bildet vegetative Ausläufer, so daß man häufig Gruppen von Pflanzen antrifft.

Habitat: wechselfeuchte Stellen in der Phrygana, küstennahe Marschen, häufig zusammen mit *Orchis laxiflora*, immer in offenem Gelände.

Hybriden: selten mit *Ophrys cretica* subsp. *ariadnae*, *Ophrys heldreichii*, *Ophrys spruneri* subsp. *spruneri*, *Ophrys tenthredinifera*.

Verwechslung: kaum möglich durch die sehr individuelle Gestalt sowohl der Blüten als auch der Pflanze.

Bemerkung: Besonders eindrucksvoll sind seltene Exemplare ohne dunklen Lippenfarbstoff (Abb. 174). Die Verteilung der Lippenbehaarung wird dann besonders deutlich hervorgehoben.

Blütezeit: Ende III - Mitte IV
Datenbasis: 746 Meldungen.

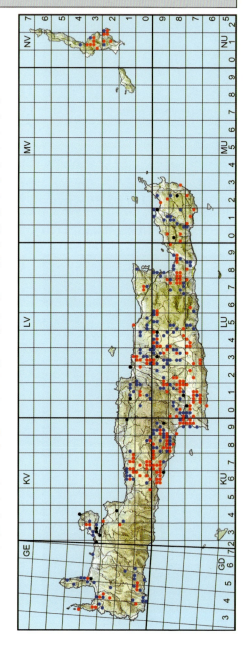

Abb. 171: Stoli (KR), 31.3.1994

Abb. 172: Lastos (KP), 21.3.2001

Abb. 173: Melambes (KR), 2.4.1992

Abb. 174: Stoli (KR), 31.3.1994

Abb. 175: Agios Varvara (KR), 25.3.1994

Abb. 176: Lastos (KP), 21.3.2001

Abb. 177: Lastos (KP), 21.3.2001

Bemerkungen zu Ophrys cretica (Vierh.) E.Nelson

Synonyme:
Ophrys spruneri subsp. *cretica* (Vierh.) Renz
Ophrys kotschyi subsp. *cretica* (Vierh.) H.Sund.

> **subsp. ariadnae**
> **subsp. beloniae** (nicht im Gebiet)
> **subsp. bicornuta**
> **subsp. cretica**
> **Sippe von Kasos**

Tab. 3: Übersicht aller Sippen.

Gemeinsames Merkmal aller Unterarten ist die weiße Narbenhöhle, die durch eine schwarzen Querstrich geteilt wird und am unteren Ende zwei deutliche Pseudoaugen trägt, dazu im Vergleich zu den Sepalen dunklere und nur etwa 2/3 so lange Petala. Die Grundfarbe der dreilappigen Lippe ist schwarz mit einer weißen Linien- und Flächenzeichnung.

Die Art ist mit mehreren Sippen in der Südägäis verbreitet. Blütenbiologisch konnte durch Paulus (1994) gezeigt werden, daß die Pflanzen mit schmaler Narbenhöhle von *Melecta albifrons* bestäubt werden, während Pflanzen mit breiter Narbenhöhle auf Kreta wie auch auf Rhodos von *Melecta tuberculata* angeflogen werden. Aus diesem Grunde trennte er *Ophrys ariadnae* von *Ophrys cretica* ab. Weitere Untersuchungen zur Verbreitung zeigten aber, daß sich die Situation so einfach nicht beschreiben läßt. Innerhalb der Gruppe mit breiter Narbenhöhle finden sich mehrere morphologisch und geographisch sehr gut trennbare Sippen, andererseits gibt es neben Mischpopulationen auf Kreta eine zwischen den beiden Formen mit breiter und schmaler Narbenhöhle vermittelnde Population auf Kasos. Aus diesem Grunde ist es sinnvoller, unter *Ophrys cretica* mehrere lokale Unterarten zu führen.

Die frühblühende, gehörnte Subspezies *bicornuta* ist isoliert auf das östlichste Kreta beschränkt, es besteht lediglich mit Subspezies *ariadnae* hier ein kleines geografisches Überschneidungsgebiet, diese beiden Sippen kommen nicht gemeinsam an einem Wuchsort vor.

Subspezies *ariadnae* ist zentralkretisch und auf Karpathos verbreitet. Sie fehlt in Westkreta, kommt aber auf der weiter nördlich gelegenen Insel Kithira vor. Die kleinen Vorkommen auf dem griechischen Festland und auf Ägina gehören ebenfalls zu dieser Unterart, die auch auf den zentralen Kykladen siedelt.

Abb. 178: Übergangsform subsp. *cretica* - subsp. *ariadnae*, Miamou (KR), 22.3.1995

Subspezies *cretica* hat eine west- und zentralkretische Verbreitung, fehlt in Ostkreta. Sie ist durch die späte Blütezeit von der Unterart *ariadnae* weitgehend isoliert, wenngleich lokal Übergangspopulationen zu finden sind. Die Pflanzen auf Kasos können keiner der anderen Sippen zugeordnet werden.

Ostägäisch findet sich mit Subspezies *beloniae* auf Naxos, Paros und Rhodos eine weitere Sippe, frühblühend, die Blütenlippen erreichen die Größe der *Ophrys cretica* subsp. *ariadnae*, tragen kräftige, runde Lippen-Höcker und haben eine auffällig farbige Lippenzeichnung, Sepalen und Petalen sind in der Regel rosarot. Diese Sippe vermittelt zu der nahe verwandten *Ophrys kotschyi* von Zypern.

Das Taxon *Ophrys cretica* selber wurde oft kontrovers diskutiert. PAULUS (1994) konnte aber recht überzeugend darlegen, daß die Beschreibung von E. NELSON valid ist. Die Annahme von BAUMANN & KÜNKELE (1986), daß *Ophrys doerfleri* H.FLEISCHM. als valider Name anzusehen sei, ist sicher nicht richtig, weil es am locus classicus, der Insel Gávdos, keine *Ophrys cretica* gibt, wie auf S. 40-41 eindeutig dargelegt wird. Die Beschreibung von *Ophrys doerfleri* bezieht sich auf die hier vorkommende Sippe der *Ophrys mammosa*.

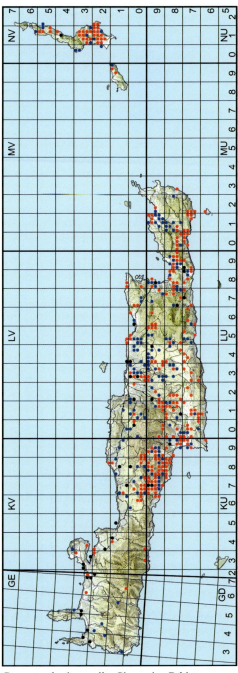

Gesamtverbreitung aller Sippen im Gebiet

Ophrys cretica (VIERH.) E.NELSON
subsp. *ariadnae* (PAULUS) H.KRETZSCHMAR comb. nov.
Ariadnes Ragwurz

Basionym:
Ophrys ariadnae PAULUS 1988 in Jour. Eur. Orch. 26(3/4): 635.

Synonyme:
Ophrys cretica subsp. *carpathensis* E.NELSON
Ophrys cretica subsp. *naxia* E.NELSON

Diagnose: Sepalen grün, häufig mit rötlichem Anflug, Petalen rotbraun. Lippengrundfärbung tief schwarz, selten dunkelbraun. Lippe dreilappig, Mittellappen im Zentrum kahl, am Rand fein kurz behaart, rundliche Seitenlappen deutlich länger behaart. Narbenhöhle weiß mit schwarzem Querstrich, höher oder genauso hoch wie breit. Lippe mit weißlicher, H-förmig von der Basis ausgehender Zeichnung, die oft in eine flächige, unregelmäßige Linienzeichnung übergeht. Die Linien schließen blauviolette, metallisch glänzende Flächen ein. Mittellappen halbkugelig gewölbt, mit deutlichem, nach vorn gerichtetem Anhängsel.

Habitat: Phrygana, Wiesenflächen, aufgelassene Olivenhaine. Auf Karpathos und Zentralkreta häufig, fehlt im Osten und Westen von Kreta.

Hybriden: mit *Ophrys cretica* subsp. *cretica, Ophrys mammosa, O. sphegodes* subsp. *cretensis, Ophrys spruneri* (beide Unterarten), *Ophrys bombyliflora, Ophrys heldreichii, Ophrys fusca* subsp. *creberrima* und *Ophrys phryganae*.

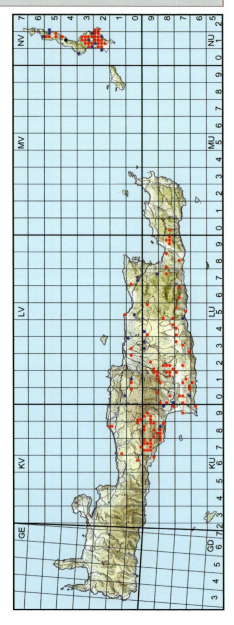

Abb. 179: Ag. Varvara (KR), 27.3.1994

Abb. 180: Pigadia (KP), 18.3.2000

Abb. 181: Stoli (KR), 31.3.1994

Abb. 182: Ardaktos (KR), 18.4.2000

Abb. 183: Ag. Varvara (KR), 27.3.1994

Verwechslung: mit den anderen Unterarten der *Ophrys cretica*. Zu unterscheiden durch die schmalere Narbenhöhle und die stärker gewölbte Lippe ohne spitze Höcker auf den Seitenlappen.

Blütezeit: Mitte II - Anfang IV

Datenbasis: 395 Meldungen.

Abb. 184: Ano Viannos (KR), 5.4.1992

Abb. 185: Ag. Varvara (KR), 27.3.1994

Abb. 186: Pigadia (KP), 18.3.2000,

Ophrys cretica (VIERH.) E.NELSON
subsp. *bicornuta* H.KRETZSCHMAR & R.JAHN
Gehörnte kretische Ragwurz

Synonyme: -

Diagnose: Sepalen weißlich bis rosarot, selten grünlich mit rotem Anflug, Petalen rot bis rotbraun. Lippengrundfärbung tief samtig schwarz, mit scharf zugespitzten, nach vorn seitlich gerichteten Hörnern, die zum Mittellappen hin kahl und oft heller gezeichnet sind. Zeichnung der Lippe häufig ganz vom Lippengrund abgeschmolzen, aus unregelmäßigen, weißen Linien bestehend, die oft kleine blaue oder violette, kahle Flecken einschließen. Die Linienzeichnung bleibt auf den Mittellappen beschränkt und dehnt sich nicht auf die Seitenhöcker aus. Narbenhöhle breit queroval, weiß, scharf zur schwarzen Lippe abgesetzt mit schwarzem Querstrich oberhalb der Pseudoaugen, die ihrerseits durch einen weiteren, unvollständigen himmelblauen bis rotvioletten Querstrich verbunden sind.

Habitat: in Phrygana und offenem Gelände unter 500 m nur im Ostteil Kretas, nie zusammen mit anderen Unterarten der *Ophrys cretica*.

Hybriden: mit *Ophrys sphegodes* subsp. *cretensis*, *Ophrys spruneri* subsp. *spruneri*.

Verwechslung: von subsp. *ariadnae* durch die Narbenhöhle (bei dieser höher als breit) und spitze Seitenhöcker der Lippe unterscheidbar.

Blütezeit: Anfang III - Anfang IV

Datenbasis: 42 Meldungen.

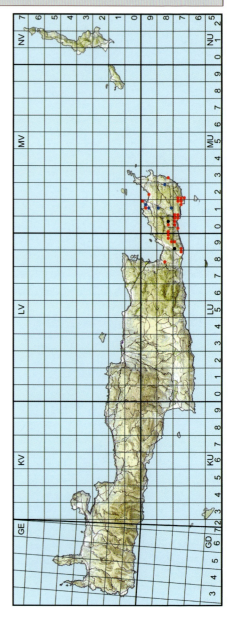

Abb. 187: Ierapetra (KR), 22.3.1993

Abb. 188: Makrigialos (KR), 7.4.1993,

Abb. 189: Ierapetra (KR), 5.4.1993

Ophrys cretica (Vierh.) E. Nelson
subsp. *cretica*
Gemeine kretische Ragwurz

Synonyme: -

Diagnose: Sepalen grün, manchmal mit rötlichem Anflug, selten rosa. Petalen grünlich bis rotbraun. Lippengrundfärbung tief schwarz bis braunschwarz. Lippe dreilappig, Mittellappen im Zentrum kahl, am Rand fein kurz behaart, die zur Seite abstehenden Seitenlappen etwas länger behaart. Narbenhöhle weiß, durch einen schwarzen Querstrich getrennt, deutlich breiter als hoch. Die weiße Zeichnung der Lippe geht H-förmig gestaltet von der Basis aus. Diese Linien schließen nur im unteren Teil kleine, blauviolette, metallisch glänzende Flächen ein. Der Mittellappen ist halbkugelig gewölbt und trägt an der Spitze ein winziges, nach vorn gerichtetes Anhängsel.

Habitat: Phrygana, trockene Wiesenflächen, aufgelassene Olivenhaine in Lagen unter 500 m. Auf West- und Zentralkreta beschränkt, ist dieser kretische Endemit, obwohl Typus, die seltenste Unterart.

Hybriden: mit *Ophrys cretica* subsp. *ariadnae*, *Ophrys sphegodes* subsp. *gortynia*, *Ophrys mammosa*.

Verwechslung: mit den übrigen Unterarten: die kleinere, stark geteilte, aber nicht gehörnte Lippe mit der breiten Narbenhöhle ist charakteristisch.

Blütezeit: Anfang IV - Ende IV

Datenbasis: 38 Meldungen.

Abb. 190: Aptera (KR), 11.4.2000

Abb. 191: Festos (Kr), 11.4.2001

Abb. 192: Aptera (KR), 11.4.2000

Abb. 193: Aptera (KR), 11.4.2000

Abb. 194: Festos (Kr), 11.4.2001

Abb. 195: Biotop bei Festos (KR), 11.4.2001

Ophrys cretica auf Kasos

Ophrys cretica wurde erstmals 1983 von T. RAUS auf Kasos gefunden, aber erst 13 Jahre später publiziert (RAUS 1996). Unterarten waren zum Zeitpunkt des Fundes noch nicht beschrieben. Die Art wird bei PERSELIS (o. J.) für Kasos nicht angegeben. 2001 konnte sie im Rahmen der Kartierungsarbeiten zu diesem Buch wiedergefunden werden, allerdings in nur sehr wenigen Exemplaren. Die Pflanzen zeigten bemerkenswerte Abweichungen von allen übrigen Unterarten. Sie waren durchweg sehr klein (um 15 cm hoch) und relativ armblütig, was möglicherweise auf aktuelle klimatische Verhältnisse zurückzuführen war. Ihre Blütezeit lag im Verhältnis zur übrigen Flora eher spät. Die Blüten besaßen relativ kleine, wenig abgeteilte und nur schwach behaarte Seitenlappen. Die Narbenhöhle war nur wenig breiter als hoch. Die Sippe vermittelt insgesamt gesehen am ehesten zwischen den Unterarten subsp. *cretica* und subsp. *ariadnae*. Hybriden wurden keine gefunden, wenngleich die Pflanzen mit ihren relativ wenig geteilten, breiten Lippen manchmal (Abb. 197) an die im Süden von Karpathos vorkommende Hybride von *Ophrys cretica* subsp. *ariadnae* mit *Ophrys ferrum-equinum* erinnert.

In der Form der Lippen waren die wenigen Pflanzen an insgesamt 2 Fundorten durchaus einheitlich, so daß hier möglicherweise eine fünfte Unterart der *Ophrys cretica* vorkommt. Eine weitere Überprüfung ist notwendig.

Blütezeit: Anfang III - Ende III

Abb. 196: Ag. Mamas (KA), 22.3.2001

Abb. 197: Skafi (KA), 22.3.2001

Abb. 198: Ag. Mamas (KA), 22.3.2001

Ophrys episcopalis - Gruppe

Ophrys candica
Ophrys episcopalis
Ophrys heldreichii

Tab. 4: Taxa der Gruppe

Ophrys candica als erste Art der Gruppe konnte auf Karpathos oder Kasos bislang nicht gefunden werden. Auf Kreta ist sie durch ihre hier späte Blüte relativ isoliert, wenngleich Hybriden zu allen anderen Arten der Gruppe vorkommen. Nicht selten treten in den Populationen mehr oder minder gehörnte Exemplare auf - eine Abtrennung dieser Formen als eigene Art (*Ophrys minoa*) erscheint im Sinne des hier vertretenen Artbegriffs nicht gerechtfertigt, sie sind lediglich als auffällige Varianten einzustufen.

Ebenfalls gut differenziert ist *Ophrys heldreichii*. Sie blüht früh, deutlich vor allen anderen Arten der Gruppe und kommt auf allen drei Inseln vor. Die Blütengröße ist recht variabel, gelegentlich treten kleinblütigere Pflanzen auf (fast immer zusammen mit normalblütigen Exemplaren), die von anderen Untersuchern z.B. auf Karpathos zu *Ophrys oestrifera* subsp. *bremifera* gestellt wurden. Eine solche Abgrenzung einzelner Pflanzen oder kleiner Teilpopulationen ist nicht sinnvoll.

Größere Schwierigkeiten bereitet eine hier vorläufig zu *Ophrys episcopalis* gestellte, auffällig heterogene Sippe auf Kasos, die in ihren Merkmalen zwischen *Ophrys episcopalis* und *Ophrys heldreichii* vermittelt. Allerdings kommen in ihr auch Pflanzen vor, die manchmal an *Ophrys ikariensis*, dann wieder an die südägäischen Varianten von *Ophrys andria* erinnern. Auffällig ist ferner eine dunkle Blütengrundfarbe. Ob es sich um eine Hybridpopulation oder eine eigenständige Sippe handelt, muß vor allem wegen der Heterogenität und Individuenarmut dieser Population offen bleiben. Aus diesem Grunde ist auch auf eine besondere taxonomische Bewertung verzichtet worden. Möglicherweise können weitere Untersuchungen zur Klärung der offenen Fragen beitragen.

Ophrys episcopalis beschreibt eine großblütige Form aus der engen Verwandtschaft der *Ophrys holoserica* Mitteleuropas. Auf allen drei Inseln kommen Pflanzen dieses Formenkreises vor, groß- und normalblütige Exemplare fast immer gemeinsam am gleichen Fundort. Weder in der Blütezeit noch ökologisch ist eine eindeutige Auftrennung dieser Populationen möglich, vielmehr erscheint die Großblütigkeit vieler Pflanzen als zufälliges Merkmal. Nicht selten kann man zusätzlich Übergangsformen zu *Ophrys heldreichii* finden.

Auch eine Betrachtung der Bestäubungsbiologie, die von PAULUS & GACK (1986) untersucht wurde, löst bei weitem nicht alle Probleme dieses Formenkreises. Danach werden auf Kreta - anders als bei *Ophrys holoserica* in Mitteleuropa, die durch Käfer (*Eucera longicornis*, *Eucera nigrescens* subsp. *continensis*) bestäubt wird - „normal" große Blüten (die in der Dimension von *Ophrys holoserica* liegen) von der endemischen Langhornbiene *Tetralonia cressa* bestäubt. Eine andere Langhornbiene, *Tetralonia berlandii*, die in Süditalien *Ophrys apulica* bestäubt, wurde als Bestäuber von *Ophrys heldreichii* ermittelt. Beide Langhornbienen, sowohl *Tetralonia cressa* als auch *Tetralonia berlandii*, fliegen auf Kreta großblütige *Ophrys episcopalis* an. Angeblich komme es aber, bedingt durch die unterschiedliche Größe der Insekten, nur durch *Tetralonia berlandii* zu „erfolgreichen" Pseudokopulationen mit Pollinienübertragung. Wenn dem so wäre, müßte rein logisch mit der Zeit eine Verschmelzung der großblütigen *Ophrys episcopalis* mit *Ophrys heldreichii* eintreten, weil sich die Blütezeiten dieser beiden Sippen auf Kreta um mindestens ein bis zwei Wochen überdecken. Trotz häufiger Hybriden ist aber eine solche Verschmelzung nicht eingetreten. Zu beobachten ist hingegen eine auffällige Variabilität der Blütengröße innerhalb der Populationen.

Die Tatsache, daß ganz andere Bestäuber als in Mitteleuropa vorkommen, kann indes als Argument für die Differenzierung im Artrang zwischen den südägäischen Pflanzen und denen aus Mitteleuropa gewertet werden. Dies hatte uns dazu bewogen, den Formenkreis auf Rhodos, wo die großblütige Form eindeutig dominiert, als eine Fortpflanzungsgemeinschaft unter dem Namen *Ophrys episcopalis* anzusprechen (KRETZSCHMAR et al. 2001: 85). Auch auf Kreta, Kasos und Karpathos finden sich diese hinsichtlich ihrer Blütengröße gemischten Populationen. Da hier die Verhältnisse nicht grundsätzlich anders als auf Rhodos liegen, benutzen wir auch in diesem Falle das Taxon *Ophrys episcopalis*.

Hinzu kommt, daß besonders in sehr stark beweideten Gebieten mit dadurch bedingten individuenarmen Populationen manchmal „Cluster" (vgl. KRETZSCHMAR et al. 2001: 27-28) in sich uniformer, vom Typus aber etwas abweichender Formen auftreten. Solchen wenigen Pflanzen einen Sonderstatus zuzubilligen, erscheint ebenfalls nicht opportun, selbst wenn sich durch diese relative Isolation ihre Bestäubungsbiologie ändern mag. Derartige Abweichungen von der „Norm" können zum Beispiel auf der extrem beweideten Halbinsel Tiganis (Abb. 207) ganz im Westen von Kreta beobachtet werden. Auch in den besonders ariden Gebieten auf Karpathos sind nicht selten in individuenarmen Populationen etwas abweichende Formen mit schmaleren Lippen und auch reduzierten Malzeichnungen (Abb. 212) zu beobachten.

Möglicherweise beziehen sich auch gelegentliche Hinweise auf Funde von *Ophrys bornmuelleri*, z.B. auf Karpathos, auf solche abweichenden Einzelpflanzen. Es kann allerdings auch nicht ausgeschlossen werden, daß eventuell von Norden her (auf den zentralen und südlichen Kykladen kommen mit den Varianten der *Ophrys andria* Pflanzen aus dieser Verwandtschaft vor) gelegentliche Anflüge von Samen dieser Art vorgekommen sind. Ein Auftreten homogener Populationen von *Ophrys bornmuelleri* s.str. im Gebiet ist aber mit hoher Wahrscheinlichkeit auszuschließen.

Ophrys candica GREUTER, MATTHÄS & RISSE
Weißglanz-Ragwurz

Synonyme:
Ophrys minoa (C. & A.ALIBERTIS) P.DELFORGE
Ophrys candica (E.NELSON ex SOÓ) H.BAUMANN & KÜNKELE
Ophrys fuciflora subsp. *candica* E.NELSON
Ophrys candica subsp. *minoa* C. & A.ALIBERTIS

Diagnose: Lippe ungeteilt, mit kräftigen Höckern, aber auch höckerlos, sehr variabel gestaltet. Lippenrand rundum lang braun behaart, kräftiges, nach vorn gerichtetes Anhängsel. Mal flächig, kahl, im Grundton violett, breit weißlich gerandet, Linienzeichnung oft auch in die Malfläche einstrahlend. Sepalen blumig, Petalen sehr kurz, dreieckig. Pflanze oft hochwüchsig, aber meist zierlicher als *Ophrys episcopalis* oder *Ophrys heldreichii*, Blüten kleiner als bei diesen beiden Arten.

Habitat: auf basischem Untergrund, Gebüschzonen in Wiesenflächen, wiesige Phrygana, im lichten Wald, bis über 1300 m.

Verwechslung: mit den häufigen Übergangsformen zu den anderen Arten der Gruppe möglich, durch die späte Blütezeit relativ isoliert.

Hybriden: mit *Ophrys heldreichii* und *Ophrys episcopalis*.

Blütezeit: Mitte IV - Ende V

Datenbasis: 184 Meldungen.

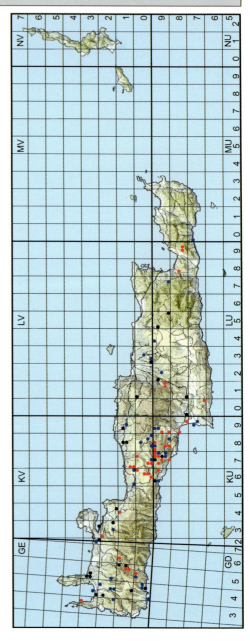

Abb. 199: Drimiskos (KR), 17.5.2001

Abb. 200: Vatos (KR), 17.5.2001

Abb. 201: Ag. Vasilios (KR), 11.4.2001

Abb. 202: Omalos (KR), 11.5.1997

Ophrys episcopalis POIR.
Großblütige Hummel-Ragwurz

Synonyme:
  Ophrys holoserica subsp. *maxima*
    (H.FLEISCHM.) GREUTER
  Ophrys fuciflora subsp. *maxima*
    (H.FLEISCHM.) SOÓ
  Ophrys helios KREUTZ

Diagnose: Pflanzen mittelgroß bis hochwüchsig. Lippendurchmesser sehr unterschiedlich von 10 bis 20 mm. Umriß ungeteilt, im Schulterbereich länger behaart, nach vorn hin nur kurz samtig, im Schulterbereich flach bis stark gehöckert. Malzeichnung sehr variabel, gelblichweiß bis metallisch, ein heller gefärbtes Basalfeld einschließend. Kräftiges, meist gelbes Lippenanhängsel, nach vorn aufwärts gerichtet. Sepalen weißlichrosa bis rosarot, Petalen kurz, dreieckig, meist dunkler als die Sepalen gefärbt.

Habitat: benötigt etwas mehr Bodenfeuchte als andere Arten, deshalb gern in austrocknenden Regenrinnen, in terrassierten alten Olivenhainen und wiesiger Phrygana.

Hybriden: mit allen Arten der Gruppe, außerdem mit *Ophrys ferrumequinum*, *Ophrys spruneri* subsp. *spruneri*, *Ophrys tenthredinifera*.

Verwechslung: in typischer Ausprägung nicht zu verkennen, problematisch ist manchmal die Abgrenzung zu Hybriden mit anderen Arten der Gruppe.

Blütezeit: Anfang III - Ende IV
Datenbasis: 898 Meldungen.

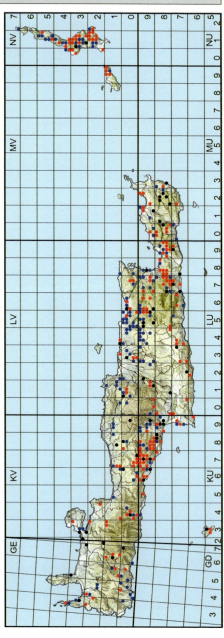

Abb. 203: Fri (KA), 28.3.2001

Abb. 204: Apella (KP), 25.3.2001

Abb. 205: Grigoria (KR), 3.4.1994

Abb. 206: Drimiskos (KR), 12.4.2001

Bemerkungen: die Bilder auf diesen Seiten zeigen die hohe Variabilität der Art vor allem hinsichtlich der Zeichnung. Diese hat sicher mit dazu beigetragen, daß gerade bei dieser Sippe viele nicht sinnvolle Differenzierungen in weitere Arten vorgenommen wurden. Abgesehen von den mehr oder minder ausgeprägten Seitenhörnern und der variablen Zeichnung beschränkt sich aber die Veränderlichkeit im Wesentlichen auf die Lippengröße. Die Gestalt des Perigons, die Lippenbehaarung und Lippenform sind hingegen ziemlich konstant. Aktuell wurde von Karpathos *Ophrys helios* aus dieser Verwandschaft neu beschrieben (KREUTZ

Abb. 207: Balos (KR), 11.4.2000

Abb. 208: Apella (KP), 25.3.2001

Abb. 209: Drimiskos (KR), 12.4.2001

Abb. 210: Apella (KP), 25.3.2001

Abb. 212: Mesohori (KP), 26.3.2001

Abb. 211: Apella (KP), 25.3.2001   Abb. 213: Apella (KP), 25.3.2001

2001). Die dort abgebildeten Pflanzen fallen zwanglos in die Varianz der Art. Dies trifft für alle Inseln zu. Gerade bei *Ophrys episcopalis* kann, abhängig von der lokalen Wasserführung, auch die Blütezeit sehr variieren, so daß auch der in der Artbeschreibung gegebene Hinweis auf die späte Blüte nur sehr relativ ist, zumal der dort auf S. 875 abgebildete Isotypus bereits halb verblüht ist. Die obenstehenden Abbildungen demonstrieren noch-

Abb. 214: Agios Kyrillos (KA), 24.3.2001   Abb. 215: Agios Kyrillos (KA), 24.3.2001

Abb. 216: Agios Kyrillos (KA), 24.3.2001   Abb. 217: Agios Kyrillos (KA), 24.3.2001

mals die hohe Variationsbreite der Art auch auf Karpathos. Auf Kasos kommen neben typischen, großblütigen *Ophrys episcopalis* (Abb. 203) sonst in vielen Merkmalen sehr auffällige, heterogene Populationen vor, deren Einzelpflanzen zu *Ophrys heldreichii* vermitteln, die zu dieser Zeit bereits verblüht ist, oder sogar Anklänge an *Ophrys andria* zeigen. Eine andere systematische Bewertung unterblieb wegen der Heterogenität und der absolut kleinen Anzahl von Pflanzen.

Ophrys heldreichii SCHLTR.
Heldreichs Ragwurz

Synonyme:
Ophrys scolopax subsp. *heldreichii* (SCHLTR.) E.G.CAMUS
Ophrys cornuta subsp. *heldreichii* (SCHLTR.) RENZ

Diagnose: Sepalen rosarot, Petalen etwa 1/2 so lang, schmaler, spatelig. Lippenumriß bauchig, größte Breite deutlich unterhalb der Basis des Mittellappens, der an der Spitze ein sehr kräftiges, nach vorn gerichtetes Anhängsel trägt. Seitenlappen kräftig gehöckert, die Höcker laufen nach vorn in eine Spitze aus.

Habitat: buschige Phrygana, wiesige Flächen, in offenem Gelände, auf allen Hauptinseln eine der häufigsten Arten.

Hybriden: mit den Arten dieser Gruppe, dazu mit *Ophrys bombyliflora*, *Ophrys cretica* subsp. *ariadnae*, *Ophrys tenthredinifera*, *Ophrys ferrum-equinum*.

Verwechslung: mit Hybriden der anderen Arten der Gruppe, in typischer Form aber unverwechselbar.

Blütezeit: Ende III - Ende IV

Datenbasis: 1232 Meldungen.

Bemerkungen: die Vielgestaltigkeit der Art in Form und Farbe hat zu zahlreichen Beschreibungen von Varianten, zum Teil im Artrang geführt. Alle diese Formen treten zufällig in den Populationen auf, selten dominiert lokal eine dieser Sippen. DELFORGE (2001) führt sie folgerichtig als Varianten: var. *scolopaxoides* (kleinere,

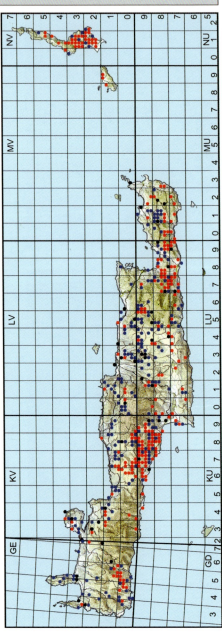

Abb. 218: Sternes (KR), 5.4.1994

Abb. 219: Sternes (KR), 5.4.1994

Abb. 220: Menetes (KP), 29.3.2001

Abb. 221: Prinias (KR), 6.4.1994

schmale Lippe), var. *schlechterana* (lange, schmale Lippe), var. *calypsus* (rundliche, bauchige Lippe) und var. *pseudoapulica* (große, weniger geteilte Lippe). Nicht selten treten auch Pflanzen mit stark an *Ophrys candica* erinnernder Zeichnung auf (Abb. 223).

Abb. 222: Vistagi (KR), 18.4.2000

Abb. 223: Goudouras (KR), 30.3.1994

Abb. 224: Saktouria (KR), 29.3.1994

Abb. 225: Analipsi (KR), 4.4.1993

Abb. 226: Hordaki (KR), 9.4.1992

Abb. 227: Analipsi (KR), 5.4.1993

Abb. 228: Goudouras (KR), 4.4.1993

Abb. 229: Saktouria (KR), 3.4.1993

Ophrys ferrum-equinum DESF.
Hufeisen-Ragwurz

Synonyme: -

Diagnose: Pflanze sehr variabel in der Größe. Sepalen rosarot, Petalen lang, spatelig, rot. Lippe tiefschwarz, manchmal im Untergrund schwarzrot, samtig dunkel und auch an den Rändern nur kurz behaart, flach, ungehöckert, Lippenränder nach unten umgeschlagen oder auch flächig nach vorn hochgeschlagen, manchmal sogar +/- dreilappig. Länge der Lippe sehr variabel, von 10 bis 16 mm. Mal von der Basis abgeschmolzen, metallisch grau, blau oder manchmal rotviolett, gelegentlich dünn weißlich gerandet, in Form eines Hufeisens oder auch nur zweier Striche. Manchmal treten an besonders trockenen Wuchsorten Varianten auf, bei denen die Lippe stark nach hinten schlägt, so daß der Eindruck einer *Ophrys gottfriediana* entsteht.

Die Variationsbreite auf Karpathos ist ähnlich hoch wie die von Anafi beschriebene Vielfalt dieser Art (BIEL 2001) - eine taxonomische Bewertung dieser sporadisch auftretenden Varianten ist nicht sinnvoll.

Habitat: in der Phrygana, im lichten Kiefernwald, kalkstet.

Hybriden: mit *Ophrys aegaea, Ophrys cretica* subsp. *ariadnae, Ophrys episcopalis, Ophrys heldreichii.*

Abb. 230: Ag. Mamas (KP), 19.3.2000

Abb. 231: Arkasa (KP), 24.3.2001   Abb. 232: Menetes (KP), 27.3.2001

Verwechslung: mit dunklen Exemplaren von *Ophrys aegaea* möglich, mit der sie ohnehin leicht hybridisiert. Unterscheidbar durch die dunkle Narbenhöhle, dunklere Farbe und rundlichere Form der Lippe, außerdem durch die dunkle Behaarung der Lippenschultern, die bei *Ophrys aegaea* hellbraun bis weißlich ausfällt.

Blütezeit: Anfang III - Anfang IV

Datenbasis: 268 Meldungen.

Abb. 233: Arkasa (KP), 24.3.2001

Abb. 234: Ag. Mamas (KP), 19.3.2000   Abb. 235: Kira Panagia (KP), 28.3.1998

Ophrys fusca-Gruppe

Ophrys cinereophila
Ophrys fleischmanii
Ophrys fusca
   subsp. *creberrima*
   subsp. *cressa*
   subsp. *creticola*
   subsp. *leucadica*
   subsp. *thriptiensis*
Ophrys iricolor
Ophrys mesaritica
Ophrys omegaifera
   subsp. *basilissa*
   subsp. *omegaifera*
Ophrys sitiaca

Tab. 5: Übersicht der Taxa im Gebiet

Die größte Verbreitung innerhalb dieser Gruppe hat zweifellos *Ophrys fusca* subsp. *leucadica*, die deshalb wohl als die ostmediterrane Stammart dieser Gruppe anzusehen ist. Sie ist mit in sich variablen Populationen auf Kasos und Karpathos nicht selten, kommt aber auf Kreta nicht vor. Für Rhodos sind in KRETZSCHMAR et al. (2001) ähnliche Sippen zu *Ophrys fusca* gestellt worden, wenn sie nicht einer der abtrennbaren Arten zuzuordnen waren. Aus ihnen hat PAULUS (2001) kürzlich vier weitere Arten differenziert. Trotz hoher individueller Variabilität entsprechen die Pflanzen von Kasos und Karpathos dem in der Ägäis weit verbreiteten Typ, für den bis dato nur eine Hybridbeschreibung als *Ophrys leucadica* RENZ existierte, die hier jetzt als Unterart geführt wird.

Gut differenziert, durch die frühe Blüte auch meist isoliert ist *Ophrys cinereophila*, die auf allen Inseln vorkommt. Nur selten sind Hybriden zu finden.

Ebenfalls gut differenziert sind *Ophrys mesaritica* als kretischer Endemit und *Ophrys iricolor* sowie die Artengruppe mit ungekerbtem Lippengrund: *Ophrys fleischmannii*, *Ophrys omegaifera* subsp. *omegaifera* und *Ophrys omegaifera* subsp. *basilissa*. Letztere ist in typischer Ausprägung unverwechselbar und tritt auch lokal ohne begleitende, kleinerblütige *Ophrys omegaifera* subsp. *omegaifera* auf. Von dieser ist sie in Zentralkreta zusätzlich durch die frühe Blüte isoliert. In Westkreta blüht sie allerdings zeitgleich mit dieser und teilt sich hier auch das Verbreitungsgebiet mit der Stammart, gelegentlich treten sogar vermischte Populationen auf. Diese Verhältnisse lassen vermuten, daß es sich um eine Sippe handelt, die als Variante in Westkreta entstanden ist und sich lokal so weit von der Stammart differenziert hat, daß sie hier als Unterart bewertet wird.

Ophrys sitiaca mit flach gekerbtem Lippengrund und nur schwach geknickter Lippe ist durch ihre frühe Blüte isoliert. Auf Kreta, obwohl von hier beschrieben, ist sie allerdings nur sehr lokal anzutreffen.

Bemerkenswert ist die Tatsache, daß andere spätblühende Sippen wie z.B. die rhodische *Ophrys attaviria* oder die in der Südost-Ägäis weit verbreitete *Ophrys blithoperta* im Gebiet bislang nicht gefunden wurden.

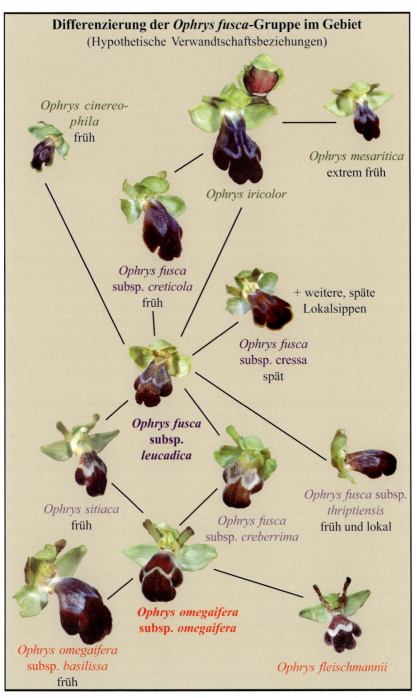

Auf Kreta hat sich offenkundig *Ophrys fusca* im engeren Sinne im starken Maße differenziert und entstandene ökologische Nischen mit verschiedenen Sippen besiedelt. Begünstigt durch die extreme Gliederung der Insel durch viele, zum Teil sehr hohe Berge bestehen hier sehr vielfältige Kleinareale, die zudem noch durch die steilen Berganstiege sehr unterschiedliche klimatische Bedingungen aufweisen. Die unter diesen Bedingungen entstandenen Sippen haben PAULUS (1998) veranlaßt, insgesamt vier neue Arten zu beschreiben. Diese vier Sippen stellen aber sozusagen nur Eckpunkte der Entwicklung dar. Zahlreiche Mischpopulationen unterstreichen, daß hier der Prozeß der Artdifferenzierung bislang nur unvollständig vollzogen wurde. Ihre von PAULUS (1998) primär anhand der Bestäuberbiologie, aber auch morphologisch vollzogene Differenzierung rechtfertigt indes, sie im Rang von Unterarten zu führen.

Ophrys fusca subsp. *thriptiensis* ist eine kleinwüchsige, extrem frühblütige Sippe (vor allen anderen Orchideen) auf den großen Höhen östlich Thripti, sie ist morphologisch und ökologisch gut abgetrennt und wird von *Andrena bicolor* bestäubt.

Die sehr großblütige, flachlippige *Ophrys fusca* subsp. *creticola* blüht ebenfalls recht früh, etwa zusammen mit *Ophrys sphegodes* subsp. *cretensis*. Die Blütezeit überschneidet sich am Ende mit der von *Ophrys fusca* subsp. *creberrima*, wobei Hybridsippen entstehen. Der Bestäuber von *Ophrys fusca* subsp. *creticola* ist unbekannt.

Ophrys fusca subsp. *creberrima* ist lokal häufig in Südkreta und gut anzusprechen. Sie erinnert in typischer Ausprägung an eine sehr kurzlippige *Ophrys omegaifera* subsp. *omegaifera* mit tief gekerbtem Lippengrund. Sie wird von *Andrena creberrima* bestäubt.

Größere Schwierigkeiten bereitet *Ophrys fusca* subsp. *cressa*. Sie wurde als „späte *Ophrys fusca*" von Thripti in Ostkreta beschrieben. Ähnliche, relativ spätblütige Sippen sind aber in den Gipfelbereichen vieler Berge Südkretas anzutreffen. Obwohl erhebliche, lokale Abweichungen zwischen ihnen bestehen, zeichnen sich alle diese spätblütigen Populationen durch flach ausgebreitete Lippenränder und eine schmal gelbrandige, mittelgroße Lippe ohne Knick an der Basis aus, weshalb hier alle diese Populationen zu *Ophrys fusca* subsp. *cressa* gestellt werden. Sie füllt auf Kreta vielleicht die Nische, die andernorts von *Ophrys blithoperta* besetzt wird. Hierher gehören auch in der Färbung abweichende Populationen wie die von ALIBERTIS (1997:82-83) erwähnten „*Ophrys fusca zoniana*" und „*Ophrys hysterofusca*". Ähnliche, heller und bunter gefärbte Pflanzen fanden wir z.B. in den Asteroussia-Bergen zusammen mit typisch gefärbten Exemplaren. Lokal erscheinen diese Populationen in sich recht einheitlich, sie unterscheiden sich aber in der Färbung oft erheblich von den Populationen benachbarter Berge, von denen sie in der Regel durch Taleinschnitte isoliert sind. Es ist sicher nicht sinnvoll, solche sich unterscheidenden Kleinpopulationen taxonomisch zu erfassen.

Andererseits muß man aber sagen, daß der Unterschied in der Blütezeit offenkundig nicht groß genug ist, um *Ophrys fusca* subsp. *cressa* immer von *Ophrys fusca* subsp. *creberrima* zu trennen. In Südkreta kann man zwischen den Blütezeiten dieser beiden Arten auch individuenreiche Mischpopulationen antreffen, z.B. auf den Höhen zwischen Spili und Gerakari, die dann mit ihren an den Rändern leicht nach unten umgeschlagenen Lippen sehr an *Ophrys fusca* subsp. *leucadica* erinnern, wie man sie typisch weit verbreitet in der Ägäis und auch auf Kasos oder Karpathos findet. Alternativ könnte man sich auch auf den Standpunkt stellen, daß hier noch *Ophrys fusca* subsp. *leucadica* vorkommt, aus der sich eine frühe (*Ophrys fusca* subsp. *creberrima*) und späte Sippe (*Ophrys fusca* subsp. *cressa*) herausdifferenziert hat.

Da frühere Kartierungsdaten nicht zwischen den verschiedenen Sippen von *Ophrys fusca* inklusive *Ophrys cinereophila* unterschieden, wird nebenstehend eine Gesamtverbreitung von *Ophrys fusca* (alle Unterarten und *Ophrys cinereophila* eingeschlossen) für alle Inseln abgebildet, in die auch die neueren, differenzierten Funde aufgenommen wurden. Die jeweils bei den einzelnen Unterarten abgebildeten Verbreitungskarten sind sicher lückenhaft, da sie nur auf Daten der letzten Jahre beruhen. Sie stellen andererseits aber erste Verbreitungsübersichten dieser Sippen dar.

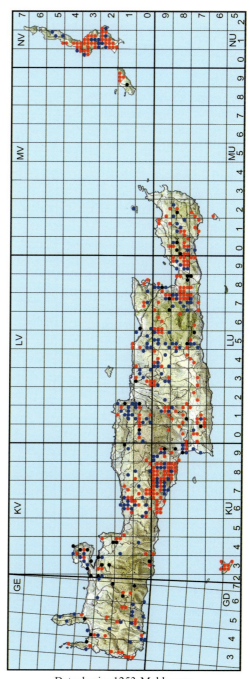

Datenbasis: 1253 Meldungen

Ophrys cinereophila PAULUS & GACK
Kleinblütige Braune Ragwurz

Synonyme: -

Diagnose: kleinblütige, früh blühende Art. Lippe gelbrandig, in oder knapp oberhalb der Lippenmitte deutlich nach unten geknickt, Malzeichnung oft intensiv blau, Lippenbasis mit deutlicher Kerbe. Verblüffend sind die im Verhältnis zu den kleinen Blüten sehr großen Früchte (Abb. 237).

Habitat: Kiefernwald, buschige Phrygana, rekultivierter Wald in Waldbrandgebieten, in klassischer Phrygana nur, wenn der Untergrund genug Feuchte bietet oder aber der Bewuchs eher hoch geworden ist. Sie benötigt basischen Untergrund und kommt von der Küste bis etwa 900 m vor. Auf Gávdos ist sie die häufigste Orchideenart.

Hybriden: nur selten mit den Unterarten der *Ophrys fusca*.

Verwechslung: von den Unterarten der *Ophrys fusca* durch die Blütengröße eindeutig unterschieden, ebenso durch Farbe und Form der deutlich geknickten Blütenlippen mit ihrem schmalen gelben Rand. Von *Ophrys sicula* unterschieden durch deren gelbe Grundfärbung mit dunklem Zentrum, außerdem fehlt hier der Lippenknick.

Blütezeit: Mitte II - Ende III

Datenbasis: 270 Meldungen.

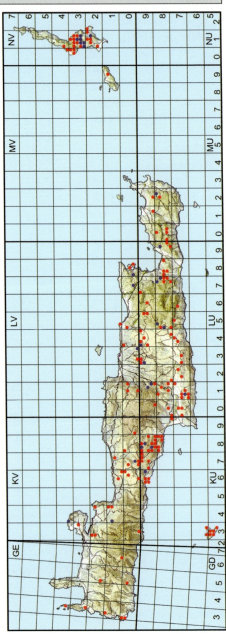

Abb. 236: Piles (KP), 18.3.2000

Abb. 237: Spoa (KP), 20.3.2000

Abb. 238: Spoa (KP), 20.3.2000

Abb. 239: Ag. Galini (KR), 29.2.1996

Abb. 240: Melambes (KR), 25.2.1996

Ophrys fleischmannii HAYEK
Fleischmanns Ragwurz

Synonyme:
Ophrys funerea subsp. *fleischmannii* Soó
Ophrys fusca subsp. *fleischmannii* (Soó) Soó
Ophrys omegaifera subsp. *fleischmannii* (HAYEK) DEL PRETE

Diagnose: Pflanzen klein, zierlich, häufig nur um 10 cm hoch, mit wenigen Blüten. Lippen meist parallel zum Untergrund ausgerichtet, ohne Kerbe am Grund, wenig geknickt, auf schwarzbraunem Grund weißlichgrau lang behaart. Bereich der metallisch oder braunviolett gefärbten Malzeichnung kürzer behaart oder fast kahl, diese ist nach vorn durch ein breites, helles Omega abgegrenzt.

Habitat: häufig in der Bergphrygana Ostkretas, im Kiefernwald, auch in offener Phrygana, nur auf basischem Untergrund, in Westkreta nur lokal. Außerhalb Kretas ist die Art nur sporadisch gefunden worden.

Hybriden: Übergangsformen zu *Ophrys omegaifera* subsp. *omegaifera* in Ostkreta, sonst mit *Ophrys iricolor*.

Verwechslung: mit *Ophrys omegaifera* möglich. Durch den schwächeren Knick an der Lippenbasis, die kleineren Blüten und durch die viel längere, weißliche Behaarung unterschieden.

Blütezeit: Mitte III - Mitte IV
Datenbasis: 117 Meldungen.

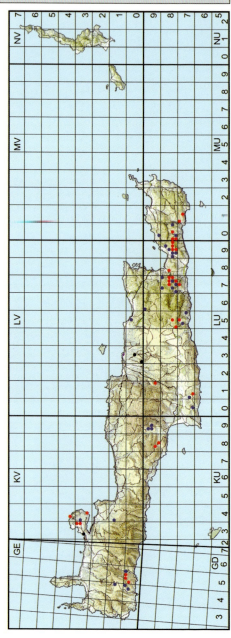

Abb. 241: Sougia (KR), 10.4.2001

Abb. 242: Orino (KR), 10.4.1993

Abb. 243: Stavrohorio (KR), 10.4.1993

Abb. 244: Thripti (KR), 10.4.1994

Abb. 245: Analipsi (KR), 4.4.1993

Abb. 246: Spili (KR), 4.4.1993

Abb. 247: Analipsi (KR), 7.4.1993

Ophrys fusca LINK
subsp. *creberrima* (PAULUS) H.KRETZSCHMAR comb. nov.
Creberrima-Ragwurz

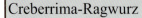

Basionym:
Ophrys creberrima PAULUS 1998 in Journ. Eur. Orch. 30(1): 168

Synonyme: -

Diagnose: bis 5 mittelgroße Blüten, Lippenränder nach unten umgeschlagen. Lippe an der Basis gekerbt, Rand der Kerbe flach wulstig aufgeworfen, was noch verdeutlicht wird durch den Knick der Lippe an der Basis. Malzeichnung breit berandet in Form eines flachen Omega, wobei dieser Rand von intensiv blau bis weißlich gefärbt sein kann. In der zur Basis hin eingeschlossenen Fläche, die eine hellere Grundfärbung besitzt als der vordere Lippenteil, finden sich häufig weißliche oder bläulich-graue Sprenkel, manchmal auch eine einheitlich silbrig-graue oder blaue Färbung.

Habitat: rasige Phrygana, Wiesenflächen, aufgelassene Olivenhaine. Die Art benötigt basischen Untergrund und kommt von der Küste bis etwa 900 m vor.

Hybriden: Übergangspopulationen mit *Ophrys fusca* subsp. *cressa* und *Ophrys fusca* subsp. *creticola*.

Verwechslung: von *Ophrys cinereophila* durch die Blütengröße und durch den Bau der Lippenbasis unterschieden, von der kleinerblütigen *Ophrys fusca* subsp.

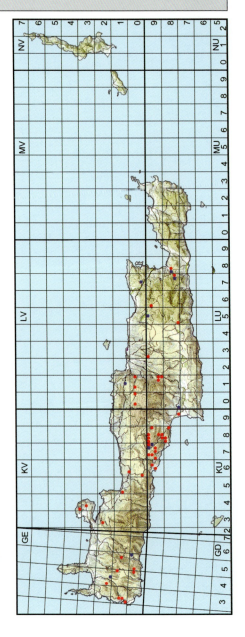

Abb. 248: Melambes (KR), 18.4.1993

Abb. 249: Messeleri (KR), 10.4.1994

cressa und der größerblütigen *Ophrys fusca* subsp. *creticola* durch den umgeschlagenen Lippenrand. Von *Ophrys omegaifera* subsp. *omegaifera*, der sie vom Habitus am meisten ähnelt, durch die tiefe Kerbe an der Basis unterschieden, die bei der von der Blüte her ähnlichen *Ophrys sitiaca* viel flacher verläuft. Außerdem fehlt bei *Ophrys sitiaca* die wulstige Berandung der Kerbe.

Blütezeit: Anfang III - Anfang IV

Datenbasis: 87 Meldungen.

Hinweis: die bei DELFORGE (2001: 372) abgebildeten schmallippigen Pflanzen zeigen keine *Ophrys fusca* subsp. *creberrima*, sondern allenfalls Übergangsformen wie in Abb. 251.

Abb. 250: Melambes (KR), 4.4.1993

Abb. 251: Saktouria (KR), 29.3.1994 - teilweise hybridogen beeinflußte Pflanzen

Abb. 252: Melambes (KR), 2.4.1994   Abb. 253: Saktouria (KR), 2.3.1996

Ophrys fusca Link
subsp. *cressa* (PAULUS) H.KRETZSCHMAR comb. nov.
Cressa-Ragwurz

Basionym:
Ophrys cressa PAULUS 1998 in Journ. Eur. Orch. 30(1): 176

Synonyme: -

Diagnose: Pflanze zierlich, meist unter 15 cm hoch, selten bis 25 cm. Laub zur Blütezeit meist vergangen. Mittelgroße Blüten, spät aufblühende Art, etwa zur Blütezeit von *Anacamptis pyramidalis* oder *Orchis fragrans*. Lippe nur gewölbt, ohne Knick, Lippenbasis mit tiefer Kerbe. Lippenränder flach ausgebreitet mit ebenfalls flach ausgebreitet stehenden, nur schwach abgeteilten Seitenlappen. Rand kräftig gelb gesäumt, wobei dieser Rand bei manchen Populationen nur sehr schmal, bei anderen recht breit ist. Zentrum der Lippe gänzlich silbrig blau oder auch nur blau gerandet, zur Lippenbasis hin rötlichbraun gefärbt. Ein Bestäuber für diesen kretischen Endemiten ist bislang nicht bekannt.

Habitat: wiesige, offene Phrygana, nur in höheren Lagen oberhalb 500 m bis 1300 m, vermutlich nicht im Tiefland, nur auf basischem Untergrund.

Hybriden: bildet Mischpopulationen mit *Ophrys fusca* subsp. *creberrima*.

Verwechslung: wie eingangs zu diesem Kapitel beschrieben, werden hier alle flachlippigen spätblühenden Sippen zusammengefaßt. *Ophrys fusca* subsp. *cressa* ähnelt in ihren Merkmalen stark der frühblütigen *Ophrys fusca* subsp. *creticola*, hat aber deutlich

Abb. 254: Thripti (KR), 8.5.1997

kleinere Blüten. Alle anderen Sippen sind durch einen Knick in der Lippe oder nach unten umgeschlagene Lippenränder differenziert. Die Abbildungen auf dieser Seite zeigen Pflanzen aus dem Gebiet des locus classicus. Auf den nachfolgenden Seiten werden zwei andere Populationen vorgestellt: eine aus dem Gebiet zwischen Spili und Gerakari, eine aus den Asteroussia-Bergen. In Populationen westlich Gerakari finden sich häufig Übergänge zu *Ophrys fusca* subsp. *creberrima* (Abb. 256 - 259) neben typischen Pflanzen. In den Asteroussia-Populationen finden sich auffällig hell gefärbte Pflanzen, die an die von ALIBERTIS (1997) gezeigten „zoniana" oder „hysterofusca" erinnern. Diese, wie auch die als *Ophrys phaseliana* vorgestellten Pflanzen (RIECHELMANN 1999) gehören hierher.

Blütezeit: Anfang IV - Mitte V

Datenbasis: 24 Meldungen.

Abb. 255: Thripti (KR), 8.5.1997

hybridogene Population westlich Gerakari (alle Aufnahmen in einem Umkreis von 50 m)

Abb. 256: Gerakari (KR), 17.5.2001

Abb. 257: Gerakari (KR), 17.5.2001

Abb. 258: Gerakari (KR), 17.5.2001

Abb. 259: Gerakari (KR), 17.5.2001

Population aus den Asteroussia-Bergen (bei Miamou)

Abb. 260: Miamou (KR), 20.4.2000

Abb. 261: Miamou (KR), 20.4.2001

Abb. 262: Miamou (KR), 20.4.2000

Ophrys fusca Link
subsp. *creticola* (Paulus) H.Kretzschmar comb. nov.
Creticola-Ragwurz

Basionym:
Ophrys creticola Paulus 1998 in Journ. Eur. Orch. 30(1): 177-178

Synonyme: -

Diagnose: Pflanze kräftig, gedrungen, bis maximal 4 sehr große Blüten, die nur wenig kleiner sind als bei einer *Ophrys iricolor*. Frühblühend, wenig später als *Ophrys sphegodes* subsp. *cretensis*. Lippe nur leicht gewölbt, ohne Knick, Lippenbasis mit tiefer Kerbe. Lippenränder flach ausgebreitet mit schwach abgeteilten Seitenlappen. Rand meist rötlich braun, manchmal schmal gelb gerandet. Zentrum der Lippe gänzlich silbrig blau oder auch nur blau gerandet, zur Lippenbasis hin rötlich-braun gefärbt. Endemit Kretas.

Habitat: Wiesenflächen, offene Phrygana, in Lagen bis 900 m, nur auf basischem Untergrund.

Hybriden: bildet Übergänge zu *O. fusca* subsp. *creberrima* (Abb. 598).

Verwechslung: die Art ähnelt in der Gestalt der Blüten mit flach ausgebreiteter Lippe fraglos *Ophrys fusca* subsp. *cressa*, die Blüten sind aber viel größer. Alle anderen Unterarten sind durch einen Knick in der Lippe oder nach unten umgeschlagene Lippenränder differenziert.

Blütezeit: Mitte II - Mitte III
Datenbasis: 42 Meldungen.

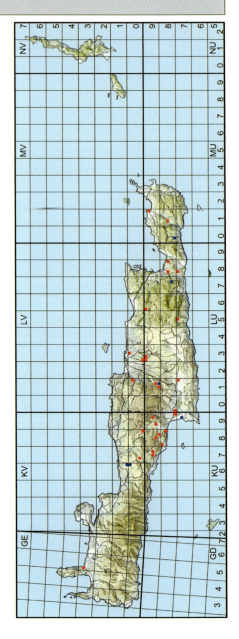

Abb. 263: Kerames (KR), 2.3.1996

Abb. 264: Kerames (KR), 20.3.1993

Abb. 265: Kerames (KR), 2.3.1996

Abb. 266: Arhanes (KR), 2.3.2001, S. Hertel

Ophrys fusca LINK
subsp. *leucadica* (RENZ) H.KRETZSCHMAR comb. nov.
Lefkada-Ragwurz

Basionym:
Ophrys leucadica RENZ 1928 in Repert. Spec. Nov. Regni Veg. 25: 265 (pro hybr.)

Synonyme:
Ophrys bilunulata RISSO

Diagnose: kleine, gedrungene zierliche Pflanzen mit bis zu 5 kleinen bis mittelgroßen Blüten, deren schwach dreilappige Lippen an der Basis nicht oder nur wenig nach unten geknickt sind. Lippenränder nach unten umgeschlagen, häufig mit sehr schmalem gelbem Saum. Lippengrundfarbe dunkel- bis schwarzbraun, zum Zentrum hin heller werdend. Das Zentrum der Lippe ist von einer grauen bis hellblauen Omega-Linie umrandet, silbrig, silbrig blau oder auch selten intensiv blau flächig oder marmoriert gefärbt, zur gekerbten Lippenbasis hin rötlich-braun abgesetzt, Färbung und Form sehr variabel, wie die Abbildungen zeigen.

Habitat: Wiesenflächen, Phrygana, vom Tiefland bis in Lagen oberhalb 900 m.

Hybriden: mit *Ophrys cinereophila*, *Ophrys iricolor*.

Verwechslung: auf Kreta kommt sie in geschlossenen Populationen nicht vor, hier imitieren lediglich Übergänge von *Ophrys fusca* subsp. *cressa* zu *Ophrys fusca* subsp. *creberrima* ihr Erscheinungsbild. In den Populationen auf Karpathos

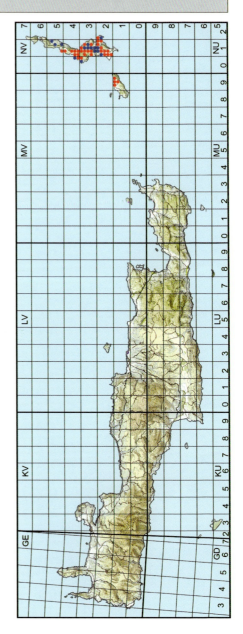

Abb. 267: Lastos (KP), 21.3.2001

Abb. 268: Lastos (KP), 21.3.2001

Abb. 269: Arkasa (KP), 22.3.2001, K. Heise

Abb. 270: Skafi (KA), 23.3.2001

Abb. 271: Skafi (KA), 23.3.2001

Abb. 272: Ag. Mamas (KA), 22.3.2001

und Kasos ist sie sehr variabel (Abb. 269 - 275), aber gut von der viel kleiner blühenden und durch einen Lippenknick differenzierten *Ophrys cinereophila* unterschieden. Manche Pflanzen erinnern sogar an *Ophrys fusca* subsp. *thriptiensis*.

Blütezeit: Mitte II - Anfang IV

Datenbasis: 116 Meldungen.

Abb. 273: Skafi (KA), 23.3.2001

Abb. 274: Skafi (KA), 23.3.2001

Abb. 275: Ag. Mamas (KA), 22.3.2001

Ophrys fusca LINK
subsp. *thriptiensis* (PAULUS) H.KRETZSCHMAR comb. nov.
Thripti-Ragwurz

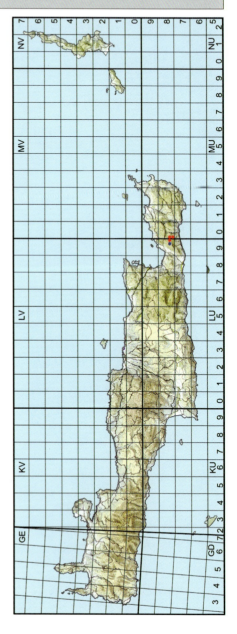

Basionym:
Ophrys thriptiensis PAULUS in Journ. Eur. Orch. 30(1): 173

Synonyme: -

Diagnose: sehr kleine, unter 10 cm hohe, gedrungene Pflanzen mit 1 (-3) mittelgroßen Blüten. Extrem früh, vor allen anderen Orchideen auf den Höhen oberhalb Thripti blühend. Die Lippe ähnelt durch die flachen Schwielen am Kerbenrand etwas der von *Ophrys fusca* subsp. *creberrima*, trägt aber keinen Knick. Malzeichnung silbrig graublau, gekerbte Lippenbasis. Man kann die Sippe wohl als lokale Anpassung an das extreme Klima dieser Region auffassen.

Habitat: Thripti-Massiv, in Lagen oberhalb 700 bis 1400 m.

Hybriden: nicht bekannt.

Verwechslung: wegen ihrer frühen Blütezeit und ihres sehr engen Verbreitungsgebietes kaum möglich.

Blütezeit: Mitte II - Ende III

Datenbasis: 7 Meldungen.

Bemerkungen: schwierig zu fassendes Taxon. Dies liegt daran, weil eigentlich eine kleine, vielleicht sogar hybridogen (durch *Ophrys fusca* subsp. *creticola*) beeinflußte Randsippe aus der tiefer gelegenen Kiefernwaldregion beschrieben wurde, obwohl die Hauptpopulation dieser Pflanze in den hohen Lagen des Afendis doch erheblich vom beschriebenen Typ abweicht.

Abb. 276: Orino (KR), 28.3.1996   Abb. 277: Orino (KR), 28.3.1996
Pflanzen aus der Bergphrygana oberhalb der Kiefernregion in 1300 m Höhe

Abb. 278 (li.) und 279 (re.): Thripti (KR), 5.3.2001, S. HERTEL
Pflanzen der Kiefernwaldregion

Ophrys iricolor DESF.
Regenbogen-Ragwurz

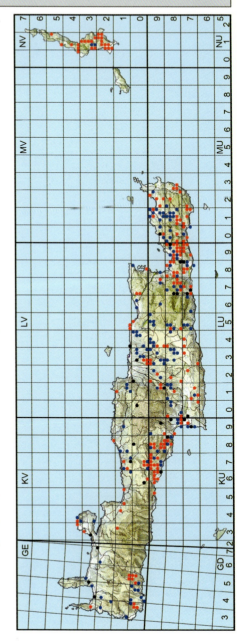

Synonyme:
Ophrys fusca subsp. *iricolor* (DESF.) K.RICHT.

Diagnose: schwarzpurpurne, sehr große Lippe, vom Lippengrund her mit tief dunkelblauer Malzeichnung überzogen. Lippe an der Basis tief und breit gekerbt, die Kerbe trägt an den Rändern ausgeprägte wulstige Leisten, die zum Lippenrand hin rosaviolett bis orangebraun überlaufen sind. Lippenunterseite leuchtend rötlich, „Regenbogenfarben".

Habitat: typische Art der Phrygana, in offenem und stark beweidetem Gelände, wo die Pflanzen häufig im Schutz von Dornsträuchern wachsen und ihre Blüten nach oben aus diesem Gestrüpp herausstrecken. Manchmal in großen Beständen als Sukzessionsfolger nach Bränden auftretend.

Hybriden: mit *Ophrys fusca* subsp. *leucadica*, *Ophrys fleischmannii*.

Verwechslung: durch die Farbe der Lippenunterseite und die Blütengröße kaum möglich. Ähnlich ist nur die extrem früh blühende *Ophrys mesaritica*, die aber normalerweise Mitte Februar schon verblüht ist. Außerdem sind deren Blüten viel kleiner mit grüner bis bräunlicher Lippenunterseite.

Blütezeit: Mitte III - Mitte IV
Datenbasis: 787 Meldungen.

Abb. 280: Ag. Mamas (KP), 18.3.2000

Abb. 281: Prodromi (KR), 9.4.2000

Abb. 282: Ag. Mamas (KP), 18.3.2000

Abb. 283: Prodromi (KR), 9.4.2000

Abb. 284: Vachasi (KR), 8.4.1994

Abb. 285: Makrigialos (KR), 11.4.1994

Abb. 286: Milatos (KR), 10.4.1993

Abb. 287: Rodovani (KR), 10.4.2001

Abb. 288: Goudouras (KR), 11.4.1994

Ophrys mesaritica Paulus & C. & A.Alibertis
Messara-Ragwurz

Synonyme: -

Diagnose: extrem frühblütige Art, einer sehr kleinen *Ophrys iricolor* stark ähnelnd, Lippenunterseite aber grün. Lippengrundfarbe schwarzpurpurn, dunkelblaue Malzeichnung, diese aber weniger leuchtend als bei *Ophrys iricolor*, Lippe an der Basis ähnlich tief und breit gekerbt.

Habitat: in offenem, beweidetem Gelände, ebenso in stark verbuschter Phrygana. Hauptvorkommen um die Messara-Ebene im Süden Kretas und in den Asteroussia-Bergen.

Hybriden: nicht bekannt.

Verwechslung: kaum möglich trotz der Ähnlichkeit zu *Ophrys iricolor*. Blütezeit und Färbung der Lippenunterseite sind eindeutig.

Blütezeit: (XII) Anfang I - Ende II

Datenbasis: 13 Meldungen.

Abb. 289: Margaraki (KR), 27.2.1996

Abb. 290: Grigoria (KR), 27.2.1996

Abb. 291: Lendas (KR), 1.3.1996

Abb. 292: Lendas (KR), 1.3.1996

Ophrys omegaifera H. FLEISCHM. subsp. *basilissa* (C. & A.ALIBERTIS & H.R.REINHARD) H.KRETZSCHMAR comb. nov.

Königinnen-Ragwurz

Basionym:
Ophrys basilissa C. & A.ALIBERTIS & H.R.REINHARD 1990 in Mitt. Bl. Arbeitskr. Heim. Orch. Baden-Württemberg 22(1): 201

Synonyme: -

Diagnose: eine der größten Blüten der Gattung *Ophrys*, die Lippe kann bis über 30 mm lang sein. Der Rand der dreilappigen Lippe ist schwarzbraun, samtig fein behaart. Malfläche kahl, heller kontrastiert und farbig, von einem breiten weißlich bis blau gefärbten Omega gerandet. Lippenknick nicht so stark und runder als bei *Ophrys omegaifera* subsp. *omegaifera*, bogig über den größten Teil der Lippe verlaufend. Die Lippe hängt dadurch nach unten.

Habitat: Wiesenflächen, rasige Phrygana, in offenem Gelände, nur lokal in Westkreta. Nur auf basischem Untergrund.

Hybriden: Mischpopulationen mit subsp. *omegaifera*, sonst keine bekannt.

Verwechslung: wichtig ist die Differenzierung von subsp. *omegaifera*: eine Unterscheidung ist durch den Lippenknick (siehe oben) möglich, außerdem ist die Lippe viel länger. Auch die Behaarung fällt unterschiedlich aus: bei subsp. *omegaifera* ist sie erheblich länger und „borstiger", während sie bei subsp. *basilissa* feiner, samtartig wirkt.

Blütezeit: Anfang II - Anfang IV

Datenbasis: 105 Meldungen.

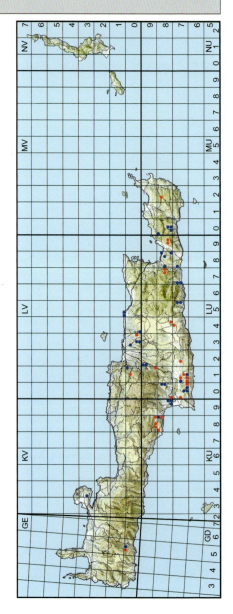

Abb. 293: Rodovani (KR), 9.4.2000

Abb. 294: Antiskari (KR), 26.2.1996

Abb. 295: Miamou (KR), 26.2.1996

Abb. 296: Rodovani (KR), 9.4.2000

Abb. 297: Festos (KR), 26.2.1996

Abb. 298: Festos (KR), 26.2.1996

Abb. 299: Antiskari (KR), 26.2.1996

Ophrys omegaifera H.FLEISCHM.
subsp. *omegaifera*
Omega-Ragwurz

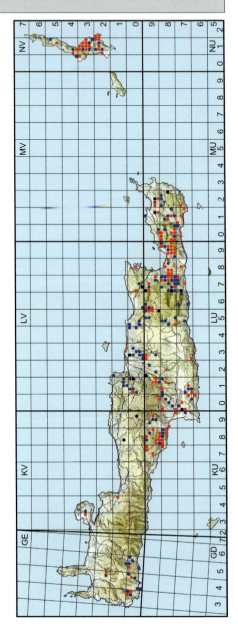

Synonyme:
Ophrys lutea subsp. *omegaifera* (H. FLEISCHM.) SOÓ
Ophrys fusca subsp. *omegaifera* (H. FLEISCHM.) E.NELSON

Diagnose: meist kräftige Pflanzen, nicht selten in kleinen Büscheln wachsend. Blüten häufig aufrecht vom Stengel abstehend, Lippe ohne Kerbe am Grund, nur wenig von der Basis entfernt stark abgeknickt, bis etwa 20 mm lang, am Rand dunkelbraun und lang behaart. Bereich der metallisch oder rotviolett gefärbten Malzeichnung kahl, nach vorn durch ein breites, weißliches oder hellblaues Band abgegrenzt. Die Pflanzen auf Karpathos sind meist erheblich zierlicher als die auf Kreta, ihre Lippen sind auffallend wenig geknickt.

Habitat: in buschiger, wiesiger Phrygana, im Kiefernwald.

Hybriden: mit *Ophrys sicula*, Mischpopulationen mit subsp. *basilissa*.

Verwechslung: mit *Ophrys sitiaca* möglich, die aber eine eindeutige, wenn auch flache Kerbe am Grund besitzt. Auch mit subsp. *basilissa* ist eine Verwechslung möglich, von der sie sich durch den scharfen Knick der Lippe und durch die Lippenlänge unterscheidet, die bei subsp. *basilissa* in der Regel nur wenig unter 30 mm liegt. Allerdings gibt es z.B. bei Festos Populationen mit allen Übergängen (Abb. 297).

Blütezeit: Ende II - Mitte IV

Datenbasis: 632 Meldungen.

Abb. 300: Saktouria (KR), 29.3.1994 - rechts im Vordergrund *Ophrys fusca* subsp. *creberrima*

Abb. 301: Saktouria (KR), 29.3.1994

Abb. 302: Melambes (KR), 14.4.2000

Abb. 303: Koutsouras (KR), 5.4.1992

Abb. 304: Koutsouras (KR), 5.4.1992- mit Einfluß von subsp. *basilissa*

Abb. 305: Saktouria (KR), 3.4.1993 - monströse Form (dreilippig)

Abb. 306: Agios Stefanos (KR), 7.4.1993

Abb. 307: Apella (KP), 20.3.2000

Ophrys sitiaca PAULUS & C. & A.ALIBERTIS
Sitia-Ragwurz

Synonyme: -

Diagnose: Blüten mittelgroß, Lippe nur wenig geknickt, am Grund mit flacher Kerbe. Lippe dunkelbraun, samtig behaart, Zentrum mit Malzeichnung kahl. Zeichnung rotbraunviolett bis blaugrau, zur Lippenspitze hin durch eine breite, weißlichgraue Omega-Zeichnung abgegrenzt.

Habitat: Kiefernwald, Phrygana, ab Mitte März findet man blühende Pflanzen nur noch in sehr schattigen Gebieten.

Hybriden: keine sicheren Hybriden bekannt.

Verwechslung: hauptsächlich mit Unterarten der *Ophrys fusca* möglich, von diesen unterschieden durch die flachere Kerbe und durch den weitgehend fehlenden Knick am Grund der Lippe. Am ähnlichsten sieht ihr *Ophrys fusca* subsp. *creberrima*, die neben der abgeknickten Lippenbasis eine tiefere Kerbe und zusätzlich breite Schwielen an den Rändern der Kerbe besitzt. Auf Kreta, woher sie beschrieben wurde, ist die Sippe selten, nur lokal häufiger, während sie andernorts, z.B. auf Rhodos, häufig ist. Auf den anderen Inseln des Gebietes wurde sie bislang nicht gefunden.

Blütezeit: Anfang II - Mitte III

Datenbasis: 47 Meldungen.

Abb. 308: Thripti (KR), 5.3.2000, S. Hertel - *Andrena nigroaena* (?) als Bestäuber

Abb. 310: Thripti (KR), 5.3.2001, S. Hertel

Abb. 309: Thripti (KR), 5.3.2001, S. Hertel

Abb. 311: Arhanes (KR), 28.2.2001, S. Hertel

Ophrys mammosa/sphegodes - Gruppe

| *Ophrys herae* |
| *Ophrys mammosa* |
| *Ophrys sphegodes* |
| subsp. *cretensis* |
| subsp. *gortynia* |

Tab. 6: Übersicht der Taxa im Gebiet

Ophrys mammosa kommt auf Kreta und Karpathos vor, auf Kasos konnte sie bisher nicht nachgewiesen werden. Auf Karpathos ist sie sehr typisch ausgeprägt, die drei anderen Verwandten fehlen hier. Auf Kreta treten dagegen häufig Übergänge zu *Ophrys spruneri* subsp. *spruneri* auf, lokal (z.B. in den Asteroussia-Bergen) gibt es auch größere Mischpopulationen mit *Ophrys ariadnae*. Gelegentlich finden sich auch Pflanzen mit lang geschnäbeltem Konnektivfortsatz, einem Merkmal der ostmediterranen *Ophrys transhyrcana*. Auf Kreta sind sie als Varianten innerhalb normaler Populationen aufzufassen. *Ophrys mammosa* blüht eher spät, nach *Ophrys herae* und *Ophrys sphegodes* subsp. *cretensis*.

GÖLZ & REINHARD (1996) haben die gesamte Gruppe biometrisch untersucht. Sie beschreiben die nahe Verwandtschaft von *Ophrys herae* und *Ophrys sphegodes* subsp. *cretensis*, die in Westkreta mancherorts nur schwer zu trennen sind, während sie sich in Ost- und Mittelkreta weit besser differenziert zeigen. Beide Arten blühen früh, in den Tieflagen ab Mitte Februar. Die hier als *Ophrys herae* bezeichneten Pflanzen sind, auch wenn man viele verschiedene Populationen betrachtet, morphologisch gut anzusprechen. *Ophrys herae* ist meist kleinwüchsiger, dabei

Abb. 312: Analipsi (KR), 6.4.1993 - *Ophrys sphegodes* subsp. *gortynia* (re), subsp *cretensis* (li)

aber kräftiger als *Ophrys sphegodes* subsp. *cretensis* und hat weniger, aber deutlich größere Blüten als die kretische Spinnen-Ragwurz. Die Grundfärbung der Lippe ist bei *Ophrys herae* rotbraun, sie trägt am Lippenrand meist kräftige Höcker, die rotbraun oder gelblich gefärbt sind. Die Blüten von *Ophrys sphegodes* subsp. *cretensis* besitzen kleine Lippen von schwarzer bis schwarzbrauner Grundfärbung. Sie sind im Umriß rundlich, an der Basis nur selten ganz schwach gehöckert.

Synonym zu *Ophrys herae* wird auch der Name *Ophrys pseudomammosa* RENZ gebraucht, der aber die Hybride *Ophrys mammosa* × *Ophrys sphegodes* vom griechischen Festland beschreibt.

Ophrys sphegodes subsp. *gortynia* ist durch ihre späte Blütezeit relativ isoliert. Ihre Blüten sind viel größer als die von subsp. *cretensis*. Die Lippe ist auffallend flach und meist dünn gelbrandig. Häufig finden sich Höcker an der Lippenbasis.

Ophrys sphegodes subsp. *gortynia* ist kein Endemit Kretas. Sie wurde auf Naxos (KRETZSCHMAR 1996) in größerer Zahl nachgewiesen.

Verbreitungskarte: *Ophrys sphegodes* s.l. einschließlich *Ophrys herae*, ohne differenzierte *Ophrys mammosa*.
Datenbasis: 972 Meldungen.

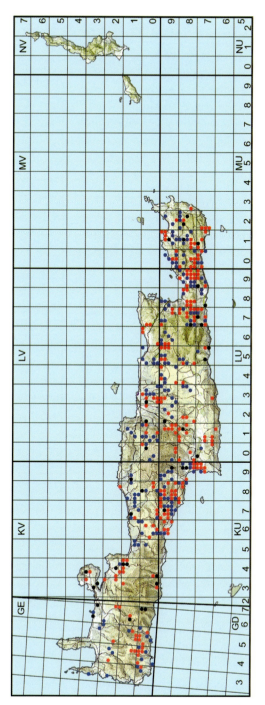

Ophrys herae M.Hirth & H.Spaeth
Heras Ragwurz

Synonyme:
Ophrys sphegodes auct. non Miller
Ophrys ×*pseudomammosa* auct. non Renz

Diagnose: nur selten hochwüchsige Pflanze, meist gedrungen, kräftig, häufig in kleinen Büscheln. Lippe mittelgroß, deutlich kleiner als bei *Ophrys mammosa,* mit der sie wegen der kräftigen, häufig heller gefärbten Höcker oft verwechselt wird. Lippenumriß rundlich, 10 - 15 mm im Durchmesser. Malzeichnung weißlich bis blau, H-förmig auf hellerem Lippenzentrum, meist intensiv farbig gerandet. Lippenrand braunschwarz bis rotbraun, kurz samtig, am Lippenrand länger behaart. Sepalen grün bis weißlich-grün, in der unteren Hälfte meist rötlich, Petalen etwas kürzer, dunkler gelbgrün bis gelbbraun.

Habitat: wiesige Phrygana, Böschungen, häufig in Westkreta, selten in Mittel- und Ostkreta, auch auf saurem Untergrund.

Hybriden: in Westkreta Mischpopulationen mit *Ophrys sphegodes* subsp. *cretensis.*

Verwechslung: mit *Ophrys mammosa,* Blüten aber kleiner, Lippen heller gefärbt, seitliche Sepalen nur schwach rötlich überlaufen. Die Differenzierung von den beiden Unterarten der *Ophrys sphegodes* wird bei diesen ausführlich besprochen.

Blütezeit: Ende II - Mitte IV

Datenbasis: 56 Meldungen.

Abb. 313: Prodromi (KR), 9.4.2000

Abb. 314: Kerames (KR), 2.3.1996

Abb. 315: Prodromi (KR), 8.4.2000

Abb. 316: Kerames (KR), 2.3.1996

Abb. 317: Azogires (KR), 9.4.2000

Abb. 318: Kerames (KR), 2.3.1996

Abb. 319: Rodovani (KR), 9.4.2000

Abb. 320: Rodovani (KR), 9.4.2001

Ophrys mammosa DESF.
Busen-Ragwurz

Synonyme:
Ophrys sphegodes subsp. *mammosa* (DESF.) SOÓ
Ophrys doerfleri H.FLEISCHM.

Diagnose: vielblütige, oft hochwüchsige Pflanze. Grundfarbe der Lippen schwarzrotbraun, samtig behaart, ungeteilt, mit kräftigen, zur Lippenmitte hin rot gefärbten Seitenhöckern. Lippenränder nach unten umgeschlagen, manchmal sehr stark, dann Lippenumriß dreieckig. Seitliche Sepalen in der unteren Hälfte rötlich überlaufen. Petalen spatelig, kürzer als die Sepalen. Konnektivfortsatz gelegentlich lang geschnäbelt. Dieses Merkmal der weiter östlich vorkommenden *Ophrys transhyrcana*, tritt vereinzelt in Kreta auf und überwiegt auf Gávdos. Auf Kreta sind von *Ophrys spuneri* beeinflußte Populationen nicht selten, während die Art auf Karpathos sehr stabil ist.

Habitat: Phrygana, in offenem Gelände, im Bachschotter. Verbreitet, meist kleine Populationen, auf basischem Grund.

Hybriden: mit *Ophrys cretica* subsp. *ariadnae* und subsp. *cretica*, *Ophrys sphegodes* subsp. *gortynia* und *Ophrys spruneri* subsp. *spruneri*.

Verwechslung: Schwierigkeiten ergeben sich bei der Abgrenzung zu *Ophrys herae* und den *Ophrys sphegodes*-Unterarten.

Blütezeit: Ende III - Ende IV

Datenbasis: 584 Meldungen.

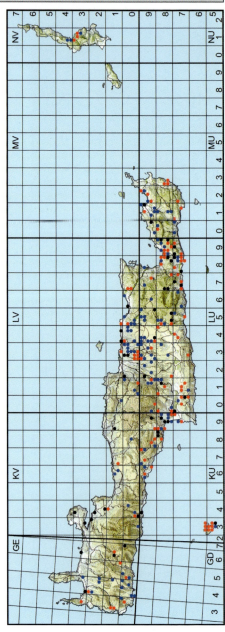

Abb. 321: Apella (KP), 21.3.2000

Abb. 322: Apella (KP), 28.3.1998

Abb. 323: Ferma (KR), 12.4.1994

Abb. 324: Kissi Kambo (KR), 15.5.1997

Abb. 325: Martha (KR), 9.4.1994

Abb. 326: Gávdos, 3.4.1996, R. JAHN - „*Ophrys doerfleri*" (vgl. S. 41)

Abb. 327: Ferma (KR), 12.4.1994

Abb. 328: Afrati (KR), 21.4.2000 - mit Anklang an *Ophrys spruneri*

Ophrys sphegodes Mill. subsp. *cretensis* H.Baumann & Künkele
Kleine kretische Ragwurz

Synonyme:
Ophrys cretensis (H.Baumann & Künkele.) Delforge

Diagnose: Vielblütige, hochwüchsige Pflanze, häufig in Büscheln. Lippe klein, rundlich im Umriß, unter 10 mm im Durchmesser. Malzeichnung H-förmig auf meist etwas hellerem Lippenzentrum, Lippenrand braunschwarz bis schwarz, kurz samtig behaart. Sepalen grün bis weißlich-grün, Petalen etwas kürzer, dunkler gelbgrün.

Habitat: Phrygana, Kiefernwaldrelikte, Böschungen, bis 1300 m.

Hybriden: mit *Ophrys cretica* subsp. *ariadnae*, *Ophrys herae* (Mischpopulationen), *Ophrys tenthredinifera*.

Verwechslung: durch Blütezeit und sehr unterschiedliche Lippengröße von *Ophrys sphegodes* subsp. *gortynia* und *Ophrys mammosa* getrennt, letztere hat zudem eine viel flachere, auch länger gestreckte Lippe, die häufig einen gelben Rand besitzt. Schwieriger ist die Abgrenzung von *Ophrys herae*, vor allem in Westkreta, mit der sie dort lokal verschmilzt. Die Blüten von *Ophrys herae* sind größer, die Grundfarbe der Lippe ist ein rötliches Braun, die Lippen sind praktisch immer kräftig gehöckert. Nach Delforge (2001) kommt sie auch auf den Kykladen vor, daher ist sie kein kretischer Endemit.

Blütezeit: Mitte III - Mitte IV

Datenbasis: 542 Meldungen.

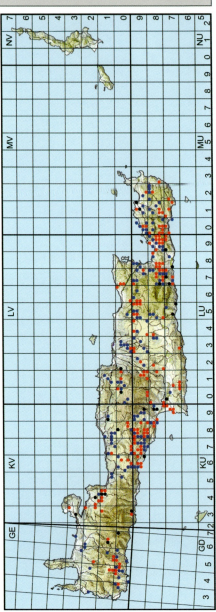

Abb. 329: Ag. Varvara (KR), 27.3.1994

Abb. 330: Orino (KR), 10.4.1993

Abb. 331: Vatos (KR), 13.4.2000

Abb. 332: Ziros (KR), 6.4.1993

Abb. 333: Orino (KR), 9.4.1993

Abb. 334: Thripti (KR), 10.4.1994

Abb. 335: Larani (KR), 31.3.1994

Ophrys sphegodes MILL. subsp. *gortynia* H.BAUMANN & KÜNKELE
Gortys-Ragwurz

Synonyme:
Ophrys gortynia (H.BAUMANN & KÜNKELE.) DELFORGE

Diagnose: Lippe ungeteilt, meist mit kleinen Höckern. Umriß länglich, nicht rundlich wie bei subsp. *cretensis,* Lippe über 12 mm lang. Grundfarbe schwarz bis schwarzbraun, samtig behaart, Lippenrand oft gelb gesäumt, in der Regel flach zur Seite stehend, nicht oder nur schwach umgeschlagen. Malzeichnung H-förmig. Pflanzen in der Regel zierlich, weniger Blüten als bei subsp. *cretensis,* spät blühend, im Westen Kretas fehlend.

Habitat: Phrygana, Trockenwiesen, aufgelassene Olivenhaine, in offenem Gelände, typischerweise in relativen Tieflagen, auf basischem Untergrund.

Hybriden: mit *Ophrys cretica* subsp. *cretica, Ophrys mammosa.*

Verwechslung: die Differenzierung von subsp. *cretensis* wurde bereits dort ausführlich erörtert. Von der Blütezeit her kann man sie eigentlich nur mit abblühenden *Ophrys mammosa* zusammen antreffen, von der sie sich besonders durch die flachen, häufig gelben Lippenränder unterscheidet, weiterhin sind die unteren Hälften der Sepalen allenfalls ganz schwach rötlich, niemals intensiv rot wie bei *Ophrys mammosa*.

Blütezeit: Mitte IV - Anfang V
Datenbasis: 113 Meldungen.

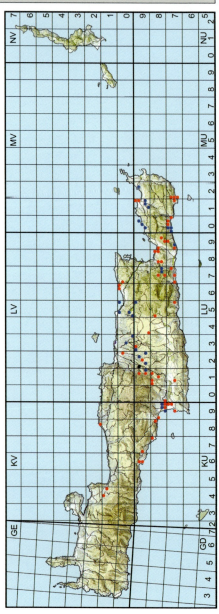

Abb. 336: Meseleri (KR), 12.4.1994

Abb. 338: Saktouria (KR), 13.4.2001

Abb. 337: Analipsi (KR), 6.4.1993

Abb. 339: Sivas (KR), 11.4.2001

Abb. 341: Stavrohori (KR), 9.4.1994

Abb. 340: Festos (KR), 11.4.2001

Abb. 342: Goudouras (KR), 11.4.1994

Abb. 343: Analipsi (KR), 8.4.1994

Abb. 344: Goudouras (KR), 11.4.1994

Abb. 345: Messeleri (KR), 10.4.1993 - Pelorie

Abb. 346: Stavrohori (KR), 9.4.1994

Ophrys sicula - Gruppe

Ophrys melena
Ophrys phryganae
Ophrys sicula

Tab. 7: Übersicht der Taxa im Gebiet

Die Arten dieser Gruppe stellen zusammengenommen die weitaus häufigsten unter allen Ophrys-Arten dar.

Im Gebiet gibt es Regionen, in denen sich *Ophrys phryganae* und *Ophrys sicula* im Erscheinungsbild annähern, während sie sich in anderen Regionen, vor allem in Kreta, deutlich voneinander unterscheiden. Die genannte Annäherung betrifft aber nur den Lippenumfang, der speziell bei *Ophrys phryganae* fast demjenigen einer *Ophrys lutea* aus dem Westen der Mediterranis entsprechen kann, andererseits auf Karpathos, Kasos und in manchen Gegenden Kretas in der Dimensionen der Lippe von *Ophrys sicula* liegt. Trotzdem bleiben diese beiden Sippen durch ihre unterschiedliche Form gut differenziert, wenngleich die Unterscheidung beider Arten bei ähnlicher Blütengröße nicht immer einfach ist.

Die Lippe von *Ophrys phryganae* ist an der Basis deutlich nach unten abgeknickt, während die von *Ophrys sicula* hier gerade verläuft. Der dunkle Mittelteil der Lippe von *Ophrys phryganae* ist mit seinem bläulichem Spiegel im oberen Teil ebenfalls stark nach unten gewölbt, während der Lippenrand sich wieder

Abb. 347: Listratos (KR), 27.2.1996 -
Ophrys phryganae

Abb. 348: Fri (KA), 22.3.2001 -
Ophrys sicula

nach oben biegt. Der bläuliche Spiegelbereich ist im Bereich des Knicks wulstig aufgeworfen. Bei *Ophrys sicula* ist die Lippe meist weniger gewölbt, die Wülste am Grund der Lippe fehlen. Eine Zuordnung besonders großblütiger Pflanzen zu *Ophrys lutea* ist hier deshalb nicht erfolgt, weil die an anderer Stelle (KRETZSCHMAR et al. 2001: 131) erörterte Trennung von west- und ostmediterranen Sippen auch hier aufrecht erhalten werden soll. Nach dieser Auffassung kommt in der Ost- und Südägäis *Ophrys lutea* nicht vor. Auch alle großblütigen, an der Lippenbasis geknickten Pflanzen werden deshalb zu *Ophrys phryganae* gestellt.

Selten und auch nur in einem kleinen Areal Ostkretas kommt als dritte Art dieser Gruppe *Ophrys melena* vor. Der Verbreitungsschwerpunkt dieser Art liegt auf dem griechischen Festland von Attika bis zum östlichen Peloponnes. Sie besitzt deutlich größere Blüten als *Ophrys sicula* und ist vom Habitus her auch etwas robuster als diese Art. Die kleinen kretischen Populationen stellen den Südpunkt der Verbreitung von *Ophrys melena* dar.

Gesamtverbreitung der Gruppe
Datenbasis: 2512 Meldungen.

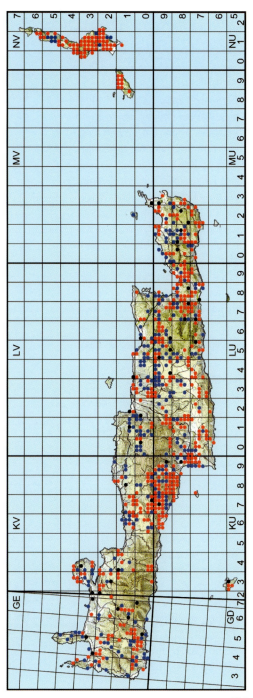

Ophrys melena (Renz) Paulus & Gack
Geschwärzte Ragwurz

Synonyme: -

Diagnose: Lippe flach und ohne Knick wie bei *Ophrys sicula*, Blüte aber größer, Lippe um 12 mm lang. Lippe schwarzbraun, nur am aufgeworfenen Rand mit gelben Tönen, Lippe kurz samtig behaart, Zentrum kahl, mit silbrig bis bläulicher Zeichnung. Pflanze kräftiger als *Ophrys sicula*, aber kleiner bleibend. Die Exemplare auf Kreta sind ausgesprochen typisch und können deshalb in keinem Fall als Varianz zu *Ophrys sicula* gestellt werden.

Habitat: wiesige Phrygana, Ruderalplätze, bislang nur in zwei benachbarten Gebieten Ostkretas gefunden.

Hybriden: keine bekannt.

Verwechslung: mit den beiden anderen Arten, durch die ungeknickte Lippe, Größe und Färbung der Lippe unterschieden.

Blütezeit: Anfang IV

Datenbasis: 5 Meldungen.

Bemerkungen: es handelt sich um eine der Arten, die vom Norden her in einem kleinen Gebiet Kretas Fuß faßte und sich hier auch vermehrt hat, obwohl die Populationsstärke klein blieb. Zum Vergleich werden hier Abbildungen von Pflanzen aus dem südlichen Peloponnes vorgestellt (Abb. 351, 352), welche die große Übereinstimmung zwischen kretischer und Stammpopulation belegen.

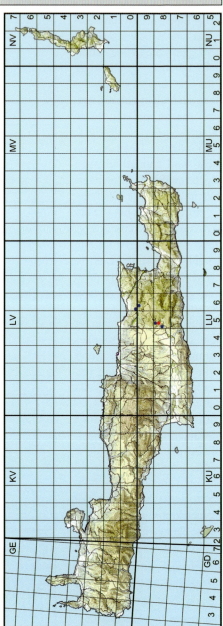

 Abb. 349: Afrati (KR), 7.4.1993

 Abb. 350: Krasi (KR), 8.4.1994

 Abb. 351: Palamidi (GR), 3.4.1997

 Abb. 352: Palamidi (GR), 29.3.1997

Ophrys phryganae J. & P. Devillers-Terschuren
Phrygana-Ragwurz

Synonyme: -

Diagnose: relativ kräftige, meist gedrungene Pflanze. Blüten bis fast waagerecht vom Stengel abstehend. Nacheinander aufblühende Blüten stehen um etwa 90° gegeneinander versetzt. Sepalen grün, Petalen gelbgrün. Perigon im Vergleich zu *Ophrys sicula* weiter geöffnet. Lippe an der Basis nach unten abgeknickt. Etwas erhabene Malfläche dunkelbraun, im Zentrum metallisch, bläulich, manchmal intensiv blau. Breiter, kräftig gelber dreilappiger Lippenrand, der zunächst nach unten biegt, ganz zum Rand hin aber wieder nach oben zurückschlägt. Lippendurchmesser meist über 12 mm, gelegentlich auch kleiner. Lippengrund am Knick im Übergang zu den Rändern der Narbenhöhle wulstig aufgeworfen.

Habitat: Wiesenflächen, häufig in kleinen Gruppen, in stark beweideten Gebieten, in offenem Gelände, gern als Sukzessionsfolger. Die Art ist auf allen Hauptinseln vorhanden.

Hybriden: selten mit *Ophrys sicula*.

Verwechslung: mit *Ophrys sicula*, die Differenzierung wird auf S. 224-225 dargestellt.

Blütezeit: Ende III - Ende IV

Datenbasis: 1560 Meldungen.

Bemerkungen: diese Art ist im Gebiet statistisch die häufigste *Ophrys*.

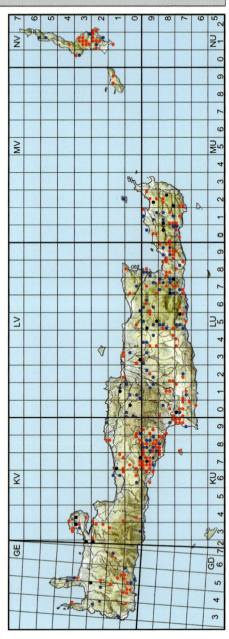

Abb. 353: Margaraki (KR), 13.4.1994

Abb. 354: Margaraki (KR), 15.4.2000

Abb. 355: Vistagi (KR), 18.4.2000

Abb. 356: Fourfouras (KR), 18.4.2000

Abb. 357: Platanes (KR), 9.4.2000

Abb. 358: Fri (KA), 22.3.2001

Abb. 359: Miamou (KR), 15.4.2000

Abb. 360: Vatos (KR), 13.4.2001

Ophrys sicula Tineo
Gelbe Ragwurz

Synonyme:
Ophrys lutea var. *minor* (Tod.) Guss.
Ophrys lutea subsp. *minor* (Tod.) O. & E.Danesch
Ophrys galilaea H.Fleischm. & Bornm.
Ophrys galilaea subsp. *murbecki* (H. Fleischm. & Bornm.) Del Prete
Ophrys minor (Tod.) Paulus & Gack
Ophrys minor subsp. *galilaea* (H. Fleischm. & Bornm.) Paulus & Gack
Ophrys battandieri E.G.Camus

Diagnose: zierliche Pflanze mit dünnem Stengel, der sich beim Aufblühen, besonders bei kräftigen Exemplaren, stark streckt. Durchmesser der Lippe in der Regel unter 10 mm, Rand hellgelb, meist schmaler als bei *Ophrys phryganae*. Zeichnung ähnlich, Lippe aber an der Basis nicht geknickt und im ganzen nach unten gewölbt, Rand nur wenig nach oben zurückgebogen. Seitliche Begrenzungen der Kerbe nicht wulstig aufgeworfen. Mal meist metallisch glänzend bis selten kräftig blau gefärbt.

Habitat: wenig anspruchsvoll, Phrygana, Kiefernwald-Relikte, Wiesenflächen, Ruderalplätze, aufgelassene Olivenhaine.

Hybriden: mit *Ophrys phryganae*, *Ophrys omegaifera* subsp. *omegaifera*.

Verwechslung: mit den anderen Arten der Gruppe.

Blütezeit: II - IV, mehrere Wellen.

Datenbasis: 1560 Meldungen.

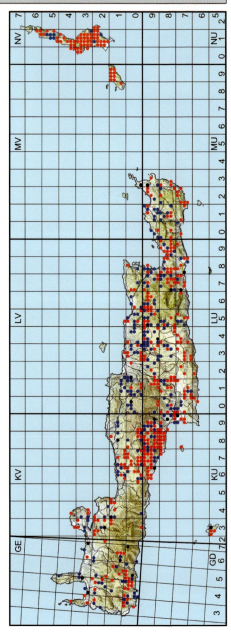

Abb. 361: Ag. Galini (KR), 25.2.1996

Abb. 362: Kerames (KR), 14.4.2000

Abb. 363: Gerakari (KR), 16.4.2000

Abb. 364: Orino (KR), 7.4.1993

Abb. 365: Fri (KA), 22.3.2001

Ophrys spruneri NYMAN subsp. *grigoriana* (G. & H. KRETZSCHMAR) H. KRETZSCHMAR comb. nov.

Grigorianische Ragwurz

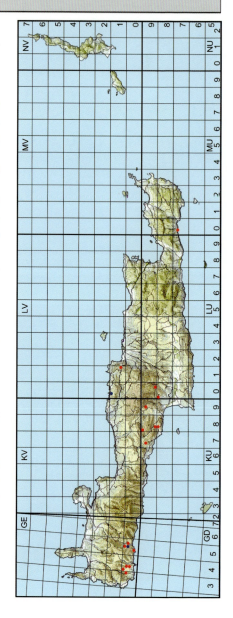

Basionym:
Ophrys grigoriana G. & H. KRETZSCHMAR 1995 in Ber. Arbeitskrs. Heim. Orch., 12(1): 57

Diagnose: Färbung ähnlich der Stammart, allerdings Malzeichnung praktisch immer weißlichblau gerandet, extrem großblütig, Lippen ohne ausgeformte Seitenlappen, nur mit leichten Einziehungen des Umrisses. Lippe etwa 1 1/2 mal so lang wie das mittlere Sepalum. Narbenhöhle entsprechend breit queroval ausgebildet. Abb. 369 zeigt die riesigen Blüten im Verhältnis zu einigen anderen Arten.

Habitat: Wiesen, rasige Phrygana, wiesige Böschungen, Terassen.

Hybriden: mit *Ophrys cretica* subsp. *ariadnae*.

Verwechslung: mit der früher blühenden subsp. *spruneri*.

Blütezeit: Anfang IV - Ende IV

Datenbasis: 33 Meldungen.

Bemerkungen: ALIBERTIS (1997: 136) hat die Vermutung ausgesprochen, es könne sich bei dieser Sippe um *Ophrys sphaciotica* handeln, eine Art, die von BAUMANN & KÜNKELE (1986: 381) sowie DELFORGE (1994: 390) in der Synonymie von *Ophrys spruneri* geführt wird. Letzterer hat seine Ansicht kürzlich revidiert (2001: 508), indem er jetzt *Ophrys sphaciotica* doch als eigene Art behandelt und *Ophrys grigoriana* als jüngeren Namen in die Synonymie verwies.

Abb. 366: Grigoria (KR), 15.4.2000

Abb. 367: Hatzis (KR), 9.4.2000

Zur Klarstellung sei darauf verwiesen, daß *Ophrys sphaciotica* von H. FLEISCHMANN (1925: 186-187) allein nach zwei Herbarbelegen beschrieben wurde, die I. DÖRFLER am 5.4.1904 (also 21 Jahre vor der Beschreibung) sammelte. Daß eine derartige Verfahrensweise aus mehreren Gründen problematisch ist, wird auch von FLEISCHMANN in den Vorbemerkungen ausdrücklich eingeräumt. Die Behauptung, daß *Ophrys spruneri* subsp. *grigoriana* mit *Ophrys sphaciotica* identisch sei, stützt sich vermutlich allein auf die Aussage „Lippen sehr groß" (Ebenda: 187) im Protolog FLEISCHMANNS. Nach Tafel II dieser Arbeit, die Schwarz-Weiß-Fotografien einer Blüte von *Ophrys sphaciotica* neben fünf weiteren *Ophrys*-Arten zeigt, kann durch direkten Vergleich jedoch keine her-

Abb. 368: Saktouria (KR), 29.3.1994

ausragende Lippengröße der von ihm beschriebenen Art abgeleitet werden. Die abgebildete Blüte ist kleiner als die der ebenfalls abgebildeten *Ophrys doerfleri*, die als Synonym von *Ophrys mammosa* aufzufassen ist. Außerdem zeigt die Lippe der *Ophrys spaciotica* ausgebreitet einen querrhombischen Umriß, was eine Identität mit subsp. *grigoriana* nahezu ausschließt, sondern eben typisch für subsp. *spruneri* ist. Bei den von FLEISCHMANN beschriebenen Pflanzen handelt es sich daher sehr wahrscheinlich um die Nominatform von *Ophrys spruneri*, *Ophrys sphaciotica* ist als jüngeres Synonym von *Ophrys spruneri* aufzufassen. Im Vergleich zu anderen Arten wird die immense Blütengröße in Abb. 369 besonders deutlich.

Abb. 369: Koutsouras (KR), 5.4.1993

Ophrys spruneri Nyman
subsp. *spruneri*
Spruners Ragwurz

Synonyme:
Ophrys hiulca Spruner ex Rchb.f.
Ophrys ferrum-equinum subsp. *spruneri* (Nyman) E.G.Camus
Ophrys sphegodes subsp. *spruneri* (Nyman) E.Nelson
Ophrys sphaciotica H.Fleischm.

Diagnose: kräftige Pflanze mit stattlichen Blüten. Sepalen rosa, seitliche in der unteren Hälfte oft etwas dunkler, Petala kürzer und schmaler, rosarot bis rotgrünlich. Lippe tief dreigeteilt mit größerem Mittellappen, etwa so lang oder wenig kürzer als das mittlere Sepalum, an der Spitze mit kleinem rötlich gefärbtem, nach vorn gerichtetem Anhängsel. Grundfarbe tiefschwarz samtig, Mal graublau bis intensiv blau, H-förmig von der Lippenbasis ausgehend und auf die untere Hälfte der Narbenhöhle ausgedehnt, zur Griffelsäule hin mit blauem Querstrich abschließend und in 2 blauen oder schwarzen Pseudoaugen endend. Malrand manchmal intensiver blau gefärbt.

Habitat: Wiesenflächen, rasige Phrygana, aufgelassene Olivenhaine.

Hybriden: mit *Ophrys bombyliflora*, *Ophrys cretica* subsp. *ariadnae*, *Ophrys episcopalis*, *Ophrys mammosa*, *Ophrys sphegodes* subsp. *gortynia*, *Ophrys tenthredinifera*.

Verwechslung: mit subsp. *grigoriana*, die aber deutlich später blüht, erheblich größere Blüten hat und eine nur angedeutete Lippenteilung besitzt.

Abb. 370: Ag. Galini (KR), 1.3.1996

Abb. 372: Gero Kambos (KR), 26.2.1996

Abb. 373: Ag. Kirillos (KR), 6.4.1994

Blütezeit: Mitte II - Anfang IV
Datenbasis: 237 Meldungen.

Abb. 371: Ag. Galini (KR), 1.3.1996

Abb. 374: Akoumia (KR), 27.2.1996

Ophrys tenthredinifera WILLD.
Wespen-Ragwurz

Synonyme:
Ophrys grandiflora TEN.
Ophrys tenoreana LINDL.
Ophrys limbata LINK
Ophrys neglecta PARL.
Ophrys ficalhoana GUIM.
Ophrys villosa DESF.

Diagnose: meist gedrungen wachsende Pflanze, häufig in Gruppen. Lippe ungeteilt, an den Seiten meist nur flache Höcker ausformend, stark behaart. Grundfarbe meist gelb, seltener gelbbraun, in der Mitte ein schwarzbraunes, kurz behaartes Areal einschließend. Mal kahl, nach oben ein oranges Basalfeld einschließend, nach unten in einen meist weißlich gerahmten metallisch glänzenden Spiegel auslaufend. Narbenhöhle dunkel, breit. Griffelsäule kurz, stumpf endend. Sepalen rosa, seltener weiß, rundlich endend. Petalen kurz, kräftig behaart, dunkler als die Sepalen.

Habitat: wiesige Phrygana, terrassierte Wiesen, Kiefernwald, auf Kreta häufig.

Hybriden: mit *Ophrys bombyliflora, Ophrys episcopalis, Ophrys heldreichii, Ophrys sphegodes* subsp. *cretensis, Ophrys spruneri* subsp. *spruneri.*

Verwechslung: kaum möglich.

Blütezeit: Anfang III - Ende IV

Datenbasis: 1537 Meldungen.

Bemerkungen: Es gibt, wenn auch selten, spät blühende Einzelpflanzen (Abb. 380), die durch einen ge-

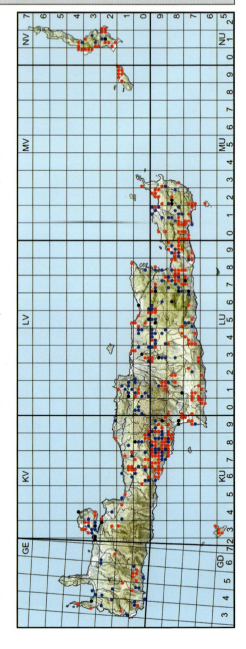

Abb. 375: Spoa (KP), 21.3.2000

Abb. 376: Stavrohori (KR), 6.4.1993

streckteren Habitus und durch eine größere, flacher stehende Lippe mit intensiv gelbem Rand vom Typus abweichen.

Solche Pflanzen wurden mehrfach im Süden Kretas bei Melambes und in den Asteroussia-Bergen gefunden. Vielleicht bildet sich hier, ähnlich wie bei anderen Arten, eine neue Unterart aus.

Abb. 377: Saktouria (KR), 4.4.1993

Abb. 378: Mires (KR), 2.4.1992 - Pelorie

Abb. 380: Melambes (KR), 7.4.1994

Abb. 379: Messeleri (KR), 12.4.1994

Abb. 381: Skafi (KA), 22.3.2001

Ophrys umbilicata DESF.
Nabel-Ragwurz
im Gebiet kommt nur subsp. *rhodia* H.BAUMANN & KÜNKELE vor

Synonyme:
Ophrys rhodia (H.BAUMANN & KÜNKELE) P.DELFORGE

Diagnose: Sepalen und Petalen grün, mittleres Sepalum nach hinten geschlagen, nicht über der Griffelsäule stehend. Lippe stark dreilappig, Seitenlappen in kurze Hörner auslaufend, an der Basis stark behaart. Die Malzeichnung aus weißen Linien schließt ein oranges Basalfeld ein, darunter umrahmt sie ein bläulich-metallisches Feld. Die Art ist ein Endemit der Südostägäis und kommt hauptsächlich auf Rhodos vor. Eine Fundstelle mit wenigen Pflanzen auf Karpathos ist mit hoher Wahrscheinlichkeit vernichtet worden. Deshalb werden Bilder aus Rhodos gezeigt.

Habitat: Wiesenflächen, Trockenwiesen.

Hybriden: von Karpathos keine bekannt.

Verwechslung: mit anderen Arten auf Karpathos kaum möglich, andere Sippen der näheren Verwandschaft kommen hier nicht vor.

Blütezeit: Ende III (?) - Ende IV

Datenbasis: 4 Meldungen.

Bemerkungen: ähnlich wie bei dieser Sippe auf Karpathos werden in der Ägäis häufig Funde einzelner Pflanzen oder auch kleiner Populationen von anderweitig häufigen Arten gemeldet, die sich in der Regel einige Jahre halten, um dann wieder zu verschwinden.

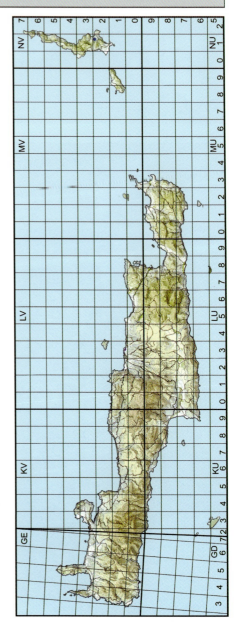

Abb. 382: Lardos (Rhodos), 12.4.1995   Abb. 383: Ag. Isidoros (Rhodos), 10.4.1995

Abb. 384: Platania (Rhodos), 11.4.1995

Ophrys vernixia BROT.
Spiegel-Ragwurz

im Gebiet kommt nur subsp. *orientalis* PAULUS **vor**

Synonyme: -

Diagnose: Lippe deutlich dreilappig, Seitenlappen flach nach oben stehend, oben und lippenseitig kahl, an den Rändern wie auch der Mittellappen lang schwarz, seltener dunkelbraun behaart, Mittellappen nur leicht gewölbt, auf der Fläche kahl, intensiv blau bis dunkelblau leuchtend, blaue Fläche meist schmal gelb oder orange gerandet. Mittleres Sepalum über der Griffelsäule stehend, seitliche Sepalen in der unteren Hälfte intensiv violett bis braunviolett gestreift, manchmal noch mit violetten Punkten. Narbenhöhle chitinartig schwarz ausgebildet.

Habitat: Phrygana, Ruderalflächen, Flußschotter, in offenem Gelände, selten im Wald.

Hybriden: im Gebiet nicht bekannt.

Verwechslung: durch die einmalige Färbung kaum zu verwechseln.

Blütezeit: Mitte II - Mitte III

Datenbasis: 13 Meldungen.

Bemerkungen: Auf Kreta und Karpathos sind mehrfach Einzelfunde berichtet worden, durch den fehlenden Bestäuber konnten sich aber keine lebensfähigen Populationen ausbilden. Die Darstellung zur Nomenklatur von PAULUS (2001) erscheint stichhaltig, ebenso begründen die morphologischen Unterschiede die Abgrenzung einer ostmediterranen Unterart.

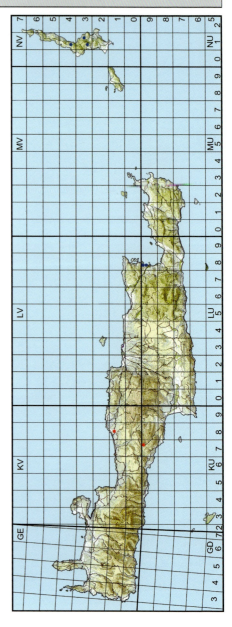

Abb. 385: Peloponnes: Skala (GR), 30.3.1997

Orchis anatolica - Gruppe

> Orchis anatolica
> Orchis quadripunctata
> Orchis sitiaca

Tab. 8: Übersicht der Taxa im Gebiet

Die im Gebiet vorkommenden Arten dieser Gruppe sind nach BATEMAN (2001: 119) besonders eng miteinander verwandt. Die Anzahl der auf dem ITS-Segment verschiedenen Basenpaare ist nur klein und beträgt bei den jeweiligen Artenpaaren:

Orchis anatolica - quadripunctata: 9
Orchis anatolica - sitiaca: 12
Orchis quadripunctata - sitiaca: 15

Zum Vergleich beträgt nach der gleichen Quelle diese Anzahl bei den als besonders eng miteinander verwandt geltenden Artenpaaren *Orchis militaris - purpurea* 21, bei *Orchis tridentata - ustulata* sogar 34 Basenpaare und damit mehr als das Doppelte bzw. fast das Vierfache des Artenpaares *Orchis anatolica - quadripunctata*.

Abb. 386: Orino, 10.5.1997 - *Orchis anatolica* × *Orchis quadripunctata* aus Ostkreta

So nimmt es denn nicht wunder, daß dort, wo beide Arten zusammen oder eng benachbart siedeln, eine intensive Hybridisierung erfolgt, was auf Kreta (im Gebiet nur dort) zur Herausbildung komplexer Hybridschwärme geführt hat. Ähnlich wie bei *Orchis* ×*hybrida* oder *Orchis* ×*dietrichiana* in Mitteleuropa verbinden die fertilen Hybriden die beiden Eltern lückenlos miteinander und häufig kommt es sogar zur totalen introgressiven Hybridisierung, also des Aufgehens eines oder beider Elternteile im Hybridschwarm. Dies trifft z.B. für *Orchis quadripunctata* in Ostkreta zu.

Orchis anatolica und *Orchis quadripunctata* einerseits und *Orchis sitiaca* andererseits sind durch ihre Bodenansprüche ökologisch getrennt: die beiden erstgenannten Arten sind an basischen Untergrund (Kalk) gebunden, während *Orchis sitiaca* auf saurem Untergrund oder versauernden Böden über basischem Gestein zu finden ist. *Orchis anatolica* kommt auf Kasos und Karpathos, wo es keine *Orchis quadripunctata* gibt, sehr typisch ausgeprägt über steinigem Untergrund vor. In Ostkreta kommen beide Arten nebeneinander vor, was zum Verschmelzen der Sippen führte. Hier gibt es in geeigneten Gebieten nur selten zusätzlich die etwas später blühende *Orchis sitiaca*. In Westkreta kommen *Orchis quadripunctata* und *Orchis sitiaca* ökologisch getrennt jede für sich typisch vor, *Orchis sitiaca* in den bodensauren Gebieten, *Orchis quadripunctata* streng kalkstet, es gibt keine Übergänge, auch keine typischen *Orchis anatolica*. Ähnlich ist es auch in Zentralkreta an vielen Orten, wobei es hier besonders im Süden (z.B. über Serpentin als Untergrund) häufig Gebiete gibt, in denen es bei der Verwitterung zu einer erheblichen Bodenversauerung kommt, so daß hier auch andere Arten mit Bindung an sauren Untergrund wie z.b. *Orchis provincialis* größere Bestände bilden konnten. In diesen versauerten Spitzenlagen der Bergrücken kommt *Orchis sitiaca* in großen Beständen vor, deutlich später blühend als *Orchis quadripunctata*, die in der gleicher Region, aber nicht am gleichen Fundort steinig-felsige Regionen besiedelt. Auf diese Weise scheint eine hinreichende ökologische Trennung vollzogen, Übergänge finden sich nicht. Eine ähnliche Entwicklung kann man auf Zypern beobachten mit der Differenzierung in die großblütige, auf saurem Grund wachsende *Orchis troodii* und eine hybridogene Mischsippe aus *Orchis anatolica* und *Orchis quadripunctata* auf basischem Untergrund.

Man hat aus dem oben erwähnten Auftreten von Hybridschwärmen auch taxonomische Schlüsse zu ziehen versucht, indem B. & H. BAUMANN (1991) die hier in Rede stehende Hybridsippe unter Bezugnahme auf ein Exemplar aus der Türkei als neue Art *Orchis sezikiana* (pro hybr.) beschrieben haben, weil sie die „erste bekannt gewordene hybridogen entstandene Orchis-Sippe [sei], die sich erfolgreich etablieren konnte" (Ebenda: 203). Selbst wenn letzteres zuträfe, bleibt es problematisch, Hybridschwärme mit der Rangstufe einer Art zu bewerten, auch wenn aus eigener Kenntnis die Populationen auf Zypern oder in der Südwesttürkei homogener sind als die auf Kreta, wo die praktische Handhabbarkeit einer solchen Artbeschreibung an folgenden Phänomenen scheitert

- Inhomogenität der Populationen in sich, indem die Einzelexemplare eine unterschiedliche Ausprägung verschiedener Merkmale aufweisen, weil sie einmal diesem, dann wieder dem anderen Elternteil ähnlich sind,
- Heterogenität verschiedener Populationen,
- das Auftreten einzelner Exemplare der Eltern innerhalb der Population.

Dies hat uns dazu bewogen, in diesem Buch den Hybridschwarm auf Kreta auch als Hybride zu führen und nicht im Artrang innerhalb dieser Gruppe.

Dagegen wird hier die früher als Unterart von *Orchis anatolica* aufgefaßte *Orchis sitiaca* als auch ökologisch klar abgegrenzte eigene Art behandelt, weil dies durch die eingangs vorgestellten Ergebnisse der Genetik zwingend ist. Als Alternative verbliebe nämlich nur, auch *Orchis quadripunctata* als Unterart zu *Orchis anatolica* zu stellen, jedenfalls wenn man auf logische Stringenz Wert legt. Eine solche Bewertung wäre indes nicht angemessen, vor allem dann nicht, wenn man den ersten Abschnitt der Präambel des Internationalen Code der Botanischen Nomenklatur zu beherzigen versucht.

Orchis anatolica Boiss.
Anatolisches Knabenkraut

Synonyme:
Orchis rariflora K.Koch

Diagnose: Blüten groß, locker stehend, weiß bis rot gefärbt, Mittelteil der Lippe mit dunkelrot punktierten Linien. Sporn lang, aufwärts gerichtet, zur Spitze hin dünn auslaufend. Stengel nach oben intensiv rot überlaufen. Blätter stets gefleckt.

Habitat: steinige Hänge, lückige Phrygana, in offenem Gelände.

Hybriden: mit *Orchis pauciflora, Orchis prisca,* Hybridschwärme mit *Orchis quadripunctata.*

Verwechslung: mit *Orchis sitiaca,* die einen noch lockereren Blütenstand besitzt, Lippen stärker geteilt, Sporn erheblich länger und Grün der Sepalen intensiver. Problematisch ist die Trennung von den Hybridschwärmen mit *Orchis quadripunctata.*

Blütezeit: Ende III - Mitte IV

Datenbasis: 746 Meldungen.

Bemerkungen: Funde auf Karpathos und Kasos sind zweifelsfrei *Orchis anatolica* zuzuordnen. Dagegen sind vor allem ältere Angaben für Kreta häufig zweifelhaft, weil nicht zwischen *Orchis sitiaca* bzw. Hybridschwärmen mit *Orchis quadripunctata* differenziert wurde. In Ostkreta treten gelegentlich Einzelexemplare in Hybridschwärmen und kleinere, reine Populationen auf, z.B. um 600-700 m Höhe im Bereich der westlichen Auffahrt nach Thripti. Da die Viel-

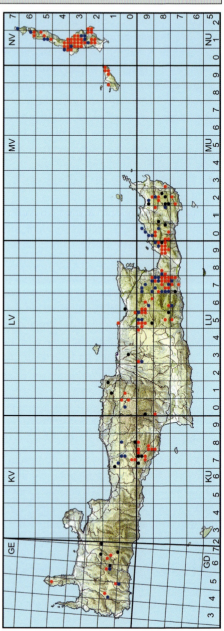

Abb. 387: Volada (KP), 2.4.1998

Abb. 388: Lastos (KP), 27.3.2001

zahl der Funde nicht überprüfbar war, gibt die Verbreitungskarte für Kreta viele Angaben wieder, die entweder *Orchis sitiaca* oder Hybridschwärme mit *Orchis quadripunctata* betreffen. Westlich der Dikti kommt *Orchis anatolica* nach unseren Erkenntnissen mit Ausnahme eines sicheren Fundes auf der Rhodopou-Halbinsel nicht vor.

Abb. 389: Lastos (KP), 27.3.2001

Abb. 390: Ag. Mamas (KA), 22.3.2001

Abb. 391: Lastos (KP), 27.3.2001

Abb. 392: Ag. Mamas (KA), 22.3.2001

Abb. 393: Orino (KR), 14.4.1992

Orchis quadripunctata Cirillo ex Ten.
Vierpunkt-Knabenkraut

Synonyme:
Orchis hostii Tratt.

Diagnose: in typischer Form unverwechselbar. Blüten meist klein, rot bis weiß gefärbt (besonders oft in Populationen auf Höhen oberhalb 1200 m). Sepalen und Petalen einfarbig, Lippe schwach bist deutlich dreilappig, alle Lappen annähernd gleich groß. Sporneingang meist heller gefärbt, dort befinden sich auch die dunkelroten, namengebenden 4 Flecken, Vorderteil der Lippe ungefleckt. Sporn sehr dünn, fadenförmig auslaufend, waagerecht bis abwärts gerichtet. Laub intensiv grün, schwarz gefleckt.

Habitat: bis über 1300 m, steinige Gebiete, an steinigen Böschungen, in Felsspalten, nur auf basischem Untergrund, häufig zusammen mit *Orchis pauciflora*.

Hybriden: mit *Orchis pauciflora* und *Orchis sitiaca*, Hybridschwärme mit *Orchis anatolica*.

Verwechslung: zur sicheren Differenzierung von allen anderen Sippen der Gruppe kann am ehesten der dünne, meist nach unten gerichtete Sporn sowie die kleine Lippe mit 3 gleich großen Lappen dienen.

Blütezeit: Ende III - Mitte V

Datenbasis: 819 Meldungen.

Bemerkungen: bei Funden östlich Thripti dürfte es sich ausschließlich um Hybridschwärme aus *Orchis anatolica* und *Orchis quadripunctata* handeln.

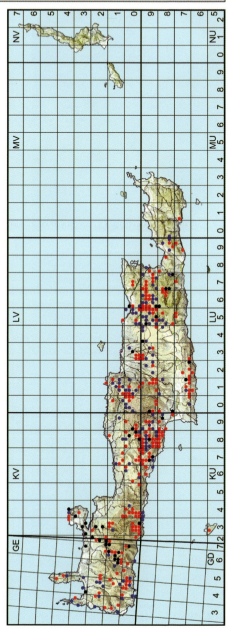

Abb. 394: Melambes (KR), 12.4.1992

Abb. 395: Melambes (KR), 2.4.1994 - Rücken des Bouvala

Abb. 396: Melambes (KR), 2.4.1994 - Abhang des Bouvala mit Blick auf den Psiloritis

Abb. 397: Imbros-Paß (KR), 12.4.2000

Abb. 398: Omalos (KR), 10.5.1997

Abb. 399: Kamares (KR), 10.4.1992

Abb. 400: Saktouria (KR), 29.3.1994

Orchis sitiaca (Renz) Delforge
Sitia-Knabenkraut

Synonyme:
Orchis anatolica subsp. *sitiaca* Renz

Diagnose: meist sehr lockerer Blütenstand mit großen Blüten. Sporn besonders groß und kräftig, am Ende stark nach oben gebogen und dünner werdend, aber stumpf endend. Lippe stark geteilt, Seitenlappen nach unten gebogen, Lippe dadurch in der Aufsicht schmal wirkend, in der helleren, oft etwas gelblichen Mitte mit zwei parallelen Linien aus dunkelroten Punkten. Sepalen innen intensiv grün gestreift. Sehr charakteristisches Laub, nur klein und dunkel gefleckt, aber mit auffälliger, grausilbrig überlaufener Grünfärbung.

Habitat: Wiesenflächen auf saurem Untergrund, besonders häufig auf oberflächlich versauernden Böden, z.B. über Serpentin, in wiesiger Phrygana, bis oberhalb 1300 m.

Hybriden: mit *Orchis pauciflora*, *Orchis provincialis*, *Orchis quadripunctata*, die beschriebene Hybride mit *Orchis collina* ist zweifelhaft.

Verwechslung: allenfalls mit *Orchis anatolica* möglich, Unterscheidung kann aber bereits an der Laubfärbung erfolgen, die bei typischen Exemplaren unverwechselbar ist. Allerdings treten häufig abweichende Formen auf (z.B. Abb. 406), was vielleicht dafür spricht, daß die Art eine gewisse genetische Instabilität aufweist.

Blütezeit: Anfang IV - Anfang V

Datenbasis: 122 Meldungen.

Abb. 401: Melambes (KR), 13.4.1994

Abb. 402: Vatos (KR), 20.4.1993

Abb. 403: Vatos (KR), 20.4.1994

Abb. 405: Nithavris (KR), 15.4.1992

Abb. 404: Vatos (KR), 19.4.2000

Abb. 406: Vatos (KR), 12.4.2000

Orchis boryi Rchb.f.
Borys Knabenkraut

Synonyme:
Orchis morio subsp. *boryi* (Rchb.f.) Soó
Anacamptis boryi (Rchb.f.) R.M.Bateman, Pridgeon & M.W.Chase

Diagnose: von oben nach unten aufblühend, sonst an *Orchis morio* erinnernd. Sepalen innen grünlich gestreift. Lippe rundlich, meist nur angedeutete Seitenlappenteilung, am Rand dunkler gefärbt als im Zentrum, hier einige unregelmäßige dunkle rotviolette Flecken. Lippengrundfarbe dunkel rotviolett, selten rosa oder weiß. Laubblätter ungefleckt, Stengel oben rot überlaufen. Pflanze um 20 cm, gelegentlich auch bis 40 cm hoch.

Habitat: oberflächlich versauernde Gebiete mit wiesigem Charakter, oft zusammen mit *Orchis sitiaca*.

Hybriden: sehr selten mit *Orchis laxiflora*, häufiger mit *Orchis papilionacea* subsp. *heroica*.

Verwechslung: durch die Aufblühfolge kaum zu verwechseln, sonst *Orchis morio* ähnlich, die auf Kreta nicht vorkommt. Sporn deutlich dünner als bei dieser, waagerecht, dem Fruchtknoten anliegend. *Orchis laxiflora* hat eine ähnliche Blütenfarbe, kommt auch nicht selten zusammen mit *Orchis boryi* vor. Bei *Orchis laxiflora* ist der Sporn kräftig und lang, nach oben gebogen, Lippe mit nach unten geschlagenen Seitenlappen.

Blütezeit: Anfang IV - Anfang V
Datenbasis: 183 Meldungen.

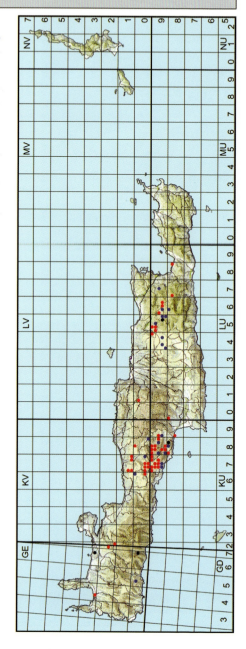

Abb. 407: Vatos (KR), 13.4.2000

Abb. 408: Vatos (KR), 20.4.2000

Abb. 409: Vatos (KR), 13.4.2000

Abb. 410: Ag. Ioannis (KR), 4.4.1993

Abb. 411: Vatos (KR), 20.4.1993

Abb. 412: Ag. Ioannis (KR), 4.4.1993

Abb. 413: Vatos (KR), 13.4.2000

Orchis collina BANKS & SOL. ex RUSSELL
Hügel-Knabenkraut

Synonyme:
Orchis saccata TEN.
Orchis fedtschenkoi CZERNIAK.
Orchis leucoglossa O.SCHWARZ
Anacamptis collina (BANKS & SOL. EX RUSSELL) R.M.BATEMAN, PRIDGEON & M.W. CHASE

Diagnose: hellgrüne, leicht glänzende, ungefleckte Blätter, Blüten grünlich weiß bis dunkel rosarot, Lippe rundlich, ungeteilt, in der Mitte meist mit dunklerer Zeichnung, kurzer, dikker, sackförmiger Sporn.

Habitat: Phrygana, Wiesenflächen, Trockenwiesen, in offenem Gelände.

Hybriden: zweifelhaft mit *Orchis sitiaca* und *Orchis prisca*. JAHN & SCHÖNFELDER (1995) erwähnen Hybride mit *Serapias lingua*.

Verwechslung: kaum möglich, da einzige *Orchis* mit sackförmigem Sporn.

Blütezeit: I-II, Mitte III-Anfang IV

Datenbasis: 914 Meldungen.

Bemerkungen: im Gegensatz zur Seltenheit in anderen Gebieten ist sie auf Kreta eine der häufigsten *Orchis*-Arten, besonders in den Lagen zwischen 400-800 m. Sie zeigt ein eigenartiges Blühverhalten: schon Ende Februar sind die zierlichen Pflanzen in den küstennahen Regionen verblüht, in höher gelegenen Wuchsorten beginnt dann Mitte März die Hauptblüte. Morphologisch bestehen zwischen den Pflanzen außer der Größe keine Unterschiede.

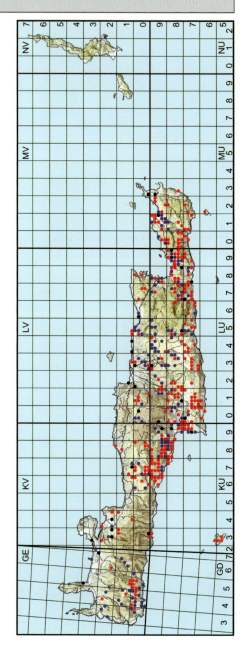

Abb. 414: Goudouras (KR), 6.4.1993

Abb. 415: Melambes (KR), 12.4.1992

Abb. 417: Goudouras (KR), 6.4.1993

Abb. 416: Saktouria (KR), 29.3.1994

Abb. 418: Saktouria (KR), 12.4.1992

Abb. 419: Saktouria (KR), 12.4.1992

Orchis fragrans POLLINI
Wanzen-Knabenkraut

Synonyme:
Orchis coriophora subsp. *fragrans* (POLLINI) SUDRE
Orchis cassidea M.BIEB.
Anacamptis coriophora subsp. *fragrans* (POLLINI) R.M.BATEMAN, PRIDGEON & M.W. CHASE

Diagnose: Perigonblätter bilden einen nach vorn zugespitzten Helm. Sporn dick und leicht nach unten gebogen. Lippe häufig nach hinten zum Sporn zurückgebogen, dunkel gefleckt, Grundfarbe hell grünlich bis dunkel rotbraun, sehr variabel. Pflanze meist zierlich, bis 30 cm hoch, häufig in Gruppen wachsend.

Habitat: in stark beweideten Gebieten, Phrygana, auf wechselfeuchten basischen Böden, bis 1200 m.

Hybriden: mit *Orchis sancta*.

Verwechslung: mit *Orchis sancta*, die aber größere, ungefleckte Blüten mit breiteren Seitenlappen hat. Schwierig ist die Unterscheidung der Blattrosetten von denen von *Anacamptis pyramidalis*.

Blütezeit: Anfang IV - Ende V

Datenbasis: 663 Meldungen.

Bemerkungen: einige Meldungen für die Verbreitungskarte betreffen nur Rosettenfunde, Verwechslungen mit *Anacamptis pyramidalis* sind möglich. Bemerkenswert sind Abb. 429 und 430, welche die Bestäubung durch eine riesige Dolchwespe (*Scolia latifrons* ?) dokumentieren.

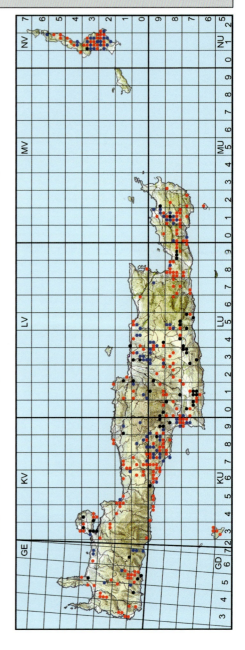

Abb. 420: Zaros (KR), 16.05.2001

Abb. 421: Katharo (KR), 22.5.2001

Abb. 422: Ag. Forokli (KP), 29.3.2001

Abb. 423: Katharo (KR), 22.5.2001

Abb. 424: Gerakari (KR), 17.5.2001

Abb. 425: Kerames (KR), 17.5.2001

Abb. 426: Gerakari (KR), 17.5.2001

Abb. 427: Paleohora (KR), 12.4.2001

Abb. 429: Kerames (KR), 17.5.2001

Abb. 428: Kerames (KR), 17.5.2001

Abb. 430: Kerames (KR), 17.5.2001

Orchis italica POIR.
Italienisches Knabenkraut

Synonyme:
Orchis longicruris LINK
Orchis undulatifolia BIV.

Diagnose: kräftige Pflanze mit typisch am Rand gewellten Rosettenblättern. Ähre kugelig bis eiförmig, Sepalen und Petalen einen leicht nach vorn geöffneten Helm bildend. Lippe dreigeteilt, Mittellappen an der Spitze nochmals dreigeteilt, die seitlichen Spitzen schmal, manchmal sehr schmal keilförmig in scharfe Spitzen auslaufend.

Habitat: häufige Art, manchmal in großen Beständen, wiesige Phrygana, auch im lichten Kiefernwald, auf basischem Grund bis 900 m.

Hybriden: mit *Aceras anthropophorum* auf Kreta und Karpathos nachgewiesen, fraglich mit *Orchis simia*.

Verwechslung: mit *Orchis simia*, mit der sie an einigen Fundorten in Massenbeständen gemeinsam vorkommt, ohne daß Übergänge zu finden wären. Bei *Orchis simia* sind die Lippenspitzen meist tief rot gefärbt und verschmälern sich nicht, sondern bleiben etwa gleich breit bis zum Ende, das abgerundet ist. Besonders charakteristisch für *Orchis italica* sind die gewellten, gefleckten Blätter, die bei *Orchis simia* breit oval, glattrandig und ungefleckt sind.

Blütezeit: Ende III - Ende IV
Datenbasis: 1422 Meldungen.

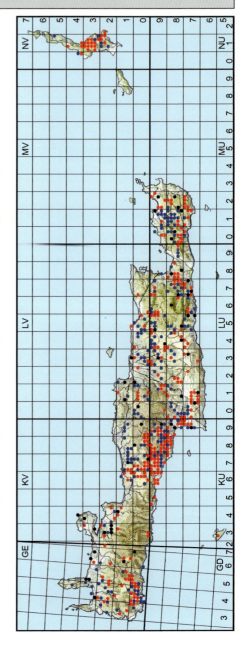

Abb. 431: Apella (KP), 29.3.2001

Abb. 432: Apella (KP), 29.3.2001

Abb. 433: Lastos (KP), 25.3.2001

Abb. 434: Spili (KR), 13.4.2000

Abb. 435: Gerakari (KR), 12.4.2001

Abb. 436: Mournies (KR), 11.4.2001

Abb. 437: Ag. Ioannis (KR), 15.4.1992

Abb. 438: Apella (KP), 29.3.2001

Abb. 439: Gerakari (KR), 13.4.2000

Orchis lactea POIR.
Milchweißes Knabenkraut

Synonyme:
Orchis acuminata DESF.
Orchis tenoreana GUSS.
Orchis hanrii JORD.
Neotinea lactea (POIR.) R.M.BATEMAN, PRIDGEON & M.W. CHASE

Diagnose: kleine, aber meist robuste Pflanze, Blütenstand kugelig bis eiförmig. Helm der Blüten geschlossen, die Spitzen nur minimal auseinander spreizend. Grundfarbe der Lippe meist gelblich-weiß, Lippe dreilappig mit breitem Mittellappen, an der Spitze nur angedeutet geteilt, breite Seitenlappen zur Seite hin abstehend. Perigon innen grünstreifig. Sporn kräftig, abwärts gerichtet, etwa so lang wie der Fruchtknoten.

Habitat: rasige Stellen in der Phrygana, Wiesenflächen, nur auf basischem Untergrund. Die auf Kreta recht häufige Pflanze ist auf Karpathos sehr selten und fehlt auf Kasos.

Verwechslung: mit *Orchis tridentata*, die im Gebiet aber viel weniger Blüten besitzt und den aus den Sepalen gebildeten Helm weiter öffnet. Außerdem sind die Spitzen der Sepalen bei *Orchis tridentata* länger ausgezogen und alle Lippenlappen enden in mehreren scharfen, fransenartigen Spitzen. Schwierig kann die Differenzierung von Hybriden mit *Orchis tridentata* sein.

Hybriden: mit *Orchis tridentata*.
Blütezeit: Ende II - Anfang IV
Datenbasis: 565 Meldungen.

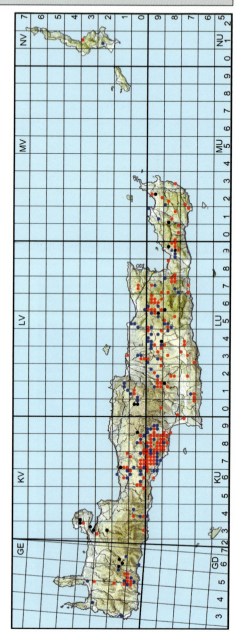

Abb. 440: Gerakari (KR), 10.4.1992

Abb. 441: Melambes (KR), 12.4.1992

Abb. 442: Melambes (KR), 12.4.1992

Abb. 443: Gerakari (KR), 3.4.1994

Abb. 444: Kerames (KR), 20.4.1994

Abb. 445: Akoumia (KR), 10.4.1992

Abb. 446: Vatos (KR), 9.4.1994

Orchis laxiflora LAM.
Lockerblütiges Knabenkraut

Synonyme:
Orchis palustris var. *laxiflora* FRIEDR.
Orchis ensifolia VILL.
Anacamptis laxiflora (LAM.) R.M.BATEMAN, PRIDGEON & M.W. CHASE

Diagnose: stattliche, kräftige Pflanze, bis über 50 cm hoch. Steif aufrechte Blätter, rinnig nach oben stehend. Blütenfarbe tief rotviolett, nur Lippenzentrum weiß kontrastiert, diese weißen Fläche manchmal fein punktiert. Lippe an der Spitze eingezogen, Seiten nach hinten unten geschlagen. Sporn groß, aufwärts gerichtet. Gelegentlich treten Farbabweichungen mit rosa oder weißen Blüten auf.

Habitat: auf Feuchtbiotope angewiesen: feuchte Wiesengebiete, Bachränder, quellige Stellen in terrassiertem Gelände, auch in salzbeeinflußten Küstensümpfen, z.B. bei Frangokastello. Nur in offenem Gelände und auf basischem Untergrund. Durch anthropogene Einflüsse ist sie an manchen alten Fundorten stark zurückgegangen.

Hybriden: mit *Orchis boryi*.

Verwechslung: *Orchis boryi* besitzt eine ähnliche Blütenfarbe, ist aber als Pflanze kleiner und hat völlig anderes Blattwerk. Der Sporn ist viel kürzer und waagerecht bzw. abwärts gerichtet, die Lippe ist flächig und nicht zusammengefaltet.

Blütezeit: Anfang IV - Ende IV
Datenbasis: 399 Meldungen.

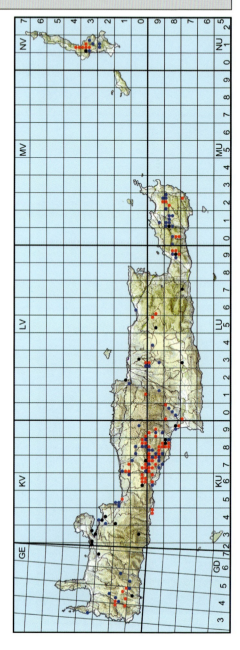

Abb. 447: Spili (KR), 13.4.2000

Abb. 448: Spili (KR), 13.4.2000

Abb. 450: Dris (KR), 10.4.2001

Abb. 449: Apella (KP), 29.3.2001   Abb. 451: Lastos (KP), 26.3.2001

Abb. 452: Spili (KR), 15.4.2000

Orchis morio L.
Kleines Knabenkraut, Salep-Knabenkraut
im Gebiet kommt nur subsp. *picta* LOISEL. vor

Synonyme:
Orchis morio var. *picta* (LOISEL.) RCHB.f.
Anacamptis morio (L.) R.M.BATEMAN,
PRIDGEON & M.W. CHASE

Diagnose: zierliche Pflanze mit ungefleckten Blättern und lockerem Blütenstand aus meist nur wenigen Blüten. Helm innen grünstreifig. Lippe schwach dreilappig, Seitenlappen nach hinten geschlagen, dunkel rotviolett, in der weißlich gefärbten Mitte meist dunkel gefleckt, selten ungefleckt. Sporn etwa so lang wie der Fruchtknoten, gerade oder nur schwach aufwärts weisend.

Habitat: Wiesenflächen, kommt auf Kreta nicht vor und wird hier durch *Orchis boryi* ersetzt. Von Karpathos gibt es Meldungen über 2 Fundstellen, die in den letzten Jahren aber nicht mehr bestätigt werden konnten, wahrscheinlich ist das Vorkommen unstet.

Hybriden: im Gebiet keine bekannt.

Verwechslung: mit *Orchis laxiflora*, die aber viel größer ist, die Blüten sind ungefleckt, die rinnigen Blätter steif aufrecht angeordnet. Nach hinten oben gerichtete seitliche Sepalen und gefleckte Blätter unterscheiden die Arten der *Orchis anatolica*-Gruppe von *Orchis morio* subsp. *picta*. *Orchis boryi* unterscheidet sich hauptsächlich durch die von oben nach unten verlaufenden Aufblühfolge.

Blütezeit: Ende III - Ende IV (?)

Datenbasis: 3 Meldungen.

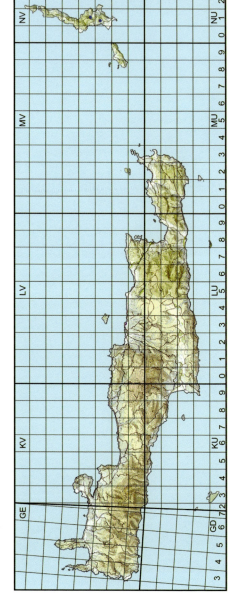

Abb. 453: Ekklisei (Nordgriechenland), 8.4.1997

Orchis palustris Jacq.
Sumpf-Knabenkraut
im Gebiet kommt nur var. *robusta* Stephenson vor

Synonyme:
Orchis robusta (Stephenson) Gölz & H.R.Reinhard
Anacamptis palustris (Lam.) R.M.Bateman, Pridgeon & M.W. Chase

Diagnose: kräftige Pflanze, bis über 90 cm hoch. Steif aufrechte Blätter, rinnig nach oben stehend. Blüten rosa bis rotviolett mit hellerem Lippenzentrum, Seitenlappen der Lippe nicht umgeschlagen, sondern flächig stehend mit kurzem, vorstehendem Mittellappen. Sporn kürzer als der Fruchtknoten, leicht aufwärts gerichtet. Die Blüten der kretischen Pflanzen sind kleiner als bei der Stammart, wie sie z.B. in Mitteleuropa vorkommt, die Blütenstände dafür aber viel reichblütiger.

Habitat: Küstensümpfe, durch anthropogene Einflüsse stark geschwunden. Von den bekannten Fundorten ist wahrscheinlich nur noch einer aktuell besetzt, auch dieser ist durch den vorrückenden Tourismus stark gefährdet. Die alte Angabe bei Frangokastello beruht möglicherweise auf einer Verwechslung mit *Orchis laxiflora*, die hier in den an der Küste noch bestehenden Restsümpfen zwischen diversen Hotelbauten vorkommt.

Hybriden: auf Kreta keine bekannt.

Verwechslung: *Orchis laxiflora* ist etwas zierlicher, die Blüten sind viel dunkler und tragen einen langen Sporn.

Blütezeit: Mitte IV - Mitte V

Datenbasis: 22 Meldungen.

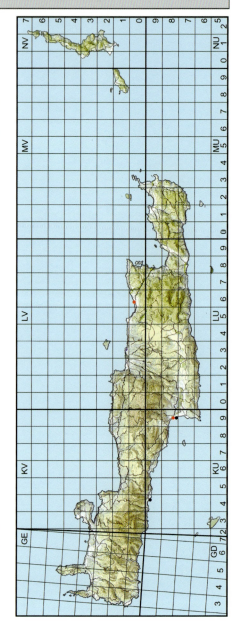

Abb. 454: Malia (KR), 14.4.2001   Abb. 455: Malia (KR), 14.4.2001

Abb. 456: Malia (KR), 14.4.2001

Bemerkungen: die in sich einheitliche Population der kretischen Pflanzen ist in der Kombinaton ihrer morphologischen Merkmale einzigartig. Mit den westmediterranen Pflanzen haben sie lediglich die Robustheit gemein, die Blüten sind hingegen deutlich kleiner. Hierin erinnern sie an die ostmediterrane *Orchis dinsmorei*, von der sie sich aber durch die Blütenfarbe unterscheiden.

Abb. 457: Abb. Malia (KR), 9.4.2001

Abb. 458: Malia (KR), 13.5.2001

Abb. 459: Malia (KR), 14.4.2001

Orchis papilionacea L.
Schmetterlings-Knabenkraut

Synonyme:
Orchis rubra JACQ. in MURRAY
Orchis decipiens TOD.
Orchis expansa TEN.
Anacamptis papilionacea (L.) R.M. BATEMAN, PRIDGEON & M.W.CHASE

Orchis papilionacea tritt in ihrem Verbreitungsgebiet in verschiedenen lokalen, sich unterscheidenden Sippen auf, die meist als Unterarten aufgefaßt werden.
Ostmediterran dominiert die kleinwüchsige, aber großblütige *Orchis papilionacea* subsp. *heroica*, die in der Ägais bis in die Sudwestturkei siedelt. In Nordgriechenland und in der Nordtürkei wird sie durch die kleinblütige *Orchis papilionacea* subsp. *rubra* ersetzt, während an der Levante *Orchis papilionacea* subsp. *schirwanica* mit intensiver gezeichneten Blüten und grünlichen Sepalen auftritt. Auf Kreta zeigt *Orchis papilionacea* subsp. *heroica* ein auffälliges Blühverhalten. In den Tieflagen beginnt sie schon Anfang Februar zu blühen, in den höheren Lagen um 800 m dagegen erst Ende März. Außerdem neigen die Pflanzen dazu, am gleichen Wuchsort nacheinander in mehreren „Wellen" aufzublühen. Sie besiedelt häufig frische, wiesige Gebiete.
In der Blütezeit nochmals deutlich später, etwa zeitgleich mit *Anacamptis pyramidalis* und *Orchis fragrans* blühend, findet sich vor allem in Trokkenwiesengebieten eine weitere Sippe. Sie ist sehr schlank und hochwüchsig und besitzt Blüten von der

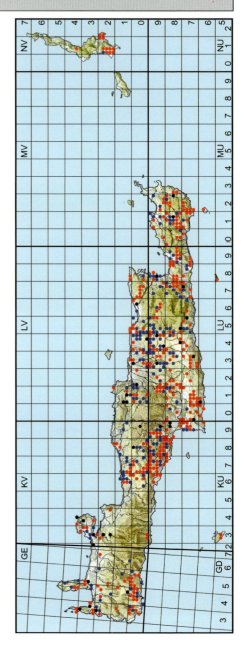

Abb. 460: subsp. *heroica* - Festos (KR), 25.2.2001

Abb. 461: subsp. *alibertis* - Ag. Ioannis (KR), 18.4.2000

Größe der nordmediterranen *Orchis papilionacea* subsp. *rubra*, während die Zeichnung eher einer sehr kleinblütigen *Orchis papilionacea* subsp. *heroica* gleicht. Diese auffällige Sippe, die schon bei ALIBERTIS (1997) als bemerkenswerte Abweichung von *Orchis papilionacea* subsp. *heroica* erwähnt und abgebildet wird, ist kürzlich (KRETZSCHMAR 2001) als subsp. *alibertis* neu beschrieben worden. Übergangsformen zwischen den beiden Sippen wurden auf Kreta bislang nicht gefunden.

Datenbasis: 1131 Meldungen (ohne Unterscheidung von Unterarten).

Abb. 462: subsp. *alibertis* - Miamou (KR), 14.4.2000

Orchis papilionacea L.
subsp. *alibertis* G. & H.KRETZSCHMAR
Alibertis Schmetterlings-Knabenkraut

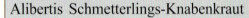

Synonyme: -

Diagnose: hochwüchsige, wenigblütige Pflanze, vom Habitus an eine sehr schlanke *Orchis papilionacea* subsp. *rubra* erinnernd. Blütenlippen deutlich kleiner als bei *Orchis papilionacea* subsp. *heroica*, um 10 mm im Durchmesser, Lippenränder nach oben weisend, Lippe dadurch schaufelförmig. Lippengrundfärbung weiß, von rotvioletten, strahlenförmig von der Lippenbasis zum Rand verlaufenden Punkt- und Strichlinien durchzogen. Perigonblätter über der Griffelsäule relativ eng zusammengeneigt, Sepalen mit intensiv dunkelrosa Grundfärbung, die von rotvioletten Streifen durchzogen wird. Blütenanzahl der Ähre gering, weniger als 8. Blätter der Rosette zur Blütezeit schon deutlich verwelkt.

Habitat: Trockenwiesengebiete, Phrygana, aufgelassene Olivenhaine, auf basischem Untergrund.

Hybriden: keine bekannt.

Verwechslung: allenfalls mit der frühblütigen *Orchis papilionacea* subsp. *heroica* möglich, durch Habitus und Blütengröße aber deutlich unterschieden.

Blütezeit: Mitte IV - Anfang V

Datenbasis: 9 Meldungen.

Bemerkungen: Wahrscheinlich erheblich weiter verbreitet, bislang aber nicht von subsp. *heroica* unterschieden.

Abb. 463: Ag. Ioannis (KR), 18.4.2000

Abb. 464: Typusexemplar - Ag. Ioannis (KR), 16.4.2000

Abb. 465: Miamou (KR), 15.4.2000

Orchis papilionacea L. subsp. *heroica* (E.D.CLARKE) H.BAUMANN
Heroisches Schmetterlings-Knabenkraut

Synonyme:
Orchis heroica E.D.CLARKE
Orchis papilionacea var. *heroica* (E.D.CLARKE) DELFORGE

Diagnose: niedrigwüchsige, kräftige Pflanze mit meist kugeligem Blütenstand. Sepalen und Petalen dunkler als die Lippe, dunkelrot gestreift, einen lockeren, geöffneten Helm bildend. Lippe ungeteilt, am Rand oft gewellt, Grundfärbung in allen Farbschattierungen von weiß bis rosa, dunkelrot gestreift, Durchmesser bis über 20 mm. Sporn kräftig, abwärts gerichtet, etwa so lang wie der Fruchtknoten. Blütenstand mit bis zu 15 Blüten. Zur Blütezeit Blattrosette in der Regel noch völlig grün.

Habitat: Phrygana, trockene Wiesen, in offenem Gelände, auch im lichten Kiefernwald. Wächst oft in Gruppen, nur auf basischem Untergrund.

Hybriden: mit *Orchis boryi*.

Verwechslung: nur mit *Orchis papilionacea* subsp. *alibertis* möglich, durch den Habitus und die größeren, zahlreichen Blüten unterschieden.

Blütezeit: Anfang II - Anfang IV

Datenbasis: 545 Meldungen.

Bemerkungen: die Pflanze wächst häufig in stark beweideten Gebieten, wo dann naturgemäß viele Pflanzen abgefressen werden, dadurch neigt sie stark zur Büschelbildung. Relativ geschützt steht sie vor allem in der Umgebung von Dornsträuchern (vgl. Abb. 468).

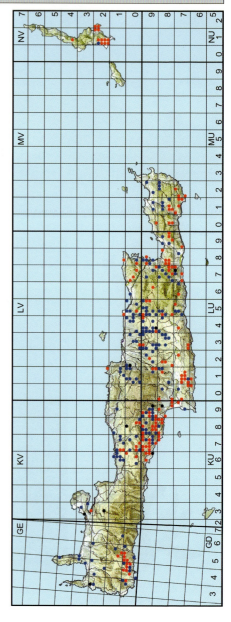

Abb. 466: Saktouria (KR), 27.2.1996

Abb. 467: Festos (KR), 26.2.1996

Abb. 468: Festos (KR), 26.2.1996

Abb. 469: Kerames (KR), 20.4.1993

Abb. 470: Perivolakia (KR), 7.4.1993

Abb. 471: Vatos (KR), 27.2.1996

Abb. 472: Messeleri (KR), 10.4.1993

Orchis pauciflora TEN.
Wenigblütiges Knabenkraut

Synonyme:
Orchis provincialis subsp. *pauciflora* (TEN.) ARCANG.

Diagnose: meist kleine, wenigblütige Pflanze mit ungefleckten Rosettenblättern. Blüten mit 2 verschiedenen Gelbtönen: Lippe dunkler, intensiv gelb, übrige Perigonblätter hellgelb. Blüten sehr groß mit langem, kräftigem, nach oben gebogenem Sporn. Lippe nur angedeutet dreilappig und mit nach unten gefalteten Seiten, in der Seitenansicht keine oder eine nur flach gebogene Rundung bildend, in der Mitte mit feinen roten Punkten, am Sporneingang bei frischen Blüten häufig intensiv grün.

Habitat: felsige Gebiete, Abbruchkanten, seltener auch in rasiger Phrygana, meist in offenem Gelände, auch an lichten Stellen im Wald. Nur auf basischem Untergrund, geht bis über 1300 m, wodurch die Blütezeit ziemlich ausgedehnt ist.

Hybriden: mit *Orchis quadripunctata, Orchis sitiaca*.

Verwechslung: mit *Orchis provincialis*, die kleinere, viel hellere Blüten hat, ihre Rosettenblätter sind intensiv schwarz gefleckt. Gelbblütige Exemplare von *Dactylorhiza romana* besitzen eine gänzlich anders gestaltete Rosette aus schmalen, langen Blättern.

Blütezeit: Mitte III - Anfang V

Datenbasis: 523 Meldungen.

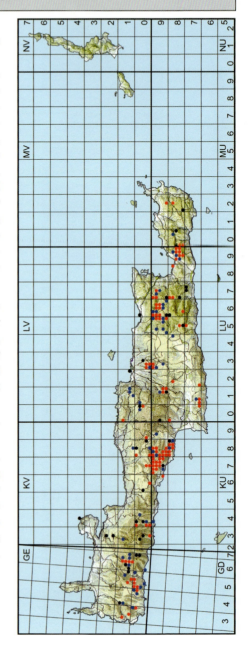

Abb. 473: Melambes (KR), 1.4.1994

Abb. 474: Gerakari (KR), 17.4.2000

Abb. 475: Prodromi (KR), 9.4.2000

Abb. 476: Saktouria (KR), 12.4.1992

Abb. 477: Akoumia (KR), 12.4.1992

Abb. 478: Vatos (KR), 12.4.1992

Abb. 479: Saktouria (KR), 12.4.1992

Orchis prisca HAUTZ.
Kreta-Knabenkraut

Synonyme:
Orchis patens subsp. *nitidifolia* TESCHNER
Orchis patens subsp. *falcicalcarata* WILDH.

Diagnose: Pflanze der Bergregionen. Glänzende, ungefleckte Blätter, Blütenstengel kräftig rot überlaufen. Blüten mit kurzem Sporn, nur etwa 1/2 so lang wie der Fruchtknoten. Seitliche Sepalen im Zentrum intensiv grün, häufig dunkelrot punktiert, die Ränder rosarot, zur Seite abstehend. Mittleres Sepalum und Petalen neigen über der Griffelsäule zusammen und bilden einen Helm. Lippe rosa mit hellerem Zentrum, dunkelrot punktiert, dreilappig, Seitenlappen nach unten geschlagen.

Habitat: lichter Kiefernwald, buschige Phrygana, besonders häufig über Geschieberinnen, auf basischem Untergrund von 800 - 1500 m.

Hybriden: mit *Orchis anatolica*, fraglich mit *Orchis collina*.

Verwechslung: nur mit den genannten Hybriden, die meist auch die Grünzeichnung in den Sepalen tragen, wenngleich weniger ausgeprägt. Hier ist die Spornlänge ein entscheidendes Kriterium, welche bei Hybriden erheblich länger als 1/2 Fruchtknoten ist. Außerdem ist das ungefleckte, glänzende Blattwerk sehr charakteristisch.

Blütezeit: Ende IV - Ende V
Datenbasis: 112 Meldungen.

Abb. 480: Orino (KR), 8.5.1997

Abb. 481: Orino (KR), 8.5.1997

Abb. 482: Südwesthang des Afendis, Thripti (KR), 17.5.2001 - Biotop mit *Orchis prisca*

Abb. 483: Epano Simi (KR), 15.5.2001

Abb. 484: Thripti (KR), 9.5.1997

Abb. 485: Thripti (KR), 17.5.2001

Abb. 486: Thripti (KR), 9.5.1997

Orchis provincialis BALB. ex LAM. & DC.
Provence-Knabenkraut

Synonyme:
Orchis leucostachys GRISEB.
Orchis cyrilli TEN.

Diagnose: Rosettenblätter intensiv schwarz gefleckt. Blüten hellgelb, nur Lippenzentrum dunkler gelb. Kräftiger, langer, nach oben gebogener Sporn. Lippe leicht dreilappig, Seitenlappen stark nach unten geschlagen, Lippe in der Seitenansicht eine stark nach unten gebogene Rundung bildend (Schafsnase), in der Mitte mit feinen roten Punkten.

Habitat: buschige Phrygana, in offenem Gelände, in Westkreta auch in lichten Flaumeichenwäldern, nur auf bodensaurem Untergrund, in Höhen von 600 - 1400 m.

Hybriden: mit *Orchis sitiaca*.

Verwechslung: die gefleckblättrige Rosette und die hellgelbe Blütenfarbe macht die Art unverwechselbar, dadurch unterschieden von der großblütigen *Orchis pauciflora* und von gelbblütiger *Dactylorhiza romana*.

Blütezeit: Ende III - Ende IV

Datenbasis: 43 Meldungen.

Bemerkungen: im Rahmen der Kartierung wurden zahlreiche neue Wuchsorte gefunden, nicht nur in Westkreta, sondern auch sehr stattliche Populationen in Zentralkreta, wo sie auf oberflächlich versauertem Serpentin wächst. In Ostkreta und auf Karpathos gibt es dagegen nur sporadische Funde.

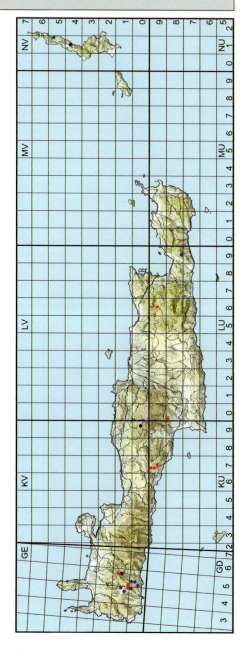

Abb. 487: Vatos (KR), 9.4.2001

Abb. 488: Vatos (KR), 20.4.1993 - artenreiches Biotop mit Blick auf den Kedros

Abb. 489: Vatos (KR), 20.4.1993 - vergesellschaftet mit *Orchis boryi*

Abb. 490: Vatos (KR), 20.4.1993

Abb. 492: Vatos (KR), 12.4.2001

Abb. 491: Vamvakades (KR), 9.4.2001

Abb. 493: Vamvakades (KR), 9.4.2001

Orchis sancta L.
Heiliges Knabenkraut

Synonyme:
Orchis coriophora subsp. *sancta* (L.) Hayek
Anteriorchis sancta (L.) E.Klein & Strack
Anacamptis sancta (L.) R.M.Bateman, Pridgeon & M.W.Chase

Diagnose: nah verwandt mit *Orchis fragans*, aber Blüten erheblich größer. Blätter zur Blütezeit fast immer vertrocknet. Blüten rosarot bis weiß, Lippe ungefleckt. Sporn dick, zum Ende verjüngt, abwärts gerichtet, meist nach vorn gebogen. Lippe dreiteilig, Seitenlappen am Rand deutlich gebuchtet. Sepalen und Petalen bilden einen geschlossenen Helm, der in einer scharfen, ausgezogenen Spitze ausläuft.

Habitat: buschige Phrygana, in offenem Gelände, Trockenwiesen.

Hybriden: mit *Orchis fragrans*.

Verwechslung: mit *Orchis fragrans*, besonders als Rosette, hier ist keine Unterscheidung möglich. Hybriden sind sehr häufig und leicht an den gegenüber *Orchis fragrans* größeren Blüten und den dann vorhandenen Flecken auf der Lippe zu erkennen.

Bemerkung: auf Kreta und Karpathos wurde sie nur an wenigen Stellen in kleinen Populationen an niedrig gelegenen, küstennahen Standorten gefunden.

Blütezeit: Ende IV - Ende V

Datenbasis: 15 Meldungen.

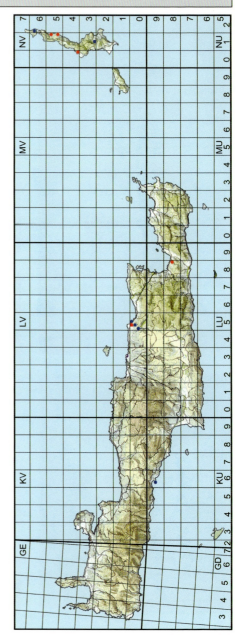

316

Abb. 494: Malia (KR), 23.04.2000, J. Claessens

Abb. 495: Malia (KR), 23.04.2000, J. Claessens

Abb. 496: Mesohori (KP), 4.5.2001,
C. Kreutz

Abb. 497: Malia (KR), 23.04.2000,
J. Claessens

Abb. 498: Malia (KR), 23.04.2000,
J. Claessens

Orchis simia LAM.
Affen-Knabenkraut

Synonyme:
Orchis macra LINDL.

Diagnose: stattliche Pflanze mit kräftiger Rosette aus glänzenden Blättern. Lippe an der Basis dreigeteilt, Mittellappen nochmals zweigeteilt, alle so entstehenden vier Zipfel etwa gleichgestaltet und bis zur Spitze gleich breit bleibend, meist dunkelrot gefärbt. Helm innen zart rosa gestreift, alle Sepalen und Petalen einschließend. Sehr charakteristische Aufblühfolge von oben nach unten.

Habitat: terrassierte Wiesen, in buschiger Phrygana, im Kiefernwald.

Hybriden: mit *Aceras anthropophorum* auf Kreta und auf Karpathos nachgewiesen. Fraglich mit *Orchis italica*.

Verwechslung: mit *Orchis italica*, die aber Blätter mit gewelltem Rand und nach vorn kontinuierlich schmaler werdende Blütenzipfel besitzt.

Blütezeit: Ende III - Ende IV

Datenbasis: 229 Meldungen.

Bemerkungen: lokal in großen Beständen auftretend. Sie blüht eher spät, nur in sehr tiefen Lagen, wie zum Beispiel am bekannten Burgberg von Festos, ist sie schon relativ früh blühend anzutreffen. Sie ist sonst aber eine Art der Lagen um 600 - 800 m, wo sie dann später in Blüte zu finden ist. Auf Karpathos ist sie in lichten Kiefernbeständen z.T. recht kleinwüchsig.

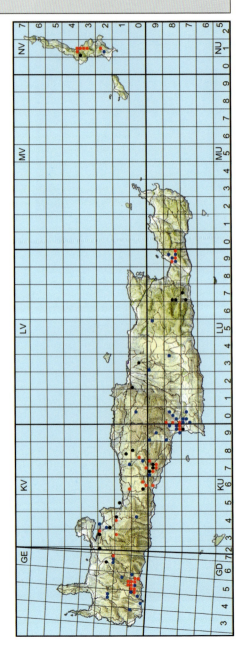

Abb. 499: Mournies (KR), 12.4.2001

Abb. 500: Mournies (KR), 12.4.2001

Abb. 501: Rodovani (KR), 9.4.2000

Abb. 502: Grigoria (KR), 12.4.1994

Abb. 503: Apella (KP), 28.3.2001

Abb. 504: Tsiskiana (KR), 9.4.2001

Abb. 505: Vatos (KR), 10.4.1993

Orchis tridentata Scop.
Dreizähniges Knabenkraut

Synonyme:
Orchis variegata All.
Neotinea tridentata (Scop.) R.M. Bateman, Prigeon & M.W.Chase

Diagnose: schlanke, zierliche Pflanze der höheren Lagen. In der Regel wenigblütig, Blüten locker, oft auffallend nach einer Seite ausgerichtet. Aus den Sepalen gebildeter Helm nicht geschlossen, sondern an der Spitze leicht geöffnet, so daß deren verlängerten Spitzen wie drei Zähne auseinander klaffen, was ihr den deutschen Namen gab. Lippengrundfarbe hellrosa bis weiß, mit einer dunkelvioletten Zeichnung aus Linien und Punkten versehen. Lippe im Umriß dreilappig, der größere Mittellappen endet an der Spitze nochmals in 2 kleinen Lappen. Alle Enden der Lippe tragen zusätzlich scharf ausgezogene Zipfel.

Habitat: meist im Schutz dorniger, steiniger Phryganabüsche in den stark beweideten Gebieten. Nur auf basischem Untergrund, bis über 1300 m.

Hybriden: nur mit *Orchis lactea*. Die bei Alibertis (1989: 156, Abb. 29) als Hybride mit Orchis anatolica abgebildete Pflanze ist eine *Orchis ×sezikiana*.

Verwechslung: mit *Orchis lactea*, die einen geschlossenen Helm trägt und mehr Blüten in dichter Ähre besitzt, deren Lippenränder nicht in Zipfeln auslaufen.

Blütezeit: Mitte IV - Mitte V
Datenbasis: 78 Meldungen.

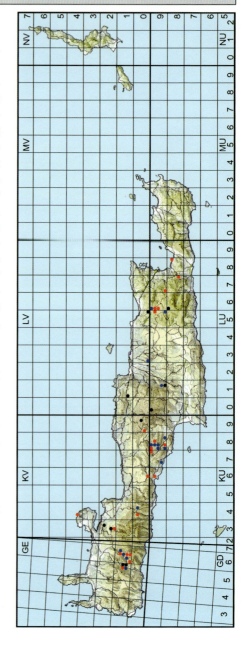

Abb. 506: Imbros-Paß (KR), 12.4.2000

Abb. 508: Imbros-Paß (KR), 12.4.2000

Abb. 509: Gerakari (KR), 12.4.2001

Abb. 507: Gerakari (KR), 12.4.2001

Bemerkungen: zwischen Spili und Gerkari kommen *Orchis lactea* und *Orchis tridentata* in größerer Zahl am gleichen Wuchsort vor. Wenngleich sie sich nur wenig in der Blütezeit überschneiden, kommt es hier zur Ausbildung einer Hybridsippe (vgl. S. 386), deren Blütezeit zwischen denen der Eltern liegt.

Abb. 510: Katharo (KR), 9.5.1997

Abb. 512: Omalos (KR), 13.5.1997

Abb. 511: Imbros-Paß (KR), 12.4.2000

Abb. 513: Gerakari (KR), 12.4.2001

Die Gattung *Serapias*

Diese Gattung steht genetisch der Gattung *Anacamptis* vergleichsweise nahe (siehe S. 51). Dies dürfte auch der Grund dafür sein, daß gelegentlich Hybriden zwischen Arten dieser beiden Gattungen beobachtet worden sind. Innerhalb der Gattung *Serapias* sind die genetischen Unterschiede sehr klein.

Die Variabilität aller Arten ist hoch. So neigt z.B. *Serapias bergonii* als eine der häufigsten Arten besonders zur Variation der Blütengröße. Diese können extrem klein sein, so daß solche Pflanzen früher häufig als *Serapias parviflora* gemeldet wurden. Die Verbreitungskarte dieser Art (S. 346) gibt daher mit Sicherheit eine große Zahl Falschmeldungen von kleinblütigen *Serapias bergonii* an relativ trockenen Standorten wieder. Die Abb. 515 - 517 zeigen deshalb speziell solche zierlichen, kleinwüchsigen Pflanzen, bei denen es sich eindeutig *nicht* um *Serapias parviflora* handelt.

Die Autogamie von *Serapias parviflora* führt dazu, daß selbst ganz frisch blühende Pflanzen schon kräftig angeschwollene Fruchtknoten besitzen. Dieser Umstand macht die Art unverwechselbar.

Zwei weitere Sippen sind ökologisch durch ihre Bindung an überwiegend bodensauren Untergrund relativ isoliert: *Serapias lingua* und *Serapias cordigera* subsp. *cretica*, wobei zwischen ihnen nicht selten Hybriden zu finden sind. Vielleicht ist die auf Kreta recht große Variabilität von *Serapias cordigera* subsp. *cretica*, die zu erheblichen Abweichungen von der Stammart führt, sogar auf Introgression von *Serapias lingua* zurückzuführen.

Abb. 514: Biotop mit *Serapias orientalis* am Strand von Ag. Marinas (KP), 28.3.2001

Abb. 515: Festos (KR), 19.4.2000

Abb. 516: Festos (KR), 19.4.2000

Abb. 517: Festos (KR), 19.4.2000

Auch die fünfte Art, *Serapias orientalis*, ist gut isoliert. Im Gegensatz zu den anderen Arten ist sie toleranter gegenüber Trockenheit und blüht früher. Die manchmal sehr individuenreichen Populationen besitzen ein großes Spektrum an Blütenfarben, die durch die großen Blüten besonders eindrucksvoll zur Geltung kommen.

Alle allogamen Arten werden durch Bienen bestäubt, die in den Blütenröhren die kalte Nacht überstehen, weil dort eine um mehrere Grad höhere Temperatur als in der Umgebung herrscht. Dabei werden Pollinien aufgenommen und übertragen (Abb. 529, 537, 543). Innerhalb einer Blütenröhre können dabei auch mehrere Bienen gleichzeitig zu finden sein.

Serapias bergonii E.G.Camus
Bergonis Zungenständel

Synonyme:
Serapias laxiflora Chaub.
Serapias hellenica Renz
Serapias cordigera subsp. *laxiflora* (Soó) H.Sund.
Serapias vomeracea subsp. *laxiflora* (Soó) Gölz & H.R.Reinhard

Diagnose: Blattrosette aus schmalen, rinnigen Blättern, den Blütenstengel unten einschließend. Stengel oberhalb der Blätter rotviolett überlaufen. Blüten um den Stengel im Winkel versetzt übereinander angeordnet, an der Basis des Fruchtknotens je ein braunviolettes Hochblatt entspringend, dieses in der Regel deutlich länger als die gesamte Blüte. Hinterer Teil der braunvioletten Lippe bildet mit den eng zusammenstehenden Sepalen und Petalen eine Röhre, aus der nach vorn und unten der Vorderteil der Lippe herausragt.

Habitat: in offenem Gelände, Wiesen, Gräben, gern an wechselfeuchten Stellen. Wächst auf basischem und leicht saurem Untergrund.

Hybriden: mit *Serapias lingua* und *Serapias orientalis*.

Verwechslung: die Blütengröße ist extrem variabel, kleinblütige Exemplare werden immer wieder mit *Serapias parviflora* verwechselt, die Allogamie von *Serapias bergonii* erlaubt aber eine einwandfreie Unterscheidung.

Blütezeit: Anfang IV - Ende V
Datenbasis: 1253 Meldungen.

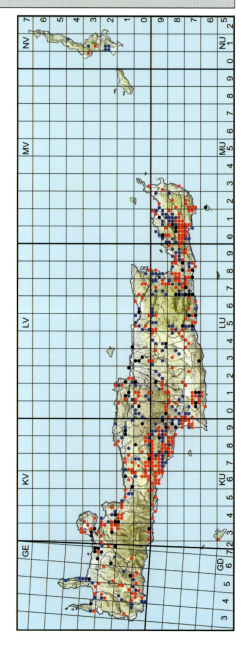

Abb. 518: Kamilari (KR), 11.4.2001

Abb. 520: Ag. Galini (KR), 14.4.2000

Abb. 519: Grigoria (KR), 15.4.2000

Abb. 521: Grigoria (KR), 15.4.2000

Abb. 522: Goudouras (KR), 11.4.1994   Abb. 523: Stavrohori (KR), 7.4.1993

Abb. 524: Ag. Ioannis (KR), 20.4.2000

Serapias cordigera L.
Herzlippiger Zungenständel
im Gebiet kommt nur subsp. *cretica* B. & H.Baumann vor

Synonyme:-

Diagnose: die feine, dunkelrote Strichelung unten am Stengelgrund ist ein charakteristisches Merkmal, das keine andere *Serapias*-Art aufweist (Abb. 526). Wenige, aufrechte Blätter hüllen den Stengel unten scheidig ein. Stengel kretischer Pflanzen oft zierlicher als bei der Stammart. Blüten fast so groß wie die von *Serapias orientalis*. Typisch und namensgebend ist der schmal bis breit herzförmig gestaltete Vorderteil der Lippe. Charakteristisch ist auch der kontrastiert hellere, rötlich hellgrau gefärbte, aus Sepalen und Petalen gebildete obere Teil der Blütenröhre. Lippe dunkel schwarz- bis braunrot, sehr selten heller, im Mittelteil lang borstig behaart. Seitenlappen des hinteren Lippenteils mehr oder weniger deutlich aus der Röhre nach vorn herausstehend.

Habitat: nur auf saurem Untergrund, in buschiger Phrygana, besonders im Gestrüpp aus *Sarcopoterium spinosum*.

Hybriden: mit *Serapias lingua*.

Verwechslung: mit den Hybriden zwischen *Serapias cordigera* und *Serapias lingua*, die eine hellere Blütenfarbe besitzen und statt zweier paralleler schmaler Schwielen am Grund der Lippe nur eine breite, aber gefurchte Schwiele tragen.

Blütezeit: Ende IV - Ende V

Datenbasis: 72 Meldungen.

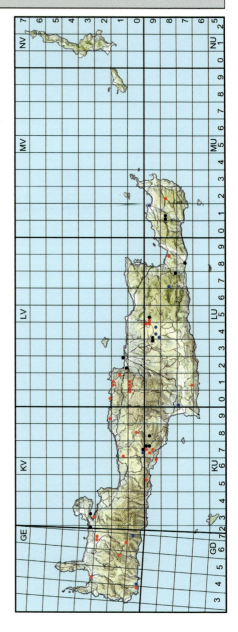

Abb. 525: Mournies (KR), 17.5.2001

Abb. 526: Sisarha (KR), 9.5.2001

Abb. 527: Mournies (KR), 17.5.2001

Abb. 528: Sisarha (KR), 9.5.2001

Abb. 529: Astiraki (KR), 9.5.2001

Abb. 530: Sisarha (KR), 9.5.2001

Abb. 531: Ag. Irini (KR), 10.5.2001

Abb. 532: Mournies (KR), 17.5.2001

Serapias lingua L.
Echter Zungenständel

Synonyme:
Serapias laxiflora var. *columnae* RCHB.f.
Serapias parviflora var. *columnae* (RCHB.f.) ASCH. & GRAEBN.
Serapias columnae (RCHB.f.) LOJAC.
Serapias excavata SCHLTR.

Diagnose: gelegentlich sehr kleine, zierliche Pflanze von nur 10 cm Höhe, aber auch kräftig, bis über 40 cm hoch, manchmal in sehr dichten Beständen. Blätter meist angedeutet zweizeilig angeordnet, in der Mitte nach oben gefaltet. Lippenfarbe hellrosa bis intensiv rot, manchmal auch gelb, Seitenlappen des hinteren Lippenteils intensiv dunkler gefärbt. Charakteristisch ist die am Grund der Blütenlippe liegende einfache, rundliche, dunkelrote Schwiele. Bei allen anderen Arten erscheinen statt dessen zwei parallele Wülste.

Habitat: Wiesen, wechselfeuchte Rinnen, Feuchtstellen in der Phrygana, Sukzessionsfolger, auf saurem oder zumindest versauertem Untergrund. Lokal häufig, aber recht sporadisch verbreitet.

Hybriden: mit *Serapias bergonii*, *Serapias cordigera* subsp. *cretica*.

Verwechslung: bei Beachtung der charakteristischen Schwiele am Lippengrund unverwechselbar, auch bei stark variierender Blütenfarbe. Hybriden mit *Serapias bergonii* sind manchmal schwer zu differenzieren.

Blütezeit: Anfang IV - Ende IV
Datenbasis: 386 Meldungen.

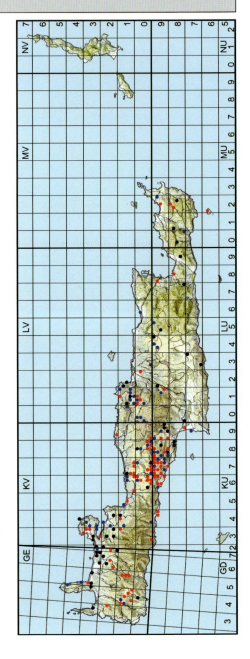

Abb. 533: Dris (KR), 10.4.2001

Abb. 534: Dris (KR), 10.4.2001

Abb. 535: Akrotiri-Chania (KR), 21.4.1992

Abb. 536: Angouseliana (KR), 10.4.2000

Abb. 537: Ag. Irini (KR), 10.5.2001

Abb. 538: Dris (KR), 10.4.2001

Abb. 539: Plemeniana (KR), 10.4.2001

Serapias orientalis (Greuter) H.Baumann & Künkele
Orientalischer Zungenständel
im Gebiet kommt nur subsp. *orientalis* vor

Synonyme:
Serapias vomeracea subsp. *orientalis* Greuter

Diagnose: Gestalt der Pflanze und Farbe der Blüten ungemein variabel, auf trockenem Untergrund sehr gedrungen bleibend, feuchter stehend auch mit länger gestrecktem Stengel. Blüten groß, Lippe bis über 5 cm lang, von tief dunkelbraunviolett bis völlig grünweiß. Helm aus Sepalen und Petalen häufig farbig zur Lippe abgesetzt. Lippenvorderteil nach vorn zugespitzt, verkehrt eiförmig, besonders im Knickbereich lang behaart. Seitenlappen nach außen weisend, dunkler gefärbt als die übrige Lippe, aus der Röhre heraustehend.

Habitat: Wiesengebiete, auf wechselfeuchtem Grund, Schwemmland, in voller Sonne, auf basischem Grund. Besonders auf Karpathos lokal häufig, auf Kreta im Osten häufiger als im Westen, siedelt bis 800 m Höhe.

Hybriden: mit *Serapias bergonii*.

Verwechslung: mit den anderen *Serapias*-Arten, aber durch die Größe der Blüten allein schon differenziert. Die Tragblätter überragen bei dieser insgesamt gedrungenen und kräftigen Art die Blüten nicht. Unverwechselbar sind die weit aus der Röhre heraustehenden Seitenlappen der Lippe.

Blütezeit: Ende III - Ende IV

Datenbasis: 831 Meldungen.

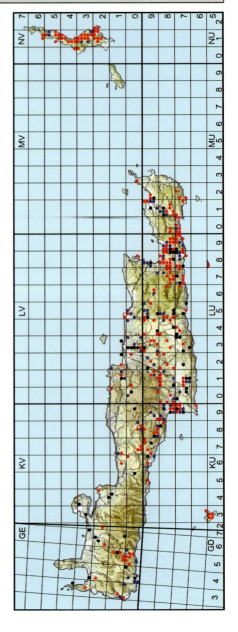

Abb. 540: Apella (KP), 29.3.2001

Abb. 542: Apella (KP), 29.3.2001

Abb. 541: Apella (KP), 29.3.2001

Abb. 543: Festos (KR), 14.4.2000

Abb. 544: Afendis oberhalb Ag. Ioannis (KR), 8.5.1997

Abb. 545: Kamilari (KR), 14.4.2000

Abb. 546: Kamilari (KR), 7.4.1993

Serapias parviflora Parl.
Kleinblütiger Zungenständel

Synonyme:
Serapias elongata Tod.

Diagnose: der kleinblütige Zungenstendel ist eine autogame Art, deren Blüten schon knospig oder im Öffnen einen deutlich verdickten, angeschwollenen Fruchtknoten zeigen. Aus dem Helm ragender Lippenteil sehr klein, unter 10 mm lang, meist stark nach hinten gebogen. Farbe der Lippe hellbraun bis manchmal fast gelblich-weiß. Helm aus Sepalen und Petalen bräunlich grau gefärbt, Seitenlappen des Lippenhinterteils völlig in dieser Röhre verborgen. Im Gegensatz zu den kleinen Blüten und wenigblütigen kurzen Blütenständen sind die Blätter sehr lang, fast das untere Ende des Blütenstandes erreichend.

Habitat: Wiesengebiete in offenem Gelände, auf versauertem oder auch auf salzbeeinflußten Marschland, auf wechselfeuchtem Grund.

Hybriden: keine Hybriden bekannt.

Verwechslung: durch die leicht erkennbare Autogamie eigentlich gut zu differenzieren, trotzdem immer wieder mit kleinblütigen *Serapias bergonii* verwechselt.

Blütezeit: Anfang IV - Mitte V

Datenbasis: 212 Meldungen.

Bemerkungen: Mit Sicherheit weit seltener, als es die Verbreitungskarte ausweist, da hier wegen Verwechslung mit *Serapias bergonii* überrepräsentiert.

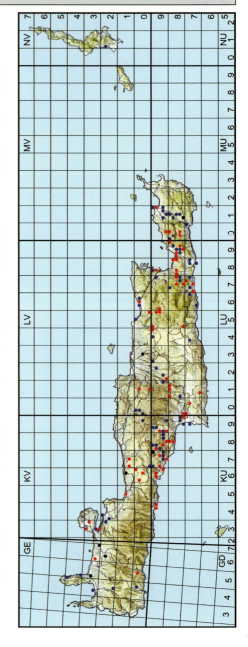

Abb. 547: Sternes (KR), 21.4.1992

Abb. 548: Sternes (KR), 21.4.1992

Abb. 549: Malia (KR), 14.4.2001

Abb. 550: Malia (KR), 14.4.2001

Abb. 551: Sternes (KR), 21.4.1992

Spiranthes spiralis (L.) CHEVALL.
Herbst-Wendelorchis, Drehähre

Synonyme:
Ophrys spiralis L.
Spiranthes autumnalis RICH.

Diagnose: Zierliche Pflanze mit kleinen, weißen Blüten in langer, gedrehter Ähre, die Lippe ist an der Basis grün gefärbt. Blütenstengel graugrün, filzig weißlich behaart. Zur Blütezeit hat sich am Grund neben dem Blütenstengel eine neue Rosette gebildet, die nach der Blütezeit durch den Winter und das Frühjahr hindurch wächst und assimiliert. Zur Blütezeit der meisten anderen Orchideenarten im Frühjahr sind dann die sehr charakteristischen Rosetten aus dunkelgrünen, fettig glänzenden Blättern zu sehen.

Habitat: an oberflächlich versauerten Feuchtstellen in der Phrygana, in offenem Gelände, in lichtem Kiefernwald, Schafspferche.

Hybriden: keine bekannt.

Verwechslung: unverwechselbar, auch die Rosette ist mit ihren fettigen, glänzenden Blättern nicht zu verkennen.

Blütezeit: Mitte X - Ende XI

Datenbasis: 32 Meldungen.

Bemerkungen: auf Kreta ist die Art wahrscheinlich erheblich häufiger, da zur Blüte bislang kaum gesucht wurde. Gegenüber den mitteleuropäischen Pflanzen fällt auf, daß die Ränder der Lippe etwas mehr gekräuselt und auch etwas größer sind,

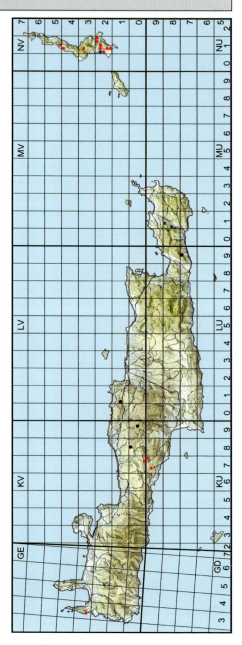

Abb. 552: Mournies(KR), 26.10.2001

Abb. 553: Mournies(KR), 27.10.2001

Abb. 555: Mournies (KR), 26.10.2001

Abb. 554: Mournies(KR), 27.10.2001

Abb. 556: Mournies (KR), 26.10.2001

Abb. 557: Drimiskos (KR), 26.10.2001

Abb. 558: Ag. Mamas (KP), 23.3.2001

gleichzeitig sich aber weiter zur Seite öffnen. Dadurch wirken die Blüten insgesamt etwas größer. Dagegen sind die kretischen Pflanzen insgesamt nicht relevant größer als die in Mitteleuropa. Gelegentlich treten teilchlorotische Pflanzen mit gelben Streifen auf den Blättern und gelbem Stengel auf (Abb. 556). Ihre Blüten öffnen sich nur unvollständig.

Abb. 560: Mournies (KR), 12.4.2001

Hybriden

In den nachfolgenden beiden Listen wird nur die jeweilige Hybridformel angegeben und auf die Wiedergabe von Namen verzichtet, und zwar aus folgenden Gründen:
- Bei vielen der hier aufgeführten Hybriden sind Eltern mit infraspezifischer Rangstufe beteiligt. Für solche Hybriden sind in der Vergangenheit nur in Ausnahmefällen Eigennamen geschaffen worden.
- Derartige Eigennamen müßten nach Artikel H 5.2 des ICBN eine infraspezifische Rangstufenbezeichnung aufweisen, was sie nicht weniger schwerfällig als die Hybridformeln macht, ohne deren Informationsgehalt zu erreichen (siehe hierzu auch Empfehlung H 10.B des ICBN, der ausdrücklich anrät, solche Namen möglichst zu vermeiden).
- Außerordentlich viele bisher publizierten Eigennamen von Hybriden sind invalid, entweder weil in der Beschreibung kein Typus bezeichnet wurde, eine Diagnose fehlt oder aus anderen Gründen. So nimmt es denn nicht wunder, daß z.B. in BAUMANN & KÜNKELE 1986 allein innerhalb der Gattung *Ophrys* 186 (!) invalide Hybridennamen aufgelistet werden. Seither hat sich dieser Zustand kaum verbessert.

Hybriden, an deren Existenz aus der Sicht der Autoren begründete Zweifel bestehen, sind durch (?) gekennzeichnet.

1. Im Gebiet bisher nachgewiesene Hybriden
Intergenerische Hybriden
Aceras anthropophorum × *Orchis italica*
Aceras anthropophorum × *Orchis simia*

Interspezifische Hybriden
Epipactis cretica × *Epipactis microphylla*
Ophrys aegaea × *Ophrys cretica* subsp. *ariadnae*
Ophrys aegaea × *Ophrys ferrum-equinum*
Ophrys bombyliflora × *Ophrys cretica* subsp. *ariadnae*
Ophrys bombyliflora × *Ophrys heldreichii*
Ophrys bombyliflora × *Ophrys spruneri* subsp. *spruneri*
Ophrys bombyliflora × *Ophrys tenthredinifera*
Ophrys candica × *Ophrys episcopalis*
Ophrys candica × *Ophrys heldreichii*
Ophrys cinereophila × *Ophrys fusca* subsp. *creberrima*
Ophrys cinereophila × *Ophrys fusca* subsp. *leucadica*
Ophrys cretica subsp. *ariadnae* × *Ophrys ferrum-equinum*
Ophrys cretica subsp. *ariadnae* × *Ophrys fusca* subsp. *creberrima* (vgl. S. 366, Abb. 581)
Ophrys cretica subsp. *ariadnae* × *Ophrys heldreichii*
Ophrys cretica subsp. *ariadnae* × *Ophrys mammosa*
Ophrys cretica subsp. *ariadnae* × *Ophrys phryganae*
Ophrys cretica subsp. *ariadnae* × *Ophrys sphegodes* subsp. *cretensis*
Ophrys cretica subsp. *ariadnae* × *Ophrys spruneri* subsp. *spruneri*
Ophrys cretica subsp. *ariadnae* × *Ophrys spruneri* subsp. *grigoriana*

Ophrys cretica subsp. *cretica* × *Ophrys mammosa*
Ophrys cretica subsp. *bicornuta* × *Ophrys sphegodes* subsp. *gortynia*
Ophrys episcopalis × *Ophrys ferrum-equinum*
Ophrys episcopalis × *Ophrys heldreichii*
Ophrys episcopalis × *Ophrys spruneri* subsp. *spruneri*
Ophrys episcopalis × *Ophrys tenthredinifera*
Ophrys ferrum-equinum × *Ophrys heldreichii*
Ophrys fleischmannii × *Ophrys iricolor*
Ophrys fleischmannii × *Ophrys omegaifera* subsp. *omegaifera*
Ophrys fusca subsp. *creberrima* × *Ophrys fusca* subsp. *creticola*
Ophrys fusca subsp. *leucadica* × *Ophrys iricolor*
Ophrys heldreichii × *Ophrys tenthredinifera*
Ophrys mammosa × *Ophrys sphegodes* subsp. *gortynia*
Ophrys mammosa × *Ophrys spruneri* subsp. *spruneri*
Ophrys omegaifera subsp. *omegaifera* × *Ophrys sicula*
Ophrys phryganae × *Ophrys sicula*
Ophrys sphegodes subsp. *gortynia* × *Ophrys spruneri* subsp. *spruneri*
Ophrys sphegodes subsp. *cretensis* × *Ophrys tenthredinifera*
Ophrys spruneri subsp. *spruneri* × *Ophrys tenthredinifera*
Orchis anatolica × *Orchis prisca*
Orchis anatolica × *Orchis quadripunctata*
Orchis boryi × *Orchis laxiflora*
Orchis boryi × *Orchis papilionacea*
Orchis fragrans × *Orchis sancta*
Orchis italica × *Orchis simia* (?)
Orchis lactea × *Orchis tridentata*
Orchis pauciflora × *Orchis sitiaca*
Orchis pauciflora × *Orchis quadripunctata*
Orchis provincialis × *Orchis sitiaca*
Orchis quadripunctata × *Orchis sitiaca*
Serapias bergonii × *Serapias lingua*
Serapias bergonii × *Serapias orientalis*
Serapias cordigera subsp. *cretica* × *Serapias lingua*

2. Weitere, in der Literatur erwähnte Hybriden des Gebietes

Intergenerische Hybriden

Orchis collina × *Serapias lingua*

Interspezifische Hybriden

Ophrys bombyliflora × *Ophrys cretica* subsp. *cretica*
Ophrys sphegodes subsp. *cretensis* × *Ophrys spruneri*
Ophrys omegaifera subsp. *omegaifera* × *Ophrys sitiaca*
Orchis anatolica × *Orchis boryi* (?)
Orchis anatolica × *Orchis tridentata* (?)
Orchis collina × *Orchis prisca* (?)
Orchis collina × *Orchis sitiaca* (?)
Serapias lingua × *Serapias orientalis*

Aceras anthropophorum × *Orchis italica*

Abb. 560: Apella (KP), 28.3.2001

Abb. 561: Apella (KP), 28.3.2001

Abb. 562: Apella (KP), 28.3.2001

Der fehlende Sporn läßt diese Hybriden leicht erkennen. Die Differenzierung zur Hybride mit *Orchis simia* gelingt durch die Enden der Lippenzipfel. Im Gegensatz zu dieser verlaufen bei der Hybride mit *Orchis italica* die Lippenzipfel nach vorn zugespitzt.

Aceras anthropophorum × *Orchis simia*

Abb. 563: Menetes (KP), 27.3.2001

Die Lippenzipfel dieser Hybride bleiben bis zum Ende gleich breit und sind nicht zugespitzt. Von *Orchis simia* stammt auch die intensive Farbe. Diese Hybride haben wir an zwei Stellen auf Kreta und auch auf Karpathos gefunden. An einem der kretischen Fundorte ist sie nicht selten.

Abb. 564: Vatos (KR), 10.4.1994

Abb. 565: Drimiskos (KR), 12.4.2001

Epipactis cretica × *Epipactis microphylla*

Die Hybride ist zu identifizieren einmal über die Behaarung, die bei *Epipactis microphylla* kräftig filzig, bei *Epipactis cretica* nur sehr schwach und bei der Hybride intermediär ausfällt. Außerdem sind die Blätter der Hybride kleiner als bei *Epipactis cretica*. Die warzige Schwiele von *Epipactis cretica* sollte nur ganz schwach ausgebildet sein. Fotos einer blühenden Pflanze waren nicht verfügbar.

Abb. 566: Zaros (KR), 2.6.1999, C. KREUTZ

Ophrys aegaea × *Ophrys cretica* subsp. *ariadnae*

Abb. 567: Diafani (KP), 12.3.2001, S. HERTEL

Abb. 568: Diafani (KP), 12.3.2001, S. HERTEL

Eindrucksvolle Hybride, die den Habitus einer *Ophrys aegaea* mit wenigen, großen Blüten bietet. Ebenfalls von diesem Elter beeinflußt ist die ins Rötliche gehende Grundfärbung sowie die sehr breite Narbenhöhle. Von *Ophrys cretica* subsp. *ariadnae* stammen die Pseudoaugen, die relativ lange Griffelsäule, der dunkle Querstrich durch die Narbenhöhle, die abgeteilten Seitenlappen der Lippe und die insgesamt dunkle Lippenfärbung.

Ophrys aegaea × Ophrys ferrum-equinum

Abb. 569: Diafani (KP), 12.3.2001, S. HERTEL

Abb. 570: Apella (KP), 21.3.2001

Hybride aus nahe verwandten Arten, die man vor allem zwischen der sehr frühen Blütezeit von *Ophrys aegaea* und der späteren von *Ophrys ferrum-equinum* finden kann. Sie ist sehr variabel, weil sie sich einmal mehr dem einen, dann wieder dem anderen Elternteil annähert, was für Hybriden typisch ist. Die helle Behaarung und die Brauntöne von *Ophrys aegaea* sind besonders im Bereich der Lippenschultern zu finden, der Lippenrand steht flächig als Erbe ebenfalls dieses Elternteils. Die Narbenhöhle kann auch im unteren Bereich meist hell, fast himmelblau sein (vgl. Abb. 570, ein Merkmal von *Ophrys aegaea),* oder auch von von *Ophrys ferrum-equinum* beeinflußt fast schwarz. Die überwiegend dunkle Lippenfarbe stammt auch von *Ophrys ferrum-equinum.*

Bemerkenswert war eine Gruppe dieser Hybriden (Abb. 571) in einem stark isolierten Wiesentälchen inmitten sonst extrem trockener Erosionsgebiete im Norden von Karpathos, wo es nur wenige Elternpflanzen, dafür eine ganze Reihe dieser Hybridpflanzen gab.

Abb. 571: Argoni (KP), 21.3.2000

Ophrys bombyliflora × *Ophrys cretica* subsp. *ariadnae*

Typisch vererbt sich die Narbenhöhle von *Ophrys bombyliflora*, die Malzeichnung stammt von *Ophrys cretica* subsp. *ariadnae*. Die Blütengröße ist etwa intermediär, also erheblich größer als bei *Ophrys bombyliflora*. Diese Kreuzung wurde schon an mehreren Orten gefunden

Abb. 572: Agios Ioannis (KR), 5.4.1994

Ophrys bombyliflora × *Ophrys heldreichii*

Besonders eindrucksvolle Hybride einer sehr kleinen mit einer großen *Ophrys*. Die typische Narbenhöhle von *Ophrys bombyliflora* bezeugt die Abstammung von dieser Art. Die Malzeichnung und die spitzen gehöckerten Seitenlappen stammen hingegen von *Ophrys heldreichii*.

Abb. 573: Gerakari (KR), 10.4.2001

Ophrys bombyliflora × *Ophrys spruneri* subsp. *spruneri*

Diese Hybride ähnelt der mit *Ophrys cretica* subsp. *ariadnae*, Malzeichnung aber erheblich weniger verzweigt und auf ein „H" reduziert, mit typischer Narbenhöhle von *Ophrys bombyliflora*. Auch die Petala sind stark von diesem Elternteil beeinflußt. Von *Ophrys spruneri* stammt die bläuliche Malzeichnung.

Abb. 574: Rhodovani (KR), 1984, H. Blatt

Ophrys bombyliflora × *Ophrys tenthredinifera*

Auch bei dieser Hybride ist die typisch tiefe, dunkle Narbenhöhle von *Ophrys bombyliflora* zu erkennen, die grünen Sepalen stammen ebenfalls von diesem Elternteil. Zeichnung und Färbung der Lippe kommen hingegen weitgehend von *Ophrys tenthredinifera*, allerdings ist die Grundfärbung dunkler als bei dieser Art. Die Blütengröße dieser Hybride liegt zwischen derjenigen der Eltern. Sie wurde schon mehrfach auf Kreta gefunden.

Abb.575: Kandila (KR), 18.03.2001, S. Hertel

Ophrys candica × *Ophrys episcopalis*

Die Zeichnung der Hybride ist stark von *Ophrys candica* beeinflußt, auch die relativ lange Behaarung der Lippenschultern. Dagegen kommt das große Anhängsel von *Ophrys episcopalis*, auch die sehr starken Hörner würden eher zu dieser Art passen. Solche Pflanzen sind häufig in allen Übergängen zwischen den Eltern zu finden.

Abb. 576: Drimiskos (KR), 17.5.2001

Ophrys candica × *Ophrys heldreichii*

Bei dieser Hybride ist die Zeichnung einer *Ophrys candica* mit der Lippenform einer *Ophrys heldreichii* kombiniert, von letzterer stammen auch das sehr große Anhängsel und die relativ langen Petala. Auch diese Hybride ist in sehr variabler Ausprägung häufig zu finden.

Abb. 577: Larani (KR), 31.3.1994

Ophrys cinereophila × *Ophrys fusca* subsp. *creberrima*

Schwierig zu identifizierende Hybride. Lippengröße intermediär. Blaue Malanteile und angedeutet gelber Lippenrand von *Ophrys cinereophila*. Vom anderen Elter stammen die beiden leicht aufgeworfenen Schwielen beidseits des Einganges der Kerbe. Die rotbraune Färbung am Lippengrund dürfte ebenfalls von diesem Elternteil stammen.

Abb. 578: Agia Galini (KR), 27.2.1996

Ophrys cinereophila × *Ophrys fusca* subsp. *leucadica*

Lippe deutlich schmaler als bei *Ophrys fusca* subsp. *leucadica* und schmal gelb gerandet, aber weniger geknickt als bei *Ophrys cinereophila*. Von dieser stammt auch die mehr graue-flächige Malzeichnung. Die nur einmal gefundene Pflanze fiel in einer größeren Population von *Ophrys fusca* subsp. *leucadica* auf.

Abb.579: Lastos (KP), 26.3.2001

Ophrys cretica subsp. *ariadnae* × *Ophrys ferrum-equinum*

Eine Hybride, die nur an wenigen Stellen der Ägäis überhaupt möglich ist, da beide Eltern nur selten zusammen vorkommen. Die weiße Narbenhöhle stammt von *Ophrys cretica* subsp. *ariadnae,* geringe Lippenteilung, reduzierte Malzeichnung, intensiv dunkel gefärbten Sepalen und kurze, schwarze Behaarung von *Ophrys ferrum-equinum.*

Abb. 580: Arkasa (KP), 19.3.2001

Ophrys cretica subsp. *ariadnae* × *Ophrys fusca* subsp. *creberrima* (?)

Seltene Hybride auf Kreta. Die Zeichnung von *Ophrys cretica* subsp. *ariadnae* tritt sehr typisch zu Tage. Die Struktur der Narbenhöhle ist auf einen Abdominalbestäuber zugeschnitten, wobei nicht sicher entschieden werden kann, ob an Stelle von *Ophrys fusca* subsp. *creberrima* nicht *Ophrys cinereophila* als zweiter Elter in Frage kommt, die ebenfalls am Fundort siedelt.

Abb. 581: Ag. Varvara (KR), 9.4.1989, C. KREUTZ

Ophrys cretica subsp. *ariadnae* × *Ophrys heldreichii*

Besonders schöne Kreuzung mit Lippenfärbung, Saftmal und Färbung der Pseudoaugen von *Ophrys heldreichii*. Besonders charakteristisch ist auch das kräftige Anhängsel. Die Form der Lippe, die innen sehr helle Narbenhöhle mit dunklem Querstrich stammen dagegen von *Ophrys cretica* subsp. *ariadnae*.

Abb. 582: Ag. Varvara (KR), 27.3.1994

Ophrys cretica subsp. *ariadnae* × *Ophrys mammosa*

Stellenweise häufige Hybride, z.B. in den Asteroussia-Bergen, wo ganze Hybridschwärme auftreten. Narbenhöhle und Grundform der Lippe stammen von *Ophrys cretica* subsp. *ariadnae*. Die dunkelrote untere Hälfte der seitlichen Sepalen und die braune Lippenrandbehaarung stammen von *Ophrys mammosa*. Die Petala sind ausgesprochen groß und kräftig.

Abb. 583: Antiskari (KR), 3. 4.1994

Ophrys cretica subsp. *ariadnae* × *Ophrys phryganae*

Hybride, die der in Abb. 581 gezeigte *Ophrys cretica* subsp. *ariadnae* × *Ophrys fusca* subsp. *creberrima* stark ähnelt. Der einzige relevante Unterschied ist der hellere, gelbliche Lippenrand, der an den *Ophrys phryganae*-Elter erinnert. An der Beteiligung einer abdominal bestäubten Pflanze und an der von *Ophrys cretica* subsp. *ariadnae* besteht kein Zweifel.

Abb. 584: Sitia (KR), 8.4.1994 - R. KOHLMÜLLER

Ophrys cretica subsp. *ariadnae* × *Ophrys sphegodes* subsp. *cretensis*

Die Hybride ähnelt einer etwas schwach gefärbten *Ophrys cretica* subsp. *ariadnae*. An diese erinnert vor allem die Lippenzeichnung und die weiße Narbenhöhle. Auffällig sind die sehr langen, grünen Petalen und die im Verhältnis zu den Sepalen sehr kleine Lippe. Die Grundfarbe der Lippe ist dunkelbraun, nicht tiefschwarz. Die Pseudoaugen sind größer als bei *Ophrys cretica* subsp. *ariadnae*.

Abb. 585: Vistagi (KR), 18.4.2000

Ophrys cretica subsp. *ariadnae* × *Ophrys spruneri* subsp. *spruneri*

In den meisten Merkmalen dieser Hybride dominiert *Ophrys spruneri* subsp. *spruneri*, allerdings zeigen die Sepalen einen grünen Anflug. Die stark abgeteilten Seitenlappen, deren Behaarung und ein angedeuteter Querstrich in der Narbenhöhle stammen von *Ophrys cretica* subsp. *ariadnae*.

Abb. 586: Melambes (KR), 14.4.2000

Ophrys cretica subsp. *ariadnae* × *Ophrys spruneri* subsp. *grigoriana*

Blütengröße, Lippenzeichnung und Blaufärbung im unteren Teil der Narbenhöhle stammen von *Ophrys spruneri* subsp. *grigoriana*. Die Teilung der Lippe mit pelzig behaarten, schwach gehöckerten Seitenlappen stammt wie der schwarze, die Narbenhöhle querende Strich von *Ophrys cretica* subsp. *ariadnae*.

Abb. 587: Margaraki (KR), 3.4.1994

Ophrys cretica subsp. *cretica* × *Ophrys mammosa*

Die Pseudoaugen, der obere weiße Teil der Narbenhöhle und die Petalen stammen von *Ophrys cretica* subsp. *cretica*, Höckerung, schwache Lippenteilung und die deutlich dunkelrot gefärbten unteren Hälften der Sepalen dagegen von *Ophrys mammosa*. Die relativ kleine Lippe spricht für die Unterart *cretica* als Elter.

Abb. 588: Plora (KR), 9.4.2000

Ophrys cretica subsp. *bicornuta* × *Ophrys sphegodes* subsp. *gortynia*

Die Hörner sind verkürzt vorhanden, die Zeichnung der *Ophrys cretica* subsp. *bicornuta* ist ebenfalls zu erkennen, auch das Weiß der oberen Hälfte der Narbenhöhle. Die völlig grünen Sepalen, die weitgehend ungeteilte Lippe und die relativ flache Lippe erinnern dagegen an *Ophrys sphegodes* subsp. *gortynia*.

Abb. 589: Ferma (KR), 12.4.1994

Ophrys episcopalis × *Ophrys ferrum-equinum*

Abb. 590: Menetes (KP), 28.3.2001

Eindrucksvolle Hybride aus einer „bunten" *Ophrys* und einer Art mit tiefschwarzer Lippe. Außer der sehr dunklen Lippenfärbung mit schwarzer Saftmalregion stammen die verlängerten Petalen von

Abb. 591: Menetes (KP), 28.3.2001

Ophrys ferrum-equinum. Das kräftige, nach vorn gerichtete Anhängsel, die gelbgerandete, verästelte, bunte Lippenzeichnung und die fast quadratische Lippenform stammen von *Ophrys episcopalis*. Die Hybride trat in mehreren Exemplaren auf einem wiesigen Hügel auf den Höhen südlich Menetes auf, an einem auch sonst sehr artenreichen Fundort. *Ophrys ferrum-equinum* blühte in großer Zahl, *Ophrys episcopalis* begann aufzublühen. Alle Pflanzen waren wegen der großen Trokkenheit und Hitze im Frühjahr 2001 recht gedrungen.

Ophrys episcopalis × *Ophrys heldreichii*

Die verlängerte Lippe und die spitzen Höcker stammen von *Ophrys heldreichii*, die Behaarung am Lippenrand, die relativ breiten, mittellangen Petalen sind von *Ophrys episcopalis* beeinflußt. Einige Abbildungen im Artenteil zeigen auch Pflanzen mit Einflüssen beider Arten gleichzeitig.

Abb. 592: Grigoria (KR), 3.4.1994

Ophrys episcopalis × *Ophrys spruneri* subsp. *spruneri*

Die Lippenteilung mit abgeteilten Seitenlappen, die dunkle, fast schwarze Grundfärbung und die langen Petalen stammen von *Ophrys spruneri* subsp. *spruneri*. Das Anhängsel ist gegenüber *Ophrys episcopalis* verkleinert, von dieser stammt die verästelte Lippenzeichnung, das dunkelorange Saftmal und die Zeichnung der Pseudoaugen. Die Hybride ist sehr selten.

Abb. 593: Drimiskos (KR), 7.4.1994

Ophrys episcopalis × *Ophrys tenthredinifera*

Häufige, leicht zu erkennende Hybride. Griffelsäule gegenüber *Ophrys episcopalis* verkürzt und stumpf. Die Zeichnung trägt als Einfassung des Saftmales ein Doppelband wie bei *Ophrys tenthredinifera*, die Zeichnung ist aber weiter auf die Lippe ausgebreitet. Anhängsel größer als bei *Ophrys tenthredinifera*.

Abb. 594: Saktouria (KR), 4.4.1992

Ophrys ferrum-equinum × *Ophrys heldreichii*

Lippenform, Teilung, angedeutete behaarte Höcker sowie der außen gelbliche Narbenkopf stammen von *Ophrys heldreichii,* die dunkle Lippenfarbe, Lippenzeichnung und das kleine Anhängsel von *Ophrys ferrum-equinum*. Diese eindrucksvolle Hybride stand in einer aufgelassenen Ölbaumanlage, die aber mittlerweile wieder intensiv bearbeitet wird.

Abb. 595: Kira Panagia (KP), 5.4.1998

Ophrys fleischmannii × *Ophrys iricolor*

Sehr seltene Hybride. Blüte fast so groß wie bei *Ophrys iricolor*, an der Basis ungeknickt, lang gestreckt. Mal ausgedehnt wie bei *Ophrys iricolor*, nur minimale Kerbung am Lippengrund. Intensive Behaarung wie bei *Ophrys fleischmannii*, die auch die Malfläche mit einschließt. Petalen heller als bei *Ophrys fleischmannii*.

Abb. 596: Goudouras-Ag. Triada (KR), 1.4.1992

Ophrys fleischmannii × *Ophrys omegaifera* subsp. *omegaifera*

Schwierig zu identifizierende Hybride. Lippengröße und relativ starke Behaarung am Lippengrund im Malfeld wie bei *Ophrys fleischmannii*, Zeichnung und Lippenknick wie bei *Ophrys omegaifera* subsp. *omegaifera*. Die Pflanze fiel hauptsächlich durch ihre kleinen Blüten auf und stand unweit der Elternarten.

Abb. 597: Orino (KR), 10.4.1994

Ophrys fusca subsp. *creberrima* × *Ophrys fusca* subsp. *creticola*

Gut zu identifizierende Hybride. Das intensive, flächige Blau und der flach stehende Lippenrand mit schmalem gelbem Saum stammen von *Ophrys fusca* subsp. *creticola*. Die seitlichen Wülste an der Lippenbasis stammen von *Ophrys fusca* subsp. *creberrima*, ebenso der dort befindliche deutliche Knick.

Abb. 598: Ardaktos (KR), 2.3.1996

Ophrys fusca subsp. *leucadica* × *Ophrys iricolor*

Schwierig zu identifizierende Hybride zweier Arten mit ähnlicher Blütenmorphologie. Blütenlippe deutlich größer als bei *Ophrys fusca* subsp. *leucadica*. Kerbung der Lippenbasis ausgeprägt, auch

Abb. 599: Arkasa (KP), 19.3.2000

mit angedeuteten Leisten an den Rändern. Farbe des Males heller blau als bei *Ophrys iricolor*, weißlich grau gerandet wie bei *Ophrys fusca* subsp. *leucadica*. Lippenunterseite rötlich angehaucht, dadurch an *Ophrys iricolor* erinnernd, dunkle Bereiche der Lippe tief schwarz.

Ophrys heldreichii × *Ophrys tenthredinifera*

Abb. 600: Saktouria (KR), 7.4.1994

Die Hybride ähnelt derjenigen mit *Ophrys episcopalis*, die Lippe ist aber deutlich schmaler und trägt kurze, spitze Höcker sowie ein großes, nach vorn weisendes Anhängsel. Die Petalen sind länger und schmaler als bei *Ophrys tenthredinifera*, von der wiederum die Zeichnung um das Basalfeld und die Behaarung stammen.

Ophrys mammosa × *Ophrys sphegodes* subsp. *gortynia*

Die dunkle Färbung der unteren Hälfte der seitlichen Sepalen stammt von *Ophrys mammosa*, ebenso die intensive Höckerung. Der intensiv gelbe Rand, die insgesamt flachere Lippe als bei *Ophrys mammosa*, die zudem am Rand nach oben weist, stammt von *Ophrys sphegodes* subsp. *gortynia*. Blüten kleiner als bei *Ophrys mammosa*.

Abb. 601: Plora (KR), 20.4.2000

Ophrys mammosa × *Ophrys spruneri* subsp. *spruneri*

Häufige Hybride auf Kreta. Höcker kleiner als bei *Ophrys mammosa*, die Färbung der Sepalen und Petalen stammt von *Ophrys spruneri* subsp. *spruneri*. Die unteren Hälften der seitlichen Sepalen sind nur ganz schwach dunkler gefärbt. Man könnte daher auch an eine Hybride mit *Ophrys herae* denken.

Abb. 602: Afrati (KR), 10.4.1994

Ophrys omegaifera subsp. *omegaifera* × *Ophrys sicula*

Abb. 603: Arkasa (KP), 18.3.2000

Der Einfluß von *Ophrys omegaifera* subsp. *omegaifera* wird durch die fast fehlende Kerbe an der Lippenbasis deutlich, ebenso durch das blaue Omega als Berandung des Mals. *Ophrys sicula* macht sich als Kreuzungspartner durch den breiten gelben Lippenrand sowie ein sehr helles Gelbbraun der Lippenfärbung bemerkbar, die nur im Zentrum dunkel ist.

Ophrys phryganae × *Ophrys sicula*

Sehr schwierig zu identifizierende Hybride. Blüten größer als die einer typischen *Ophrys sicula*, der charakteristische Lippenknick von *Ophrys phryganae* an der Basis fehlt, Zentrum der Lippe aber stärker erhaben als bei *Ophrys sicula*. Malzeichnung breit nach vorn in den Mittellappen reichend wie bei *Ophrys sicula*.

Abb. 604: Mournies (KR), 22.4.2000

Ophrys sphegodes subsp. *cretensis* × *Ophrys tenthredinifera*

Seltene, aber gut zu identifizierende Hybride. Kleines Anhängsel und Malzeichnung von *Ophrys tenthredinifera*, Pflanze viel schlanker und Blüten kleiner als bei dieser. Große, breite Petalen von *Ophrys sphegodes* subsp. *cretensis*, erheblich längere Griffelsäule als bei *Ophrys tenthredinifera*, von der sonst weitgehend die Struktur der Narbenhöhle stammt.

Abb. 605: Drimiskos (KR), 6.4.1994

Ophrys sphegodes subsp. *gortynia* × *Ophrys spruneri* subsp. *spruneri*

Als Merkmale von *Ophrys spruneri* subsp. *spruneri* kann man die schwarze Grundfärbung sowie die intensiv blaue, weiß gerandete Lippenzeichnung werten, die sich in die Narbenhöhle ausdehnt, auch die Pseudoaugen sind wie bei dieser Sippe blau. *Ophrys sphegodes* subsp. *gortynia* zeigt sich nur durch die flache, schmal gelbrandige und nicht runde Lippe.

Abb. 606: Plora (KR), 20.4.2000

Ophrys spruneri subsp. *spruneri* × *Ophrys tenthredinifera*

Die dunkle und relativ schmale Lippe stammt von *Ophrys spruneri* subsp. *spruneri*, von der auch die gegenüber *Ophrys tenthredinifera* längeren Petalen herrühren. Für die Lippenzeichnung wie für die recht großen Pseudoaugen und die etwas stumpfe Griffelsäule ist dagegen *Ophrys tenthredinifera* verantwortlich.

Abb. 607: Antiskari (KR), 2.3.1995

Orchis anatolica × *Orchis prisca*

Es handelt sich um eine schwierig zu diagnostizierende Hybride, weil sie vermutlich fertil ist und sich dadurch Rückkreuzungen mit den Eltern ergeben. Außerdem ist der *Orchis anatolica*-Elter meist selber noch von *Orchis quadripunctata* beeinflußt. Jedenfalls treten Übergänge auf, die in unterschiedlicher Ausprägung *Orchis prisca*-Merkmale zeigen. Noch am sichersten kann zur Unterscheidung die Länge des Sporns herangezogen werden, der bei typischer *Orchis prisca* kurz, dick und abwärts gebogen ist. Bei hybridogen beeinflußten Pflanzen ist dagegen der Sporn länger und dünner. Außerdem kommt es bei den Hybriden zusätzlich zu einer verstärkten Lippenteilung und das Grün der seitlichen Sepalen wird blasser. Wegen des häufig gemeinsamen Auftretens beider Arten im Thripti-Massiv und in den Dikti sind Hybriden nicht selten. Dagegen kommt *Orchis sitiaca* kaum in der Nähe von *Orchis prisca* vor; da sie andere ökologische Ansprüche stellt. Eine sichere Hybride zwischen diesen Arten wurde daher auch noch nicht gefunden.

Abb. 608: Orino (KR), 9.5.1997

Abb. 609: Thripti (KR), 9.5.1997

Orchis anatolica × Orchis quadripunctata

Synonyme:
Orchis sezikiana (pro hybr.) B. & H.Baumann

Diagnose: heterogenes Erscheinungsbild, mal mehr zu *Orchis anatolica*, mal mehr zu *Orchis quadripunctata* tendierend. Lippenform meist an *Orchis quadripunctata* angenähert, Lippe in 3 etwa gleich große Lappen auslaufend, in der Lippenmitte wenige, aber mehr als 4 Punkte, Sporn waagerecht, recht dünn und spitz auslaufend, am Ende nicht oder kaum nach oben gebogen. Blütenstand erheblich dichter als bei *Orchis anatolica*. Laub grün mit schwarzen Flecken.

Habitat: nur in Ostkreta, nur auf basischem Untergrund in steinigen Gebieten.

Blütezeit: Anfang IV - Anfang V

Datenbasis: 32 Meldungen.

Verwechslung: Abgrenzung zu den Elternarten meist sehr schwierig. Von *Orchis quadripunctata* ist die Sippe durch die Vielzahl der Punkte auf der Lippe und durch den dickeren, waagerechten Sporn unterschieden, von *Orchis anatolica* durch den dünneren, nicht nach oben gebogenen Sporn, durch die kürzere Lippe mit 3 großen Lappen, durch den erheblich dichteren Blütenstand und durch die kleineren Blüten.

Abb. 610: Orino (KR), 10.5.2000

Abb. 611: Orino (KR), 3.4.1994

Abb. 612: Zaros (KR), 13.4.1994

Abb. 613: Lasithi (KR), 10.4.1994

Orchis boryi × *Orchis laxiflora*

Seltene Hybride, obwohl beide Eltern häufig miteinander vorkommen. Laubblätter viel länger als bei *Orchis boryi*, leicht gekielt. Aufblühen erfolgt praktisch gleichzeitig für alle Blüten. Blütenstand locker wie bei *Orchis boryi*, Sporn aber viel länger, leicht nach oben gerichtet. Lippenform mit leicht nach unten geschlagenen Seitenlappen wie bei *Orchis laxiflora*.

Abb. 614: Drimiskos (KR), 15.4.2001

Abb. 615: Drimiskos (KR), 15.4.2001

Abb. 616: Drimiskos (KR), 15.4.2001

Orchis boryi × *Orchis papilionacea* subsp. *heroica*

Bei gemeinsamem Vorkommen der Eltern häufige Hybride. Die dunkle Färbung von Sepalen und Petalen stammt von *Orchis boryi*, ebenso die runde, fast ungeteilte Lippe mit dunklerem Rand. Die Strichzeichnung von *Orchis papilionacea* subsp. *heroica* dominiert, die auch die Aufblühfolge von unten nach oben bestimmt.

Abb. 617: Drimiskos (KR), 6.4.2000

Orchis fragrans × *Orchis sancta*

Bei gemeinsamem Vorkommen der Eltern sehr häufig Hybride, die auch von Kreta gemeldet wurde. Da aber davon keine Bilder verfügbar waren, wird hier eine Pflanze von Rhodos gezeigt. Zu erkennen an den gegenüber *Orchis fragrans* größeren Blüten und der gegenüber *Orchis sancta* verlängerten Helmspitze, während die Lippenzeichnung mit Flecken von *Orchis fragrans* bestimmt wird.

Abb. 618: Rhodos, 15.5.1997

Orchis italica × *Orchis simia* (?)

Fragliche Hybride, die allerdings oft gemeldet wird. Wahrscheinlich geben extreme Varianten von *Orchis italica* zu solchen Verwechslungen Anlaß. Auch die hier abgebildete Pflanze besitzt keine sicheren Merkmale von *Orchis simia*. Sie besaß gewellte und gefleckte Blätter wie *Orchis italica*, nur die Form der Lippenzipfel erinnert an *Orchis simia.*.

Abb. 619: Rhodovani (KR), 9.4.2000

Orchis lactea × *Orchis tridentata*

Die grüne Zeichnung auf der Innenseite von Sepalen und Petalen stammt von *Orchis lactea*, die Lippe mit den sehr großen Seitenlappen ist von *Orchis tridentata* beeinflußt. Da die Eltern nahe verwandt sind, ist die Hybride oft nur schwer von ihnen zu unterscheiden.

Eine besonders interessante Hybridpopulation siedelt auf

Abb. 620: Gerakari (KR), 13.4.2000

Abb. 621: Gerakari (KR), 12.4.2001

Abb. 622: Gerakari (KR) 17.4.2000

Abb. 623: Gerakari (KR), 12.4.2001

Kreta zwischen Spili und Gerakari. Hier kommen sowohl *Orchis lactea* als auch *Orchis tridentata* in größerer Zahl am gleichen Wuchsort vor. Wenngleich sie sich nur wenig in der Blütezeit überschneiden, ist es trotzdem zur Entstehung zahlreicher Hybriden gekommen. Möglicherweise beziehen sich die irrtümlichen Angaben von *Orchis commutata* auf solche Hybridpflanzen.

Orchis pauciflora × *Orchis quadripunctata*

Abb. 624: Saktouria (KR), 11.4.1994

Diese Hybride ist unverwechselbar: die rote Farbe stammt von *Orchis quadripunctata*, das gelbe Zentrum der Lippe von *Orchis pauciflora*. Auch die relativ großen und leicht nach hinten stehenden Sepalen kommen von *Orchis pauciflora*.

Orchis pauciflora × *Orchis sitiaca*

Abb. 625: Vatos (KR), 14.4.1992

Abb. 626: Vatos (KR), 14.4.1993

Abb. 627: Mournies (KR), 14.4.2000

Form der Blütenteile sowie Größe und Anzahl der Blüten sind stark von *Orchis pauciflora* beeinflußt, die Blütenfärbung dagegen überwiegend von *Orchis sitiaca*. Das Gelb von *Orchis pauciflora* macht sich meist nur an der Basis der Lippe bemerkbar.

Orchis provincialis × *Orchis sitiaca*

Abb. 628: Mournies (KR), 13.4.2000

Abb. 629: Vatos (KR), 14.4.1994

Abb. 630: Vatos (KR), 13.4.2000

Bislang nicht beschriebene Hybride mit extrem variabler Färbung, je nach der Farbigkeit des *Orchis sitiaca*-Elters. Folgende Merkmale sind konstant: stark geteilte und mit vielen Flecken versehene Lippe (von *Orchis sitiaca*), diese in der Mitte gefaltet, nach hinten gestellte seitlichen Sepalen (von *Orchis provincialis*). Sporn wie bei beiden Eltern kräftig, nach oben gebogen.

Orchis quadripunctata × *Orchis sitiaca*

Seltene Hybride. Blüten nur wenig größer als bei *Orchis quadripunctata*, von der die breite Lippe mit drei annähernd gleich großen Lappen stammt. Sporn aber viel dicker, nach oben gebogen. Von *Orchis sitiaca* stammt auch die leichte Grünfärbung in den seitlichen Sepalen und die zahlreichen kleinen Punkte auf der Lippe. Eine theoretisch denkbare Beteiligung von *Orchis prisca* scheidet wegen der Länge des Sporns aus.

Abb. 631: Melambes (KR), 12.4.1994

Serapias bergonii × *Serapias lingua*

Die Identifikation dieser Hybriden gelingt durch die Gestalt der Schwiele am Grund der Lippe. Hybriden besitzen eine ungeteilte, aber oben doppelt gefurchte Schwiele. Seitenlappen der Lippe intermediär, die nur leicht aus der Röhre der Kronblätter herausschauen.

Abb. 632: Agia Galini (KR), 16.4.2000

Serapias bergonii × *Serapias orientalis*

Blüten nur wenig größer als bei *Serapias bergonii*, Form und Behaarung der Lippe aber stark an *Serapias orientalis* angenähert. Die Hochblätter wirken relativ zur Blütengröße noch größer als bei den Eltern.

Abb. 633: Analipsi (KR), 6.4.1993

Serapias cordigera × *Serapias lingua*

Schwielenstruktur wie auf S. 391 (unten) beschrieben. Blüten in der Größe intermediär, aber Seitenlappen weit aus der Röhre hervorstehend. Blütenstand kurz, Tragblätter länger als bei *Serapias cordigera* subsp. *cretica*, Lippenvorderteil breiter als bei *Serapias lingua*. Diese Hybride ist auf Kreta mehrfach zu finden.

Abb. 634: Astiraki (KR), 9.5.2001

Bemerkungen zur Fototechnik

Die Bilder in diesem Buch wurden mit vier verschiedenen Kamerasystemen aufgenommen.
Die meisten Aufnahmen sind im Mittelformat (6 x 6) entstanden, hier kam ein System mit Rollei 6008 und Zentralverschluß-Objektiven mit Brennweiten zwischen 30 und 250 mm sowie ein 150 mm Balgenkopf zum Einsatz.
Im Kleinbild standen ein Nikon-System mit F90x und Brennweiten zwischen 20 und 400 mm zur Verfügung; alternativ wurde eine Leica R8 mit Brennweiten zwischen 24 und 100 mm benutzt. Alle Systeme erreichen als Blitzsynchronzeit mindestens 1/250 s, was für scharfe Aufnahmen bei längeren Brennweiten häufig unerläßlich ist.
Im Jahr 2001 wurde erstmals mit der Nikon Coolpix 990 eine Digitalkamera eingesetzt, was die fotografischen Möglichkeiten drastisch erweiterte, so daß in diesem Buch erstmals eine größere Anzahl Bilder dieser neuen Technik entstammen. Gerade in der Makrofotografie ergeben sich hier entscheidende Vorteile. Der relativ kleine CCD-Chip der Digitalkamera erfordert sehr kurze Brennweiten der Optik, was zu einer dramatischen Steigerung der Schärfentiefe führt. Schon die Blende 2.8 entspricht hier einer Blende von 11-16 bei einer gewöhnlichen Kleinbildkamera. Deshalb kommt man fast immer mit natürlichem Sonnenlicht aus und hat nur auf eine hinreichende Aufhellung von Schattenpartien zu achten, wozu schon eine einfache Reflektionsfläche aus weißem Tuch ausreicht. Die Bilder bei den Arten *Cephalanthera cucullata*, *Himantoglossum samariense* und auch bei *Orchis fragrans* sind zum Beispiel fast alle digital entstanden.
In der konventionellen Fotografie gelingen scharfe Aufnahmen im Makrobereich bei ungünstigen Witterungsbedingungen fast nur unter Blitzeinsatz. Dominiert dabei ein reiner Frontalblitz, entstehen zwar scharfe, aber sehr unnatürliche Bilder mit fast schwarzem Hintergrund, wie sie viele Bücher füllen. Um dies zu vermeiden, empfiehlt sich grundsätzlich bei allen konventionellen Kamerasystemen der Einsatz von 3 Blitzen, von denen 2 im Vordergrund, der 3. zur Aufhellung des Hintergrundes eingesetzt wird. Dadurch kann die Belichtung sehr gut kontrolliert werden und es wird möglich, unabhängig von den Lichtbedingungen in der Natur eine weitgehend natürlich wirkende Belichtung zu erzielen. Gerade im Mittelformat, wo man die Blendenöffnung gewöhnlich weiter schließen muß als im Kleinbildformat, um noch genügend Schärfentiefe zu erreichen, bedingt dies einen ständigen, relativen Lichtmangel, der nur durch den Einsatz von Elektronenblitzen ausgeglichen werden kann. Auch bei prinzipiell ausreichenden Lichtbedingungen wurde fast immer noch ein schwacher Aufhellblitz benutzt.
Als Filmmaterial wurden im Mittelformat ausschließlich Fujichrome Velvia oder Provia Diafilme, im Kleinbildformat auch Fujichrome Sensia benutzt.

Empfehlenswerte Exkursionen

Für den Naturfreund, der erstmals einen Einstieg in die mediterrane Orchideenflora sucht, werden an dieser Stelle eine Anzahl von Exkursionen beschrieben, auf denen er ohne größeren Suchaufwand die meisten der im Gebiet vorkommenden und verbreiteten Arten entdecken kann. Sie werden aber auch für den „Orchideenspezialisten" von Nutzen sein, da auch Gebiete beschrieben werden, die abseits der sonst üblichen Routen liegen.

Grundsätzlich sollte man allerdings bedenken, daß es auf Grund der Spezifik der Verhältnisse in der Südägäis keine absolut sicheren Empfehlungen geben kann. Ein brachliegendes Ackerstück, auf dem noch heuer zahlreiche Arten anzutreffen waren, ist möglicherweise schon im Jahr darauf vom Eigentümer wieder unter Bewirtschaftung genommen worden, so daß die Pracht dahin ist. Zu einem ähnlichen Ergebnis führen die von Jahr zu Jahr in ihrer Intensität stark wechselnde Beweidung, der Bau neuer Wege und Häuser und dergleichen mehr. In der Regel findet man jedoch in der näheren Umgebung eines angegebenen Fundortes noch Pflanzen der betreffenden Arten in anderen geeigneten Biotopen. Der Orchideenfreund wird also stets einen gewissen Suchaufwand betreiben müssen, auch an den hier zum Besuch empfohlenen Fundorten. Die beigegebenen UTM-Werte sind vor allem für Besitzer eines GPS-Peilgerätes gedacht. Sie sind nicht „auf den Meter" genau, weil dies aus den oben angeführten Gründen ziemlich sinnlos wäre.

Will man nicht nur gelegentlich nach Orchideen suchen, sondern vielleicht sogar einen ganzen Urlaub darauf verwenden, so sollte man sich als Ausgangspunkt ein festes Standquartier suchen. Bei frühen Aufenthalten (Ende Februar bis Mitte März) mit zum Teil empfindlich kühlen Nächten achte man darauf, daß die Unterkunft mit einer Heizung ausgestattet ist, was man in den üblichen Touristenunterkünften meist vermissen wird. Ferner wird die Anmietung eines Fahrzeuges für ausgedehntere Exkursionen meist unumgänglich sein. Hier lege man auf ein möglichst geländegängiges Fahrzeug Wert, will man die „Hauptstraßen" verlassen. Naturgemäß wird man besonders abseits der Straßen ursprüngliche Gebiete finden können.

Eine generelle Besuchszeit für „die Orchideen" in der Südägäis läßt sich nicht empfehlen. Die Blühzeiten der einzelnen Arten sind so unterschiedlich, daß es unmöglich ist, während der gewöhnlichen Urlaubsdauer von zwei bis drei Wochen alle Arten blühend anzutreffen. Die meisten von ihnen wird man jedoch in den Monaten März bis Mai erleben können. Je nachdem, welche und wieviele Arten man zu sehen wünscht, wird man dann seinen Besuchszeitraum bzw. seine Aufenthaltsdauer festlegen müssen.

Schließlich sei auch noch daran erinnert, daß für alle Orchideen ein generelles Einfuhrverbot in allen Ländern Mitteleuropas besteht. Vor allem grabe man keine Pflanzen aus, etwa um sie mit nach Hause zu nehmen. Am heimischen Flug-

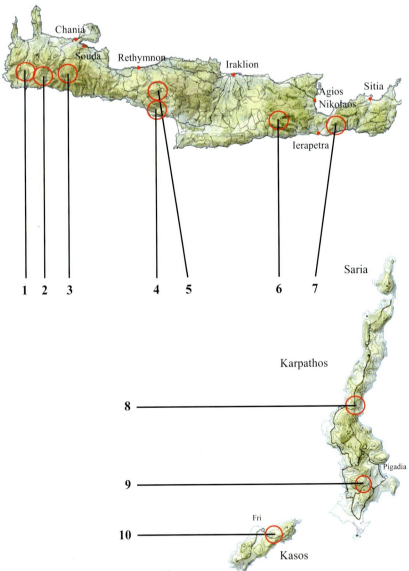

Abb. 635: Lage der Exkursionsgebiete

hafen könnte man nämlich eine sehr unangenehme Überraschung erleben, wenn man bei der verbotenen Einfuhr auch nur von Teilen solcher Pflanzen ertappt wird. Unabhängig davon sollte man auch vor Ort den Naturschutzgedanken nicht vergessen und sich entsprechend in der Natur verhalten.

1. Kreta - das Gebiet um Kandanos und Voutas

Hotels findet man in dieser Region am ehesten in Paleohora. Von hier sind es 16 km bis Kandanos, etwa 3 km vor diesem Ort geht nach Westen eine Nebenstraße in Richtung Strovles ab. Hinter Plemeniana führt die Straße durch Auwald mit quelligen wiesigen Kleinarealen, noch vor Drys öffnet sich das Tal und man sieht wiesige Hügel nördlich der Straße:

UTM: **GE 41.62/63**:

Ophrys sphegodes subsp. *cretensis*
Orchis collina
Orchis laxiflora (an kleinen Feuchtstellen)
Serapias lingua (Massenvorkommen in allen Farben auf den Hügeln)

Man fahre weiter nach Strovles. Unmittelbar westlich des Dorfes führt die Straße parallel eines Baches, dessen Ufer mit lichtem Auwald bestanden sind. Hier finden sich:

UTM: **GE 41.27**:

Anacamptis pyramidalis
Epipactis microphylla

Von Strovles aus führt eine Straße nach dem südlich liegenden Dorf Voutas, das man nach 16 Kilometern erreicht. Hier beginnt eine neu geschobene Schotterstraße zur Küste (wahrscheinlich bald asphaltiert), welche zu neuen Hotelbauten an der Küste führt. Am Abzweig zum Dorf Hatzis (kleiner Feldweg) liegen unterhalb der Schotterstraße in ca. 1 km Entfernung herrliche Wiesengebiete mit großen Beständen vieler Arten:

UTM: **GE 30.87**:

Anacamptis pyramidalis
Ophrys bombyliflora
Ophrys herae
Ophrys iricolor
Ophrys omegaifera subsp. *omegaifera*
Ophrys phryganae
Ophrys sicula
Ophrys spruneri subsp. *grigoriana*
Orchis italica
Orchis papilionacea subsp. *heroica*

Etwas weiter diesen Weg entlang noch :

Orchis pauciflora
Orchis collina

Abb. 636: Rodovani (KR), 11.5.2001

Auf der Küstenstraße erreicht man in östlicher Richtung dann wieder Paleohora.

2. Kreta - das Gebiet um Rodovani

In Westkreta sind häufig bodensaure Gebiete anzutreffen. Interessant ist in dieser Beziehung das Gebiet in den Serpentinen direkt oberhalb des Dorfes Vamvakades (südöstlich Kandanos), das man von Kandanos auf einer Nebenstraße erreichen kann. Hier sind im lichten Flaumeichenwald zu finden:

UTM: **GE 51.00**

Barlia robertiana
Cephalanthera longifolia
Dactylorhiza romana
Epipactis microphylla
Limodorum abortivum
Neotinea maculata
Ophrys sicula
Orchis provincialis
Orchis sitiaca

Fährt man die Nebenstraße weiter, dann erreicht man zunächst Temenia und von hier aus in östlicher Richtung das Dörfchen Rodovani, von wo aus eine Straße nach Sougia zur Küste durch basischen Untergrund führt. Entlang dieser Straße gibt es viele schöne Fundorte mit Massenvorkommen verschiedener Arten, am schönsten ist das Gebiet knapp 1 km von Rodovani entfernt.

UTM: **GE 50.38**

Ophrys apifera
Ophrys bombyliflora
Ophrys candica
Ophrys fleischmannii
Ophrys heldreichii
Ophrys herae
Ophrys iricolor
Ophrys omegaifera subsp. *basilissa*
Ophrys omegaifera subsp. *omegaifera*
Ophrys phryganae
Ophrys sicula
Ophrys sphegodes subsp. *cretensis*
Ophrys tenthredinifera
Orchis collina
Orchis fragrans
Orchis italica
Orchis lactea
Orchis papilionacea subsp. *heroica*
Orchis pauciflora
Orchis simia
Serapias orientalis

Besonderheiten aus der Allgemeinflora: an der Abfahrt nach Sougia gibt es riesige Bestände von *Ebenus cretica* (Abb. 636). Kurz vor Sougia führt die Straße dann an Felsenwänden mit diversen ausgewaschenen Höhlungen vorbei. Auf den Felsen (Blühzeit Mitte V):

UTM: **GE 50.55**

Campanula laciniata (Abb. 35)
Verbascum arcturus (Abb. 38)
Delphinium staphisagria (Abb. 54)
    (im Talgrund unter Karuben)

Abb. 637: westl. Paleohora (KR), 10.4.2000

3. Kreta - Gebiet um die Omalos-Hochebene

Von der Omalos-Hochebene kann man in südwestlicher Richtung Agia Irini erreichen. Während anfänglich noch basische Gesteine überwiegen, dominieren später bodensaure Gebiete. Direkt oberhalb Agia Irini kommt die Straße aus dem Baumheidenbuschwald und führt durch ein Kastanienwäldchen, das von einer wasserführenden Rinne durchzogen wird. Ein Teil des Wassers wird in einem Betonbecken an der Straße gesammelt. Hier kann man finden:

UTM: **GE 51.64**

Epipactis microphylla
Listera ovata
Neotinea maculata
Serapias cordigera subsp. *cretica*

Unterhalb der Straße im Kastanienwald Bestände von

Limodorum abortivum
Cephalanthera longifolia

Die intensiv beweidete Omalos-Hochebene selber bietet wenig Orchideen. Nur an den Rändern im Anstieg zu den umliegenden Gipfeln kann man fündig werden. Am südlichen Ende der Hochebene liegt der Einstieg zur Samaria-Schlucht, über deren Artenreichtum anderweitig viel geschrieben wurde, weshalb hier darauf verzichtet werden soll. Kurz vor der Samaria-Schlucht zweigt nach Osten der Weg zur Kallergi-Hütte ab, der im ersten Anstieg durch einen artenreichen, lichten Buschwald führt, der überwiegend aus *Acer sempervirens* besteht.

Sehr interessant ist auch das Gebiet nördlich der Omalos-Hochebene, wobei die Straße hier über einen kleinen Paß hinweggeht. Nördlich dieses Passes, in den Serpentinen der Straße, kann man an mehreren Stellen finden, zum Beispiel:

UTM: **GE 61.38**

Ophrys candica
Ophrys episcopalis
Orchis quadripunctata

UTM: **GE 61.46**

Himantoglossum samariense
Ophrys phryganae
Orchis tridentata
Orchis quadripunctata
Neotinea maculata

Arum idaeum (Abb. 33)

Abb. 638: Mournies (KR), 17.5.2001

4. Kreta - die Berge Bouvala, Siderotas und Xiron

Südlich der Hauptstraße von Agia Galini nach Spili liegen mehrere, teilweise durch Taleinschnitte voneinander getrennte Bergrücken: der Bouvala, der Siderotas und der Xiron, die zwischen 900 und gut 1100 m hoch sind und auf denen es plateauartige Hochflächen gibt. Hier sind an zahlreichen Stellen Massenvorkommen von vielen Arten zu finden, relativ schwierig ist lediglich der Zugang. Zum Bouvala-Plateau gelangt man am besten von Melambes her, wo man am oberen Ortsende an Schule und Sportplatz vorbei auf einen Feldweg gelangt, der nach Saktouria über das Bergplateau hinwegführt.

UTM: **KU 88.18**

Barlia robertiana
Ophrys bombyliflora
Ophrys fusca subsp. *creberrima*
Ophrys tenthredinifera
Orchis italica
Orchis quadripunctata
Ophrys cretica subsp. *ariadnae*
Ophrys cinereophila
Ophrys heldreichii
Orchis collina
Orchis lactea
Serapias bergonii

In Vatos kann man mitten im Ort auf einen Schotterweg einbiegen, der fast bis auf ein oberhalb des Ortes gelegenes Plateau führt. An den unteren wiesigen Bereich schließt sich weiter oben ein ausgedehntes Gebiet aufgelassener Terrassen an, die mit lückiger Phrygana bestanden sind. Hier kommen im Serpentingestein kleinflächig auch relativ saure Böden vor, so daß für sie typische Arten große Bestände in unmittelbarer Nachbarschaft von Massenvorkommen kalksteter Arten bilden.

UTM: **KU 79.44**

Orchis italica
Orchis simia
Serapias cordigera subsp. *cretica*
Orchis provincialis
Orchis sitiaca
u.v.a.

Den Xiron-Gipfel fährt man am besten von Spili über Mournies an, wo am Ortseingang ein Schotterweg im grünen Serpentingestein abgeht, der nach vielen Kilometern (primitiv ausgeschildert mit "To the coast") in die Straße zwischen Drimiskos und Kerames einmündet, die tatsächlich zur Küste führt. Entlang dieses Weges finden sich die artenreichsten Fundorte Kretas.

UTM: **KU 79.36/37**

Anacamptis pyramidalis
Ophrys cretica subsp. *ariadnae*
Ophrys episcopalis
Orchis boryi
Orchis italica
Orchis provincialis
Serapias cordigera subsp. *cretica*
Serapias orientalis
Ophrys candica (Abb. 638)
Ophrys heldreichii
Ophrys mammosa
Orchis fragrans
Orchis pauciflora
Orchis sitiaca
Serapias lingua
Spiranthes spiralis

5. Kreta - von Spili nach Gerakari

Eines der interessantesten Orchideengebiete Kretas liegt zwischen Spili und Gerakari, nachdem die Straße die erste Paßhöhe überwunden hat. In dieser kleinräumig sehr abwechslungsreichen Landschaft sind sehr viele Arten zu finden und geeignete Biotope bereits vom Auto aus zu sehen. Südlich der Straße schließen sich steinige wiesige Hügel an, durch die eine Schotterstraße hindurchgeht, die im letzten Anstieg vor Gerakari abzweigt. Hier gibt es über 40 Arten, darunter *Orchis pauciflora* und *Orchis boryi* in Tausenden von Exemplaren. Daneben finden sich in diesem Gebiet viele Tulpen und besonders häufig *Iris unguicularis* subsp. *cretica* (Abb. 639):

UTM: **KU 79.88/99**

Aceras anthropophorum
Barlia robertiana
Ophrys bombyliflora
Ophrys cinereophila
Ophrys episcopalis
Ophrys fusca subsp. *cressa*
Ophrys iricolor
Ophrys phryganae
Ophrys sphegodes subsp. *cretensis*
Orchis boryi (massenhaft)
Orchis fragrans
Orchis lactea (sehr viel)
Orchis papilionacea subsp. *heroica*
Orchis quadripunctata
Orchis sitiaca
Serapias bergonii
Serapias lingua

Anacamptis pyramidalis
Neotinea maculata
Ophrys candica
Ophrys cretica subsp. *ariadnae*
Ophrys fusca subsp. *creberrima*
Ophrys heldreichii
Ophrys mammosa
Ophrys sicula
Ophrys tenthredinifera
Orchis collina
Orchis italica (massenhaft)
Orchis laxiflora
Orchis pauciflora (massenhaft)
Orchis simia
Orchis tridentata
Serapias cordigera subsp. *cretica*
Spiranthes spiralis

Abb. 639: Gerakari (KR), 3.4.1994

6. Kreta - südliches Diktigebirge

Von Ierapetra aus erreicht man auf der Hauptstraße in westlicher Richtung nach wenigen Kilometern einen Abzweig zum Dörfchen Kalamafka, das von zahlreichen Wiesenflächen umgeben ist. Hier sind große Bestände folgender Arten zu finden:

UTM: **LU 78.72**

Anacamptis pyramidalis *Barlia robertiana*
Ophrys bombyliflora *Ophrys fleischmannii*
Ophrys heldreichii *Ophrys iricolor*
Ophrys omegaifera subsp. *omegaifera* *Ophrys phryganae*
Ophrys sicula *Ophrys sphegodes* subsp. *cretensis*
Ophrys sphegodes subsp. *gortynia* *Ophrys tenthredinifera*
Orchis italica *Serapias bergonii*

Wieder zurück auf der Hauptstraße weiter in westlicher Richtung erreicht man kurz vor Pefkos nach rechts abbiegend den Ort Kato Simi. Von hier geht es auf einem Schotterweg zum Ortseingang des weitgehend verlassenen Epano Simi. Direkt am Ortseingang in einem Bachlauf:

UTM: **LU 67.28**

Epipactis cretica *Epipactis microphylla*

Zurück in Richtung Kato Simi zum Hauptweg, der sich in vielen Serpentinen aufwärts in das Zentrum der Gipfelregion der Dikti windet. Er durchquert dabei zunächst überwiegend Kiefernwälder, berührt mehrfach eine wasserführende Schlucht, die überwiegend von *Acer sempervirens* bewachsen ist. In etwa 1350 m Höhe, direkt in der Nähe der Ausgrabung des dortigen Hermaphroditen-Tempels, kann man Ende Mai in dieser Schlucht finden:

UTM: **LU 68.30**

Anacamptis pyramidalis *Cephalanthera cucullata*
Epipactis cretica (zahlreich) *Limodorum abortivum*
Listera ovata (selten)

Weiter oberhalb führt der Weg durch lichten Eichenwald, vermischt mit Kiefern. Er mündet in eine abflußlose Wanne, die intensiv beweidet wird (Abb. 640). Im Wald:

UTM: **LU 68.20**

Barlia robertiana
Cephalanthera cucullata
Himantoglossum samariense
Neotinea maculata
Orchis pauciflora
Orchis prisca
Orchis anatolica
× *Orchis quadripunctata*

Abb. 640: Dikti, zentrale Polje (KR), 15.5.2001

7. Kreta - Thriptialm und Ornoberge

Bekanntester Fundort Ostkretas ist die Thripti-Alm. Man erreicht sie am besten von Kato Horio aus, wo an der Kirche eine felsige Schotterstraße zur Alm abgeht. Interessant wird es am Weg etwa ab 600 m Höhe, wo die unteren Kiefernwaldgebiete erreicht werden.

UTM: **LU 98.32**

Ophrys omegaifera subsp. *omegaifera*   *Ophrys sitiaca* (März)
Orchis anatolica (relativ typisch)   *Orchis pauciflora*

Weiter im Wald in Richtung Thripti kreuzt der Weg vor der Alm mehrfach Geschieberinnen, in dieser Region geht ein weiterer Weg nach rechts ab, der nach Agios Ioannis führt. Hier, besonders wenn man einige 100 Meter den Weg in Richtung Agios Ioannis nimmt, finden sich:

UTM: **LU 98.93**

Orchis anatolica   *Orchis prisca*

Kurz vor Erreichen der Thripti-Alm kommen jüngere Kiefernbestände, in denen ebenfalls *Orchis prisca* steht. Die Wiesengebiete um Thripti bieten viele interessante Orchideen, insbesondere das Gebiet östlich oberhalb und westlich unterhalb des Ortes:

UTM: **LU 98.73/74**

Ophrys fusca subsp. *thriptiensis*   *Ophrys sitiaca*
Orchis laxiflora   *Orchis sitiaca* (Anfang Mai)

Alternativ kann man auch von Orino einen Schotterweg in Richtung Thripti nehmen, der an der Nordflanke des Bergmassivs entlang durch ausgedehnte Bergphrygana von oben zur Alm führt. In diesem Gebiet:

UTM: **LU 98.84**

Orchis prisca (reichhaltig)   *Orchis pauciflora*
Orchis anatolica × *Orchis prisca*   *Orchis anatolica*
                                           × *Orchis quadripunctata*
Daphne sericea (Abb. 641)

Ebenfalls von Orino aus kann man auf schlechten Schotterwegen das Plateau der Ornoberge erreichen.

UTM: **MU 08.13**

Ophrys fleischmannii
Ophrys fusca subsp. *thriptiensis*
Ophrys omegaifera subsp. *omegaifera*
Ophrys sphegodes subsp. *cretensis*
Orchis pauciflora
Orchis anatolica
    × *Orchis quadripunctata*

Abb. 641: Thripti (KR), 3.4.1992

8. Karpathos - von Pigadia in den Südteil der Insel

Direkt südlich Pigadia, leider schon von einsetzender Bebauung bedroht, biegt links eine schmale Asphaltstraße ab, die zu einer kleinen Kapelle im Kiefernwald führt. Vor der Kapelle findet sich eine sehr abwechslungsreiche Landschaftsstruktur, bei der sich kleine Wiesen mit Kiefernwaldgebieten abwechseln.

UTM: NV 12.98

Anacamptis pyramidalis   *Barlia robertiana*
Ophrys bombyliflora   *Ophrys cinereophila*
Ophrys cretica subsp. *ariadnae* *Ophrys episcopalis*
Ophrys heldreichii   *Ophrys omegaifera* subsp. *omegaifera*
Ophrys sicula   *Ophrys tenthredinifera*
Orchis fragrans   *Orchis papilionacea* subsp. *heroica*

Man wende sich auf die Hauptstraße zum Flughafen zurück und folge der nach wenigen Kilometern rechts abbiegenden Straße nach Menetes. An wiesigen Stellen vor Menetes:

UTM: NV 12.67

Ophrys aegaea   *Ophrys cretica* subsp. *ariadnae*
Ophrys episcopalis   *Ophrys ferrum-equinum*
Ophrys iricolor   *Ophrys omegaifera* subsp. *omegaifera*
Ophrys sicula   *Orchis anatolica*

Kurz hinter Menetes an der Straße nach Arkasa zweigt rechts ein Feldweg nach Agios Mamas ab. Im Bereich dieses Abzweiges treten auf:

UTM: NV 12.36

Anacamptis pyramidalis   *Ophrys cretica* subsp. *ariadnae*
Ophrys ferrum-equinum   *Ophrys heldreichii*
Ophrys iricolor (sehr viel) *Ophrys sicula*
Ophrys tenthredinifera   *Orchis papilionacea* subsp. *heroica* (viel)
Spiranthes spiralis

Vor Arkasa führt die Straße, bevor sie abwärts zur Küste geht, durch ausgedehnte Phrygana-Gebiete. Im Bereich, bevor links eine kleine Doppel-Kapelle zu sehen ist:

UTM: NV 12.15

Ophrys cretica subsp. *ariadnae* *Ophrys ferrum-equinum* (viel)
Ophrys iricolor (viel)   *Orchis papilionacea* subsp. *heroica* (sehr viel)
Spiranthes spiralis

Den Rückweg nach Pigadia kann man über Arkasa, Piles und Othos nehmen, auf dem zahlreiche weitere sehr interessante Wuchsorte zu finden sind.

9. Karpathos - von Pigadia in den Nordteil der Insel

Man fahre zunächst die von Pigadia aus nach Norden in Richtung Aperi führende Asphaltstraße und benutze vor diesem Ort die östliche Umgehungsstraße. Nach deren Ende wende man sich nach rechts. Beim Abzweig nach Kira Panagia geht diese Straße in einen Schotterweg nach Spoa über. An diesem Weg in lichten Kiefernbeständen:

UTM: **NV 13.59**

Barlia robertiana	*Neotinea maculata*
Ophrys aegaea	*Ophrys cinereophila*
Ophrys iricolor	*Ophrys sicula*
Ophrys tenthredinifera	*Orchis lactea*

Nach einigen Kilometern liegt links eine aufgelassene Siedlung, unterhalb der Strand von Apella. Das oberhalb austretende Wasser wird in einem großen Beton-Becken an der Straße gesammelt. In einem ausgedehnten Terrassengelände kann man finden:

UTM: **NV 13.29**

Aceras anthropophorum (Massen)	*Ophrys aegaea*
Ophrys episcopalis	*Ophrys ferrum-equinum*
Ophrys mammosa	*Ophrys sicula*
Neotinea maculata	*Orchis italica*
Orchis laxiflora	*Serapias orientalis* (Massen)

Weiter in Richtung Spoa zahlreiche Fundorte, beispielsweise:

UTM: **NV 14.31**

Barlia robertiana	*Ophrys aegaea*
Ophrys fusca subsp. *leucadica*	*Ophrys iricolor*
Ophrys omegaifera subsp. *omegaifera*	*Ophrys sicula*
Orchis anatolica	*Orchis italica*

Alternativ kann man, statt nach Spoa zu fahren, auch die Hochebene von Lastos aufsuchen, ein schönes Gebiet mit einer Vielzahl von Arten. Man erreicht sie, wenn man am Ende der oben erwähnten Umgehungsstraße nicht nach rechts abbiegt, sondern nach links in Richtung Othos fährt. Noch vor dem Ort biegt nach rechts eine Straße ab, die zunächst ein Tälchen hinaufführt, ehe sie die Lastos-Hochebene am Gipfelfuß des Kali Limenes erreicht. Ein Feldweg führt von hier aus wieder nach Aperi zurück, er verläuft etwa 400 m oberhalb der oben beschriebenen Straße nach Apella am Hang entlang. In großen Mengen kommen neben vielen anderen Arten vor:

UTM: **NV 13.27**

Orchis anatolica	*Orchis laxiflora*
Ophrys bombyliflora	*Ophrys fusca* subsp. *leucadica*

Abb. 642: Blick nach Westen von Skafi (KA) aus, 23.3.2001

10. Kasos

Diese kleine Insel besteht zwar fast nur aus basischen Gesteinen, praktisch der ganze Süden der Insel ist aber sehr trocken und extrem überweidet.
Lohnend ist der Weg, der vom Inselhauptort Fri über Poli auf den südlichen Kamm führt. Vor Erreichen des Kamms führen Wege in stark verfallene Terrassen nach Norden:

UTM: **MV 91.85**
   Ophrys episcopalis   *Ophrys heldreichii*
   Ophrys sicula   *Ophrys tenthredinifera*

Auf dem Kamm in steiniger Phrygana:

UTM: **MV 91.57**
   Ophrys cretica   *Ophrys fusca* subsp. *leucadica*
   Orchis anatolica

Von hier biegt ein Weg auf dem Kamm weiter verlaufend in nordöstlicher Richtung ab bis in eine Skafi genannte Weidehochfläche mit großen Beständen von *Arum creticum* (Abb. 642). In den Terrassen am Rand der Weidefläche, aber auch schon vorher unweit des verfallenen Dorfes findet sich:

UTM: **MV 91.78**
   Anacamptis pyramidalis   *Ophrys sicula*
   Ophrys cretica   *Ophrys tenthredinifera*
   Ophrys episcopalis   *Orchis anatolica*

Literatur

ACKERMANN, M. & ACKERMANN, M. (1986): Ophrys vernixia Brot.: Neu für Kreta. - Mitt. Bl. Arbeitskr. Heim. Orch. Baden-Württemberg 18(1): 151-158.

ALIBERTIS, A. (1997): Die Orchideen von Kreta und Karpathos. - Iraklion.

ALIBERTIS, C. & ALIBERTIS, A. (1985): Wild orchids of Crete. - Iraklion.

ALIBERTIS, C. & ALIBERTIS, A. (1988): Rayon d'espoir en ce qui concerne le Cephalanthera de Crète (Cephalanthera cucullata Boiss. et Heldr.). - L'Orchidophile 81: 68-70.

ALIBERTIS, C. & ALIBERTIS, A. (1988): Es gibt noch Hoffnung für das Kretische Waldvögelein Cephalanthera cucullata Boiss. & Heldr. - Ber. Arbeitskr. Heim. Orch. 5(1/2): 50-53.

ALIBERTIS, C. & ALIBERTIS, A. (1988): La Crete n'a pas fini de livrer ses secrets aux orchidophiles (1ère partie). - L'Orchidophile 20(86): 79-83.

ALIBERTIS, C. & ALIBERTIS, A. (1989): Die wilden Orchideen Kretas. 2. Aufl. - Iraklion.

ALIBERTIS, C. & ALIBERTIS, A. & REINHARD, H.R. (1990): Untersuchungen am Ophrys omegaifera-Komplex Kretas. - Mitt. Bl. Arbeitskr. Heim. Orch. Baden-Württemberg 22(1): 181-236.

ALKIMOS, A. (1988): Die Orchideen Griechenlands. - Athen.

BARBERO, M. & QUEZEL, P. (1980): La végétation forestière de Crète. - Ecol. Medit. 5: 175-210.

BATEMAN, R. M., PRIDGEON, A.M., & CHASE, M.W. (1997): Phylogenetics of subtribe Orchidinae (Orchidoideae, Orchidaceae) based on nuclear ITS sequences. 2. Infrageneric relationships and reclassification to achieve monophyly of *Orchis sensu stricto*. - Lindleyana 12(3): 113-141.

BATEMAN, R.M. (2001): Evolution and classification of European orchids: insights from molecular and morphological characters. - Jour. Eur. Orch. 33(1): 33-119.

BAUMANN, B. & BAUMANN, H. (1991): Hybridogene Populationen zwischen Orchis anatolica Boiss. und Orchis quadripunctata Cyr. ex Ten. in der Ostmediterraneis. - Mitt. Bl. Arbeitskr. Heim. Orch. Baden-Württemberg 23(1): 203-242.

BAUMANN, B. & BAUMANN, H. (1999): Ein Beitrag zur Kenntnis der Serapias cordigera-Gruppe. - Jour. Eur. Orch. 31(2): 495-521.

BAUMANN, B.& BAUMANN, H. (2001): Zur Kenntnis der Orchideenflora der Cyrenaika (Libyen). - Journ. Eur. Orch. 33(2): 691-725.

BAUMANN, H. (1972): Ophrys cretica (Vierh.) Nelson ssp. cretica x Ophrys sphecodes Mill. ssp. sphecodes. - Die Orchidee 23(5): 206-207.

BAUMANN, H. & DAFNI, A. (1981): Differenzierung und Arealform des Ophrys omegaifera-Komplexes im Mittelmeergebiet. - Beih. Veröff. Naturschutz Landschaftspflege Baden-Württemberg 19: 129-153.

BAUMANN, H. & KÜNKELE, S. (1981): Beiträge zur Taxonomie europäischer Orchideenarten. - Mitt. Bl. Arbeitskr. Heim. Orch. Baden-Württemberg 13(3): 337-373.

BAUMANN, H. & KÜNKELE, S. (1982): Die wildwachsenden Orchideen Europas. - Stuttgart.

BAUMANN, H. & KÜNKELE, S. (1982): Beiträge zur Taxonomie von Ophrys oestrifera M.-Bieb. und Ophrys scolopax Cav. - Mitt. Bl. Arbeitskr. Heim. Orch. Baden-Württemberg 14(2): 204-239.

BAUMANN, H. & KÜNKELE, S. (1986): Die Gattung Ophrys L. - eine taxonomische Übersicht. - Mitt. Bl. Arbeitskr. Heim. Orch. Baden-Württemberg 18(3): 305-688.

BAUMANN, H. & KÜNKELE, S. (1988): Neue Beiträge zur Taxonomie europäischer und mediterraner Orchideen. - Mitt. Bl. Arbeitskr. Heim. Orch. Baden-Württemberg 20(3): 610-651.

BAUMANN, H. & KÜNKELE, S. (1989): Die Gattung Serapias L. - eine taxonomische Übersicht. - Mitt. Bl. Arbeitskr. Heim. Orch. Baden-Württemberg 21(3): 701-946.

BAUMANN, H. & KÜNKELE, S. (1994): Orchis prisca Hautzinger - eine gefährdete und endemische Orchidee von Kreta. - Jour. Eur. Orch. 26(2): 147-167.

BAUMANN, H. & KÜNKELE, S. (1995): Orchis prisca Hautzinger (1. Nachtrag). - Jour. Eur. Orch. 27(1): 87-92.

BAYER, M., KÜNKELE, S. & WILLING, E. (1978): Interimskarten zur Verbreitung der südgriechischen Orchideen. - Mitt. Bl. Arbeitskr. Heim. Orch. Baden-Württemberg 10(3/4): 114-216.

BERGERON, M. (1980): Excursion de la section „Orchidées d'Europe" en 1979. - L'Orchidophile 11(43): 1632-1633.

BERGMEIER, E. (1995): Die Höhenstufung der Vegetation in Südwest-Kreta. - Phytocoenologia 25(3): 317-361.

BERGMEIER, E., JAHN, R. & JAGEL, A. (1997): Flora and vegetation of Gavdos (Greece), the southernmost European island. I. Vascular flora and chorological relations. - Candollea 52(2): 305-358.

BERGMEIER, E., KYPRIOTAKIS, Z., JAHN, R., BÖHLING, N.B., DIMOPOULOS, P.D., RAUS, T. & TZANOUDAKIS, D. (2001): Flora and phytogeographical significance of the islands Chrisi, Koufonisi and nearby islets (South Aegean, Greece). - Willdenowia 31(2): 329-356.

BIEL, B., KRETZSCHMAR, G. & KRETZSCHMAR, H. (1998): Zur Orchideenflora der Insel Skyros (Sporaden). - Ber. Arbeitskr. Heim. Orch. 15(1): 27-47.

BLAICH, G. (1991): Ergänzungen zur Kenntnis der Orchideenflora Westkretas. - Mitt. Bl. Arbeitskr. Heim. Orch. Baden-Württemberg 23(3): 467-472.

BLATT, H. & HERTEL, H. (1982): Beiträge zur Verbreitung der Orchideen in Kreta nebst einer Beschreibung des Bastardes Ophrys bombyliflora Link x Ophrys spruneri Nym. - Mitt. Bl. Arbeitskr. Heim. Orch. Hessen 4(1/2): 1-40.

BODEGOM, J.V. (1974): Orchideeën in Z.O.-Europa en West-Turkije (3): Kreta. Orchideeën 36(1): 4-9.

BOURNERIAS, J. & Bournerias, B. (1991): Voyage d'étude de la S.F.O. en Crète, avril 1990. - L'Orchidophile 22(96): 75-81.

BREINER, R. (1979): pH-Messungen an Orchideen-Standorten auf Kreta und Zypern. - Mitt. Bl. Arbeitskr. Heim- Orch. Baden-Württemberg 11(1): 54-59.

BRUMMITT, R.K. & POWELL, C.E. (1992): Authors of plant names. - Kew.

BURTON, R. M. (1996[1997]): Two new flowering plant species for the flora of Crete. - Flora Mediterranea 6: 69-70.

BUTTLER, K.P. (1983): Die Ophrys ciliata (speculum)-Gruppe, eine Neubewertung (Orchidaceae: Orchideae). - Jahresber. Naturwiss. Vereins Wuppertal 36: 37-57.

BUTTLER, K. P. (1986): Orchideen. Die wildwachsenden Arten und Unterarten Europas, Vorderasiens und Nordafrikas. - München.

CAMPBELL, N.R. (1979): The occurrence of Orchis robusta (T. Stephenson) Gölz & Reinhard in Crete. - Watsonia 12(3): 253-255.

CAMPBELL, N.R. (1982): Ophrys cretica and its possible identity with O. doerfleri (Orchidaceae). - Willdenowia 12(2): 231-234.

CHILTON, L. & TURLAND, N.J. (1997): Flora of Crete. A supplement. - Retford, Nottinghamshire.

CHILTON, L. & TURLAND, N.J (2001): Flora of Crete: Supplement II, Additions 1997-2001. – http://www.marengo.supanet.com/text/fcs.htm

CINGEL, N.A.V.D. (1990): Kreta, orchideeënparadijs. - Orchideeën 52(1): 2-10, 15.

COUSTURIER, P. & GANDOGER, M. (1916): Herborisations en Crète (1913-1914). Première partie. - Bull. Soc. Botan. France. 4. Ser. 63: 1-15.

CREUTZBURG, N. (1966): Die südägaische Inselkette. Bau und geologische Vergangenheit. - Erdkunde 20: 20-30.

DELFORGE, P. (1992): Contribution à l'étude de trois espèces d'Ophrys récemment décrites: Ophrys cephalonica, Ophrys herae et Ophrys minoa (Orchidaceae). - Naturalistes Belges 73(3): 71-105.

DELFORGE, P. (1995): Les Orchidées des îles de Paros et Antiparos (Cyclades, Grèce). Observations, cartographie et description d'Ophrys parosica, une nouvelle espèce du sous-groupe d'Ophrys fusca. - Naturalistes Belges 76(3): 144-221.

DELFORGE, P. (2001): Guide des Orchideés d'Europe d'Afrique du Nord et du Proche-Orient. 2. Ed. - Lausanne, Paris.

DELFORGE, P., DEVILLERS-TERSCHUREN, J. & DEVILLERS, P. (1992): Contributions taxonomiques et nomenclaturales aux Orchidées d'Europe (Orchidaceae). - Naturalistes Belges 72: 99-101.

EGLI, B.R. (1993): Ökologie der Dolinen im Gebirge Kretas (Griechenland). Dissertation. - Zürich.

ETTLINGER, D.M.T. (1996): L'existence d'Orchis palustris s.l. en Crète et dans l'île de Kos (Dodécanèse, Grèce). - Naturalistes Belges 77: 111-118.

FLEISCHMANN, H. (1925): Beitrag zur Orchideenflora der Insel Kreta. - Oesterr. Bot. Z. 74(7-9): 180-194.

GANDOGER, M. (1916): Flora Cretica. - Paris.

GARNWEIDNER, E. (1989): Florenliste der Exkursion der Bayerischen Botanischen Gesellschaft nach Kreta. - Ber. Bayer. Bot. Ges. 60: 157-168.

GARNWEIDNER, E. (1997[1998]): Florenliste der Exkursion der Bayerischen Botanischen Gesellschaft 1989 nach Kreta. - Ber. Bayer. Bot. Ges. 68: 129-150.

GÖLZ, P. & REINHARD, H.R. (1980): Serapias (Orchidaceae). Ergebnisse statistischer und chorologischer Untersuchungen. - Mitt. Bl. Arbeitskr. Heim. Orch. Baden-Württemberg 12(3): 123-189.

GÖLZ, P. & REINHARD, H. R. (1985): Statistische Untersuchungen an Ophrys bornmuelleri M. Schulze und O. kotschyi H. Fleischmann & Soó. – Mitt.Bl. Arbeitskr. Heim. Orch. Baden-Württemberg 17(3): 446-491.

GÖLZ, P. & REINHARD, H.R. (1987): Bemerkungen zu Baumann, H. & S. Künkele (1986): Die Gattung Ophrys L. Eine taxonomische Übersicht. - Mitt. Bl. Arbeitskr. Heim. Orch. Baden-Württemberg 19(4): 866-894.

GÖLZ, P. & REINHARD, H.R. (1989): Über einige Besonderheiten im ostmediterranen Ophrys scolopax-Komplex. - Mitt. Bl. Arbeitskr. Heim. Orch. Baden-Württemberg 21(4): 1040-1067.

GÖLZ, P., REINHARD, H.R., ALIBERTIS, C., ALIBERTIS, A., GACK, C. & PAULUS, H.F. (1996): Gestaltwandel innerhalb kretischer Orchideenaggregate im Verlauf der Monate Januar bis Mai. - Jour. Eur. Orch. 28(4): 641-701.

GOULANDRIS, N., GOULIMIS, C.N. & STEARN, W.T. (1968): Wild flowers of Greece. - Kifissia.

GRADSTEIN, S.R. & SMITTENBERG, J.H. (1977): The hydrophilous vegetation of western Crete. - Vegetatio 34(2): 65-86.

GREUTER, W. (1971): Betrachtungen zur Pflanzengeographie der Südägäis. - Op. Bot. 30: 49-64.

GREUTER, W. (1973): Additions to the flora of Crete, 1938-1972. - Ann. Musei Goulandris 1: 15-83.

GREUTER, W. (1975): First OPTIMA Meeting in Crete - September 1975. Guide to the excursions. - Genève.

GREUTER, W. (1975): Floristic report on the Cretan area. - Mem. Soc. Brot. 24(1): 131-171.

GREUTER, W., MATTHÄS, U. & RISSE, H. (1985): Additions to the flora of Crete. 1973-1983 (1984) - III. - Willdenowia 15(1): 23-60.

GRUBE, A. (1982): Liste der von mir in der Zeit vom 3.4. bis 30.4.1971 auf Kreta gefundenen Orchideenarten.- Mitt. Bl. Arbeitskr. Heim. Orch. Hessen 4: 41-42.

HAAS, J. & HAAS, M. (2000): Orchideen-Exkursion Karpathos. Exkursionsprotokoll - 02.04. 1998 bis 14.04.1998. - Jour. Eur. Orch. 32(1): 159-168.

HAGER, J. (1985): Pflanzenökologische Untersuchungen in den subalpinen Dornpolsterfluren Kretas. Diss. Bot. 89.

HALACSY, E. V. (1900-1904): Conspectus Florae Graecae. Vol. 1-3.- Lipsiae [Leipzig].

HALACSY, E. V. (1908): Conspectus Florae Graecae. Supplementum. - Lipsiae [Leipzig].

HALACSY, E. V. (1912): Supplementum secundum Conspectus florae graecae. - Magyar Bot. Lapok 11(5-8): 114-202.

HALX, G. (1972): Über einige Bastarde von Ophrys cretica (Vierh.) Nelson. - Hoppea 30: 97-110.

HAUTZINGER, L. (1976): Orchis prisca (Orchidaceae), eine neue Art aus Kreta. - Pl. Syst. Evol. 124(4): 311-313.

HAUTZINGER, L. (1978): Genus Orchis L. (Orchidaceae); Sectio Robustocalcare Hautzinger. - Ann. Naturhist. Mus. Wien 81: 31-73.

HENKE, E. (1983): Ostern in der Sfakia.- AHO Mitt. Bl. 1(1): 10-22.

HENKE, E. (1986): Exkursionen in die Orchideenflora Kretas. - Ber. Arbeitskr. Heim. Orch. 3(1): 13-38.

HERMEY, W. (1976): Orchideen Europas und der Mittelmeerländer. Orchideenbeobachtungen auf Kreta. - Kakteen Orchid. Rundschau 1(4/5): 53-56, 63-66.

HILLER, W. & KALTEISEN, M. (1988): Die Orchideen der Insel Karpathos. - Mitt. Bl. Arbeitskr.Heim. Orch. Baden-Württemberg 20(3): 443-518.

HISCOCK, S. (1991): Spili - an orchid cornucopia. - Bull. Alpine Garden Soc. 59(3): 291-297.

HÖLZINGER, C. & HÖLZINGER, J. (1986): Beiträge zur Orchideenflora von Kreta. - Mitt. Bl. Arbeitskr. Heim. Orch. Baden-Württemberg 18(1): 137-150.

HÖNER, D. (1990): Mehrjährige Beobachtungen kleiner Vegetationsflächen im Raume von Karpathos (Nomos Dhodhekanisou, Griechenland). Ein Beitrag zur Klärung des "Kleininselphänomens". Dissertation. - Berlin.

IGME (ed.) (1984): Geological map of Greece 1:50.000, Kassos Island. - Bureau de Publication des Cartes Géologiques de l' I.G.M.E. (Institute of Geology and Mineral Exploration).

JACOBSHAGEN, V. [Hrsgb.] (1986): Beiträge zur Geologie von Griechenland. - Berlin/Stuttgart.

JAHN, R. & SCHÖNFELDER, P. (1995): Exkursionsflora für Kreta. - Stuttgart.

KALOPISSIS, J. (1984): Episkopisi ton orcheoidon tis Kritis. - Vorio.

KALOPISSIS, J. & ROBATSCH, K. (1980): Epipactis cretica Kalopissis et Robatsch. spec. nov., ein neuer kretischer Endemit. - Die Orchidee 31(4): 141-143.

KALOPISSIS, Y. (1988): The Orchids of Greece - Inventory and Review. - Iraklio.

KLEIN, E. (1973): Orchis sancta L. x Orchis coriophora L. ssp. fragrans (Poll.) Camus - die erste intragenerische Hybride der Sektion Coriophorae Parlat. - Die Orchidee 24(5) 260. Teil: 209-211.

KLEIN, E. (1978): Eine neue Hybride mit einem Mitglied der Ophrys-Subsektion Aegaea: O. cretica (Vierh.) Nelson x O. bombyliflora Link. - Die Orchidee 29(5): 215-217.

KLEIN, E. (1978): Zwei neue Ophrys-Hybriden von der Insel Kreta. - Hoppea 36(2): 467-471.

KOHLMÜLLER, R. (1995): Ophrys x vamvakiae R. Kohlmüller, nothosp. nat. nov. - Ein neuer Hybrid der Orchideenflora der Insel Kreta. - Ber. Arbeitskr. Heim. Orch. 12(1): 59-62.

KRETZSCHMAR, G. & KRETZSCHMAR, H. (1996) Orchideen der Insel Naxos. - Ber. Arbeitskr. Heim. Orch. 13(1): 4-30.

KRETZSCHMAR, G. & KRETZSCHMAR, H. (1995): Ophrys grigoriana - eine neue Art aus Kreta. - Ber. Arbeitskr. Heim. Orch. 12(1): 54-58.

KRETZSCHMAR, G. & KRETZSCHMAR, H. (1998): Neue Ophrys-Hybriden aus Griechenland und der Ägäis. - Ber. Arbeitskr. Heim. Orch. 15(1): 48-56.

KRETZSCHMAR, G., KRETZSCHMAR, H. & ECCARIUS, W. (2001): Orchideen auf Rhodos. - Bad Hersfeld.

KRETZSCHMAR, G. & KRETZSCHMAR, H. (2001): Orchis papilionacea subsp. alibertis, eine neue Unterart aus Kreta - Ber. Arbeitskr. Heim. Orch. 18(1): 128-132.

KRETZSCHMAR, H. & JAHN, R. (2001): Ophrys cretica subsp. bicornuta - eine neue Unterart aus Ostkreta. - Ber. Arbeitskr. Heim. Orch. 18(2) - im Druck.

KREUTZ, C.A.J. (1990): Beitrag zur Orchideenflora Kretas. - Mitt. Bl. Arbeitskr. Heim. Orch. Baden-Württemberg 22(2): 358-384.

KREUTZ, C.A.J. (1990): De orchideeënflora op het griekse eiland Kreta. - Eurorchis 2: 107-154.

KREUTZ, C. A. J. (1998): Die Orchideen der Türkei. Beschreibung, Ökologie, Verbreitung, Gefährdung, Schutz. – Landgraaf/Raalte.

KREUTZ, C.A.J. (2000): Notizen zu einigen spätblühenden Orchideenarten auf Kreta. - Ber. Arbeitskr. Heim. Orch. 17(2): 106-114.

KREUTZ, C.A.J. (2001): Ophrys helios, eine neue Art von Karpathos (Ostägäis). - Journ. Eur. Orch. 33 (3): 871-880.

KÜNKELE, S. (1979): Historischer Überblick zur Erforschung der Orchideen von Kreta. Vorarbeiten zur Orchideenflora von Kreta (II). - Mitt. Bl. Arbeitskr. Heim. Orch. Baden-Württemberg 11(4): 283-309.

KÜNKELE, S. (1979): Revision der von M. Gandoger und P. Cousturier auf Kreta gesammelten Orchideen. - Mitt. Bl. Arbeitskr. Heim. Orch. Baden-Württemberg 11(3): 173-205.

KYPRIOTAKIS, Z. & KALOPISSIS, J. (1988): Neue Standorte der Cephalanthera cucullata Boiss. & Heldr. - Mitt. Bl. Arbeitskr. Heim. Orch. Baden-Württemberg 20(1): 69-73.

LAKOWITZ, K. (1929): Verzeichnis der in Griechenland und auf der Insel Kreta während der Vereinsstudienfahrt im April 1928 gesammelten Pflanzen. - Ber. Westpreuss. Bot.-Zool. Vereins Danzig 51: 61-68.

MAJOR, C.-J.F. & BARBEY, W. (1894): Kasos. Étude botanique.- Bull. de l'Herbier Boissier 2(5): 329-341.

MAJOR, C.-J.F. & BARBEY, W. (1894): Saria. Étude botanique. - Bull. de l'Herbier Boissier 2(4): 241-246, 1 plate.

MATTHÄS, U. (1988): Die laubwerfenden Eichenwälder Kretas. Diss. Bot. 119.

NELSON, E. (1968): Monographie und Ikonographie der Orchideen-Gattungen Serapias, Aceras, Loroglossum, Barlia. -. Chernex-Montreux.

PAULUS, H.F. (1994): Untersuchungen am Ophrys cretica-Komplex mit Beschreibung von Ophrys ariadnae H.F. Paulus spec. nov. (Orchidaceae) - Jour. Eur. Orch. 26(3/4): 628-643.

PAULUS, H.F. (1998): Der Ophrys fusca s.str. - Komplex auf Kreta und anderer Ägäisinseln mit Beschreibungen von O. blitopertha, O. creberrima, O. cinereophila, O. cressa, O. thriptiensis, und O. creticola spp. nov. (Orchidaceae). - Jour. Eur. Orch. 30(1): 157-201.

PAULUS, H.F. (2001): Daten zur Bestäubungsbiologie und Systematik der Gattung Ophrys in Rhodos (Griechenland) mit Beschreibung von Ophrys parvula, Ophrys persephonae, Ophrys lindia, Ophrys eptapigiensis spec. nov. aus der Ophrys fusca s.str. Gruppe und Ophrys cornutula spec. nov. aus der Ophrys oestrifera-Gruppe (Orchidaceae und Insecta, Apoidea). - Ber. Arbeitskr. Heim. Orch. 18(1): 38-86.

PAULUS, H.F., ALIBERTIS, C. & ALIBERTIS, A. (1990): Ophrys mesaritica H.F. Paulus und C. & A. Alibertis spec. nov. aus Kreta, eine neue Art aus dem Ophrys fusca-iricolor-Artenkreis. - Mitt. Bl. Arbeitskr. Heim. Orch. Baden-Württemberg 22(4): 772-787.

PAULUS, H.F. & GACK, C. (1986): Neue Befunde zur Pseudokopulation und Bestäuberspezifität in der Orchideengattung Ophrys - Untersuchungen in Kreta, Süditalien und Israel. - Jahrb. Naturwiss. Ver. Wuppertal 39: 48-86.

PAULUS, H.F. & GACK, C. (1990): Untersuchungen zur Pseudokopulation und Bestäuberspezifität in der Gattung Ophrys im östlichen Mittelmeergebiet (Orchidaceae, Hymenoptera, Apoidea). - Jahrb. Naturwiss. Ver. Wuppertal 43: 80-118.

PERKO, M. (2000): Ergänzungen der Orchideenflora der griechischen Inseln Samos, Karpathos und Rhodos. - Ber. Arbeitskr. Heim. Orch. 17(2): 79-84.

PERSELIS, M. (o. J.): Τα αγριοδονδονδα της Κασον. - Athen.

RAULIN, V. (1869): Description physique de l'ile de Crète. Livre IV: Botanique. - Paris.

RAUS, T. (1991): Asia or Europe - The phytogeographical position of the Karpathos archipelago (SE Aegean, Greece). - Flora Vegetatio Mundi IX: 301-310.

RAUS, T. (1996): Additions and amendments to the flora of the Karpathos island group (Dodekanesos, Greece). - Bot. Chronika 12: 21-53.

RAVEN, J. (1972): Crete in March, part 1. - Bull. Alpine Garden Soc.. 40(3): 188-196.

RECHINGER, K.H. (1929): Beitrag zur Kenntnis der Flora der Ägäischen Inseln und Ostgriechenlands. - Ann. Naturhist. Mus. Wien 43: 269-340.

RECHINGER, K.H. (1943): Flora Aegeae. - Denkschr. Akad. Wiss. Wien 105: 1-924.

RECHINGER, K.H. (1949): Florae Aegaeae supplementum. - Phyton (Horn) 1(2-4): 194-228.

Rechinger, K.H. & Rechinger-Moser, F. (1951): Phytogeographia Aegaea. - Denkschr. Akad. Wiss. Wien 105(2): 1-208.

Renz, J. (1928): Zur Kenntnis der griechischen Orchideen. - Repert. Spec. Nov. Regni Veg. 25: 225-270.

Renz, J. (1930): Beiträge zur Orchideenflora der Insel Kreta. - Repert. Spec. Nov. Regni Veg. 28: 241-262.

Renz, J. (1932): Die Orchideenflora von Ostkreta (Sitia). - Repert. Spec. Nov. Regni Veg. 30: 97-118.

Renz, J. & Taubenheim, G. (1984): Ophrys doerfleri Fleischmann. In Davis, P. H. (Ed.) (1984): Flora of Turkey and the East Aegean Islands. Vol. 8 [Butomaceae to Typhaceae]: 489–490, 564. – Edinburgh.

Riechelmann, A. (1999): Ophrys calypsus Hirth & Spaeth und Ophrys phaseliana D. & U. Rückbrodt - zwei neue Orchideenarten auf Kreta. - Ber. Arbeitskr. Heim. Orch. 16(1): 66-71.

Riechelmann, A. (1999): Orchideen-Exkursion Ostkreta vom 04. April 1998 bis 18. April 1998. Exkursionsprotokoll. - Jour. Eur. Orch. 31(4): 977-985.

Rikli, M. & Rübel, E. (1923): Über Flora und Vegetation von Kreta und Griechenland. - Vierteljahrsschr. Naturf. Ges. Zürich 68(1/2): 103-227.

Robatsch, K. (1978): Cephalanthera damasonium - Neufund für Kreta. - Die Orchidee 29(3): 110-111.

Rückbrodt, U. (1971): Botanisieren auf Kreta. -Kosmos (Stuttgart) 67: 484-487.

Rückbrodt, U. & Rückbrodt, D. (1987): Himantoglossum affine (Boiss.) Schltr. auf Kreta? - Ber. Arbeitskr. Heim. Orch. 4(2): 314-321.

Schneider, G. (1987): Neufund von Orchis sancta L. auf Kreta. - Mitt. Bl. Arbeitskr. Heim. Orch. Baden-Württemberg 19(1): 95-96.

Schneider, G. (1989): Ein Fund von Orchis sancta L. x Orchis coriophora L. auf Kreta.- Mitt. Bl. Arbeitskr. Heim. Orch. Baden-Württemberg 21(1): 126-132.

Seitz, W. (1978): Botanische Besonderheiten von der Insel Kreta. - Jahrb. Ver. Schutze Bergwelt 45: 197-217.

Skreide, S. (1998): New records of Ophrys speculum Link, Orchis provincialis Lam. & DC. and Cephalanthera cucullata Boiss. & Heldr. in Crete. - Jour. Eur. Orch. 30(3): 619-623.

Soó, R. V. (1979): Nomina nova in genere Ophrys. - Acta botanica Acad. Scien. Hungar. 25(3/4): 361-363.

Stefani, C.D., Major, C.-J.F. & Barbey, W. (1895): Karpathos. Étude géologique, paléontologique et botanique. - Lausanne.

Strasser, W. (1981): Vegetations-Studien in der südlichen Agäis (Kap Sunion, Kos, Rhodos, Kreta). - Steffisburg.

Strasser, W. (1988): West-Kreta. Botanische Studien 1987. - Steffisburg.

Strasser, W. (1989): West-Kreta. Botanische Exkursionen der Zürcherischen botanischen Gesellschaft 26.3.-6.4. 1989. - Steffisburg.

Strasser, W. (1999): Kreta 1999, botanische Studien, z. T. unterwegs mit Baumeler. - Steffisburg.

Strid, A. & Tan, K. [Ed.] (1991): Mountain flora of Greece, vol. 2 - Athen.

Sundermann, H. (1980): Europäische und mediterrane Orchideen. Eine Bestimmungsflora mit Berücksichtigung der Ökologie. - Hildesheim [3. Aufl.].

Terrell, M. & Terrell, S. (1974): Orchids and archaeology on the island of Crete.- Americ. Orch. Soc. Bull. 43(1): 43-46.

Teschner, W. (1975): Bemerkungen zu einigen Orchideenvorkommen auf Kreta. - Die Orchidee 26(4): 169-170.

Teschner, W. (1975): Eine hybridogene Orchis-Sippe auf Kreta? - Die Orchidee 26(5): 217-221.

Turland, N.J. (1992): Floristic notes from Crete. - Bot. J. Linn. Soc. 108(4): 345-357.

Vierhapper, F. (1916): Beiträge zur Kenntnis der Flora Kretas. Aufzählung der anlässlich der fünften Wiener Universitätsreise im April 1914 auf Kreta gesammelten Blüten- und Farnpflanzen (Schluss). - Oesterr. Bot. Z. 66(5): 150-180.

Vierhapper, F. & Rechinger, K.H. (1935): Bearbeitung der von Ignaz Dörfler im Jahre 1904 auf Kreta gesammelten Blüten- und Farnpflanzen. - Oesterr. Bot. Z. 84(2/3): 123-157, 161-197.

Vogel, S. (1977): Zur Ophrys-Bestäubung auf Kreta. Orchidee (Hamburg) Sonderheft: 131-140.

Weiss, M.E. (1869): Beiträge zur Flora von Griechenland und Creta. - Verh. Kaiser.-Königl. Zool.-Bot. Ges. Wien 19: 37-54, 741-758.

Wellinghausen, N. & Koch, H. (1989): Orchideensuche auf Kreta. - Ber. Arbeitskr. Heim. Orch. 6(1): 85-100.

Williams, J.G., Williams, A.E. & Arlott, N. (1979): Orchideen Europas mit Nordafrika und Kleinasien. - München 1979.

Wirth, H.W. & Blatt, H. (1988): Kritische Anmerkungen zu "Die Gattung Ophrys L. eine taxonomische Übersicht". - Ber. Arbeitskr. Heim. Orch. 5(1/2): 4-21.

Wisskirchen, R. & Haeupler, H. (1998): Standardliste der Farn- und Blütenpflanzen Deutschlands. - Stuttgart.

Zaffran, J. (1990): Contribution à la flore et à la végétation de Crète. Dissertation. - Marseille.

Register der wissenschaftlichen Orchideennamen

×*Orchiaceras bergonii* – 355
×*Orchiaceras bivonae* – 355

Aceras anthropophorum – 40, 46, 51, 52, 55, 62, **64**, 278, 320, 400, 404
Aceras anthropophorum × *Orchis italica* – 354, 356
Aceras anthropophorum × *Orchis simia* – 354, 357, 400
Aceras intacta – 112
Anacamptis boryi – 266
Anacamptis collina – 270
Anacamptis coriophora subsp. *fragrans* – 274
Anacamptis laxiflora – 286
Anacamptis morio – 290
Anacamptis palustris – 292
Anacamptis papilionacea – 296
Anacamptis pyramidalis – 40, 46, 47, 51, 52, 56, 62, **68**, 178, 274, 296, 298, 396, 397, 399, 400, 401, 403, 404
Anacamptis sancta – 316
Anteriorchis sancta – 316

Barlia longibracteata – 72
Barlia robertiana – 46, 51, 52, 55, 62, **72**, 397, 399, 400, 401, 403, 404

Cephalanthera alba – 80
Cephalanthera cucullata – 46, 52, 54, 62, **76**, 80, 82, 84, 90, 401
Cephalanthera damasonium – 46, 52, 54, 62, **80**
Cephalanthera ensifolia – 82
Cephalanthera epipactoides – 76
Cephalanthera grandiflora – 80
Cephalanthera longifolia – 46, 47, 52, 54, 62, **82**, 397, 398
Cephalanthera rubra – 46, 47, 52, 54, 62, **84**
Cephalanthera xyphophyllum – 82

Dactylorhiza romana – 46, 47, 51, 52, 56, 62, **86**, 304, 312, 397
Dactylorhiza sambucina subsp. *pseudosambucina* – 86
Dactylorhiza sulphurea – 86
Dactylorhiza sulphurea subsp. *pseudosambucina* – 86
Disa uniflora – 51

Epipactis cretica – 46, 52, 54, 62, **90**, 94, 97, 358, 401
Epipactis cretica × *Epipactis microphylla* – 354, 358
Epipactis gracilis – 90
Epipactis helleborine – 97
Epipactis microphylla – 46, 47, 52, 54, 62, 90, 92, **94**, 97, 358, 396, 397, 398, 401
Epipactis troodii – 90
Epipogium aphyllum – 46, 47, 52, 54, 62, **98**

Himantoglossum affine – 100, 102
Himantoglossum caprinum – 51, 102
Himantoglossum longibrateatum – 72
Himantoglossum montis-tauris – 102
Himantoglossum samariense – 46, 47, 52, 55, 62, **100**, 398, 401

Limodorum abortivum – 40, 46, 52, 54, 62, **104**, 397, 398, 401
Limodorum abortivum var. *rubrum* – 104
Listera ovata – 46, 52, 54, 62, **108**, 398, 401

Neotinea intacta – 112
Neotinea lactea – 282
Neotinea maculata – 40, 46, 51, 52, 56, 62, **112**, 397, 398, 400, 401, 404

Ophrys ×*pseudomammosa* – 208
Ophrys aegaea – 46, 47, 52, 61, 62, **116**, 158, 160, 359, 360, 403, 404
Ophrys aegaea × *Ophrys cretica* subsp. *ariadnae* – 354, 359
Ophrys aegaea × *Ophrys ferrum-equinum* – 354, 360
Ophrys andria – 142, 143, 151
Ophrys apifera – 40, 46, 51, 52, 60, 62, **120**, 397
Ophrys apifera var. *bicolor* – 120
Ophrys apulica – 143
Ophrys araneola – 51
Ophrys argolica subsp. *aegaea* – 116
Ophrys ariadnae – 128, 130, 206
Ophrys attaviria – 162
Ophrys basilissa – 196
Ophrys battandieri – 232
Ophrys bilunulata – 184
Ophrys blithoperta – 162, 164

411

Ophrys bombyliflora – 46, 51, 52, 58, 62, **124**, 130, 152, 240, 244, 362, 363, 396, 397, 399, 400, 401, 403, 404
Ophrys bombyliflora × *Ophrys cretica* subsp. *ariadnae* – 354, 362
Ophrys bombyliflora × *Ophrys heldreichii* – 354, 362
Ophrys bombyliflora × *Ophrys spruneri* subsp. *spruneri* – 354, 363
Ophrys bombyliflora × *Ophrys tenthredinifera* – 354, 363
Ophrys bornmuelleri – 143
Ophrys canaliculata – 124
Ophrys candica – 46, 51, 52, 60, 62, 142, **144**, 154, 364, 397, 398, 399, 400
Ophrys candica × *Ophrys episcopalis* – 354, 364
Ophrys candica × *Ophrys heldreichii* – 354, 364
Ophrys candica subsp. *minoa* – 144
Ophrys cinereophila – 40, 46, 52, 59, 62, 162, 163, 165, **166**, 174, 184,186, 365, 366, 399, 400, 403, 404
Ophrys cinereophila × *Ophrys fusca* subsp. *creberrima* – 354, 365
Ophrys cinereophila × *Ophrys fusca* subsp. *leucadica* – 354, 365
Ophrys cornuta subsp. *heldreichii* – 152
Ophrys creberrima – 174
Ophrys cressa – 178
Ophrys cretensis – 216
Ophrys cretica – 40, 41, 51, 128, 132, 134, 140, 405
Ophrys cretica subsp. *ariadnae* – 2, 46, 52, 60, 62, 124, 128, **130**, 134, 136, 140, 152, 158, 212, 216, 236, 240, 359, 362, 363, 366,367, 368, 369, 370, 399, 400, 403
Ophrys cretica subsp. *ariadnae* × *Ophrys ferrum-equinum* – 354, 366
Ophrys cretica subsp. *ariadnae* × *Ophrys fusca* subsp. *creberrima* – 354, 366, 368
Ophrys cretica subsp. *ariadnae* × *Ophrys heldreichi* – 354, 367
Ophrys cretica subsp. *ariadnae* × *Ophrys mammosa* – 354, 367
Ophrys cretica subsp. *ariadnae* × *Ophrys phryganae* – 354, 368
Ophrys cretica subsp. *ariadnae* × *Ophrys sphegodes* subsp. *cretensis* – 354, 368
Ophrys cretica subsp. *ariadnae* × *Ophrys spruneri* subsp. *spruneri* – 354, 369
Ophrys cretica subsp. *ariadnae* × *Ophrys spruneri* subsp.*grigoriana* – 354, 369
Ophrys cretica subsp. *beloniae* – 128, 129

Ophrys cretica subsp. *bicornuta* – 46, 52, 60, 62, 128, **134**, 370
Ophrys cretica subsp. *bicornuta* × *Ophrys sphegodes* – 355, 370
Ophrys cretica subsp. *carpathensis* – 130
Ophrys cretica subsp. *cretica* – 46, 52, 60, 62, 128, 129, 130, **136**, 140, 220, 370
Ophrys cretica subsp. *cretica* × *Ophrys mammosa* – 355, 370
Ophrys cretica subsp. *naxia* – 130
Ophrys distoma – 124
Ophrys doerfleri – 40, 41, 129, 212, 215,239
Ophrys episcopalis – 40, 46, 51, 52, 60, 62, 142, 143, 144, **146**, 151, 158, 240, 244, 364, 371, 372, 373, 376, 398, 399, 400, 403, 404, 405
Ophrys episcopalis × *Ophrys ferrum-equinum* – 355, 371
Ophrys episcopalis × *Ophrys heldreichii* – 355, 372
Ophrys episcopalis × *Ophrys spruneri* subsp. *spruneri* – 355, 372
Ophrys episcopalis × *Ophrys tenthredinifera* – 355, 373
Ophrys ferrum-equinum – 46, 47, 52, 61, 62, 116, 140, 146, 152, **158**, 360, 366, 371, 373, 403, 404
Ophrys ferrum-equinum × *Ophrys heldreichii* – 355, 373
Ophrys ferrum-equinum subsp. *spruneri* – 240
Ophrys ficalhoana – 244
Ophrys fleischmannii – 46, 47, 52, 58, 62, 162, 163, **170**, 190, 374, 397, 401, 402
Ophrys fleischmannii × *Ophrys iricolor* – 355, 374
Ophrys fleischmannii × *Ophrys omegaifera* subsp. *omegaifera* – 355, 374
Ophrys fuciflora subsp. *candica* – 144
Ophrys fuciflora subsp. *maxima* – 146
Ophrys funerea subsp. *fleischmannii* – 170
Ophrys fusca – 48, 164, 165, 166, 204
Ophrys fusca s.l. – 46, 51
Ophrys fusca subsp. *creberrima* – 46, 52, 59, 62, 130, 162, 163, 164, 165, **174**, 176, 178, 179, 182, 184, 204, 366, 399, 400
Ophrys fusca subsp. *creberrima* × *Ophrys fusca* subsp. *creticola* – 355, 375
Ophrys fusca subsp. *cressa* – 46, 52, 59, 62, 162, 163, 164, 165, 174, **178**, 182, 184, 400
Ophrys fusca subsp. *creticola* – 46, 52, 59, 62, 162, 163, 164, 174, 176, 178, **182**, 188, 375
Ophrys fusca subsp. *fleischmannii* – 170
Ophrys fusca subsp. *leucadica* – 46, 47, 52, 59, 62, 162, 163, 165, **184**, 190, 365, 375, 404, 405

Ophrys fusca subsp. *leucadica* × *Ophrys iricolor* – 355, 375
Ophrys fusca subsp. *omegaifera* – 200
Ophrys fusca subsp. *thriptiensis* – 46, 52, 59, 62, 162, 163, 164, **188**, 402
Ophrys galilaea – 232
Ophrys galilaea subsp. *murbecki* – 232
Ophrys gortynia – 220
Ophrys gottfriediana – 158
Ophrys grandiflora – 244
Ophrys grigoriana – 236
Ophrys heldreichii – 6, 51, 52, 60, 62, 124, 130, 142, 143, 144, 151, **152**, 158, 244, 362, 364, 367, 372, 373, 397, 399, 400, 401, 403, 405
Ophrys heldreichii × *Ophrys tenthredinifera* – 355, 376
Ophrys heldreichii var. *calypsus* – 154
Ophrys heldreichii var. *schlechteriana* – 154
Ophrys heldreichii var. *scolopaxoides* – 152
Ophrys herae – 46, 47, 53, 61, 62, 206, 207, **208**, 212, 216, 377, 396, 397
Ophrys hiulca – 124, 240
Ophrys holoserica – 142
Ophrys holoserica subsp. *maxima* – 146
Ophrys hysterofusca – 164, 179
Ophrys ikariensis – 142
Ophrys iricolor – 46, 51, 52, 59, 62, 162, 163, 170, 182, 184, **190**, 194, 374, 375, 396, 397, 400, 401, 403, 404
Ophrys kotschyi – 129
Ophrys kotschyi subsp. *cretica* – 128
Ophrys leucadica – 162, 184
Ophrys limbata – 244
Ophrys lutea – 224, 225
Ophrys lutea s.l. – 51
Ophrys lutea subsp. *minor* – 232
Ophrys lutea subsp. *omegaifera* – 200
Ophrys lutea var. *minor* – 232
Ophrys mammosa – 40, 41, 46, 47, 53, 61, 62, 129, 130, 136, 206, 207, 208, **212**, 216, 220, 240, 367, 370, 377, 399, 400, 404
Ophrys mammosa × *Ophrys sphegodes* – 207
Ophrys mammosa × *Ophrys sphegodes* subsp. *gortynia* – 355, 377
Ophrys mammosa × *Ophrys spruneri* subsp. *spruneri* – 355, 377
Ophrys melena – 46, 47, 53, 58, 62, 224, 225, **226**
Ophrys mesaritica – 46, 52, 59, 62, 162, 163, 190, **194**
Ophrys minoa – 144
Ophrys minor – 232
Ophrys minor subsp. *galilaea* – 232

Ophrys neglecta – 244
Ophrys oestrifera subsp. *bremifera* – 142
Ophrys omegaifera – 164, 170, 176
Ophrys omegaifera subsp. *basilissa* – 46, 52, 59, 63, 162, 163, **196**, 200, 397
Ophrys omegaifera subsp. *fleischmannii* – 170
Ophrys omegaifera subsp. *omegaifera* – 46, 52, 59, 63, 162, 163, 196, **200**, 232, 374, 378, 396, 397, 401, 402, 403, 404
Ophrys omegaifera subsp. *omegaifera* × *Ophrys sicula* – 355, 378
Ophrys phryganae – 46, 47, 53, 58, 63, 224, 225, **228**, 232, 368, 379, 396, 397, 398, 400, 401
Ophrys phryganae × *Ophrys sicula* – 355, 379
Ophrys pseudomammosa – 207
Ophrys rhodia – 248
Ophrys scolopax subsp. *heldreichii* – 152
Ophrys sicula – 40, 46, 47, 53, 58, 63, 166, 200, 224, 225, 226, 228, **232**, 378, 379, 396, 397, 400, 401, 403, 404, 405
Ophrys sitiaca – 46, 47, 52, 59, 63, 162, 163, 176, 200, **204**, 402
Ophrys sphaciotica – 236, 238, 239, 240
Ophrys sphegodes – 51, 208, 242
Ophrys sphegodes s.l. – 207
Ophrys sphegodes subsp. *cretensis* – 46, 53, 61, 63, 130, 134, 164, 182, 206, 207, 208, **216**, 220, 244, 379, 396, 397, 400, 401, 402
Ophrys sphegodes subsp. *cretensis* × *Ophrys tenthredinifera* – 355, 379
Ophrys sphegodes subsp. *gortynia* – 46, 53, 61, 63, 136, 206, 207, 212, 216, **220**, 240, 370, 377, 380, 401
Ophrys sphegodes subsp. *gortynia* × *Ophrys mammosa* – 355
Ophrys sphegodes subsp. *gortynia* × *Ophrys spruneri* subsp. *spruneri* – 355, 380
Ophrys sphegodes subsp. *mammosa* – 212
Ophrys sphegodes subsp. *spruneri* – 240
Ophrys spiralis – 350
Ophrys spruneri – 40, 51, 130, 206, 215, 236, 239
Ophrys spruneri subsp. *cretica* – 128
Ophrys spruneri subsp. *grigoriana* – 46, 53, 61, 63, **236**, 238, 239, 240, 369, 396
Ophrys spruneri subsp. *spruneri* – 46, 53, 61, 63, 124, 134, 146, 212, **240**, 244, 369, 372, 377, 380
Ophrys spruneri subsp. *spruneri* × *Ophrys tenthredifera* – 355, 380
Ophrys tabanifera – 124
Ophrys tenoreana – 244

Ophrys tenthredinifera – 2, 40, 46, 48, 51, 53, 58, 63, 124, 146, 152, 216, 240, **244**, 363, 373, 376, 379, 380, 397, 399, 400, 401, 403, 404, 405
Ophrys thriptiensis – 188
Ophrys transhyrcana – 41, 206, 212
Ophrys umbilicata – 51
Ophrys umbilicata subsp. *rhodia* – 46, 47, 53, 60, 63, **248**
Ophrys vernixia – 250
Ophrys vernixia subsp. *orientalis* – 46, 47, 51, 53, 58, 63, **250**
Ophrys villosa – 244
Ophrys zoniana – 164, 179
Orchis ×dietrichiana – 252
Orchis ×hybrida – 252
Orchis acuminata – 282
Orchis anatolica – 46, 47, 50, 51, 53, 57, 63, 86, 252, **254**, 256, 258, 304, 324, 381, 382, 398, 402, 403, 404, 405
Orchis anatolica × *Orchis prisca* – 355, 380, 402
Orchis anatolica × *Orchis quadripunctata* – 252, 308, 355, 382, 401, 402
Orchis anatolica subsp. *sitiaca* – 262
Orchis anthropophorum – 64
Orchis aphylla – 98
Orchis boryi – 46, 47, 50, 51, 53, 57, 63, **266**, 286, 290, 300, 384, 385, 399, 400
Orchis boryi × *Orchis laxiflora* – 355, 384
Orchis boryi × *Orchis papilionacea* subsp. *heroica* – 355, 385
Orchis boryi × *Orchis laxiflora* – 384
Orchis cassidea – 274
Orchis collina – 40, 46, 50, 51, 53, 56, 63, 72, **270**, 396, 397, 399, 400
Orchis commutata – 387
Orchis conica – 114
Orchis coriophora subsp. *fragrans* – 274
Orchis coriophora subsp. *sancta* – 316
Orchis cyrilli – 312
Orchis decipiens – 296
Orchis dinsmorei – 294
Orchis ensifolia – 286, 292
Orchis expansa – 296
Orchis fedtschenkoi – 270
Orchis fragrans – 40, 46, 50, 51, 53, 57, 63, 68, 178, **274**, 296, 316, 385, 397, 399, 400, 403
Orchis fragrans × *Orchis sancta* – 355, 385
Orchis hanrii – 282
Orchis hostii – 258
Orchis italica – 40, 46, 50, 51, 53, 57, 63, 64, **278**, 320, 386, 396, 397, 399, 400, 401, 404

Orchis italica × *Orchis simia* – 355, 386
Orchis lactea – 46, 50, 51, 53, 57, 63, 114, **282**, 324, 386, 387, 397, 399, 400, 404
Orchis lactea × *Orchis tridentata* – 355, 386
Orchis laxiflora – 46, 50, 51, 53, 56, 63, 266, **286**, 290, 292, 384, 396, 400, 402, 404
Orchis leucoglossa – 270
Orchis leucostachys – 312
Orchis longicruris – 278
Orchis macra – 320
Orchis mediterranea – 86
Orchis militaris – 252
Orchis morio – 50, 57
Orchis morio subsp. *boryi* – 266
Orchis morio subsp. *picta* – 46, 47, 51, 53, 63, **290**
Orchis morio var. *picta* – 290
Orchis palustris – 50, 56
Orchis palustris var. *laxiflora* – 286
Orchis palustris var. *robusta* – 43, 46, 47, 51, 53, 63, **292**
Orchis papilionacea – 51, 296
Orchis papilionacea subsp. *alibertis* – 46, 53, 57, 63, 297, **298**, 300
Orchis papilionacea subsp. *heroica* – 40, 46, 53, 57, 63, 266, 296, 297, 298, **300**, 385, 396, 397, 400, 403
Orchis papilionacea subsp. *rubra* – 296, 297, 298
Orchis patens subsp. *falcicalcarata* – 308
Orchis patens subsp. *nitidifolia* – 308
Orchis pauciflora – 2, 46, 47, 50, 51, 53, 56, 63, 254, 258, 262, **304**, 312, 388, 389, 396, 397, 399, 400, 401, 402
Orchis pauciflora × *Orchis quadripunctata* – 355, 388
Orchis pauciflora × *Orchis sitiaca* – 355, 389
Orchis prisca – 46, 50, 51, 53, 57, 63, 254, **308**, 380, 401, 402
Orchis provincialis – 46, 47, 50, 51, 53, 56, 63, 86, 253, 254, 262, **312**, 390, 397, 399
Orchis provincialis × *Orchis sitiaca* – 355, 390
Orchis provincialis subsp. *pauciflora* – 304
Orchis purpurea – 252
Orchis quadripunctata – 40, 46, 50, 51, 53, 56, 63, 252, 254, **258**, 262, 304, 382, 388, 391, 398, 399, 400
Orchis quadripunctata × *Orchis sitiaca* – 355, 391
Orchis rariflora – 254
Orchis robusta – 292
Orchis romana – 86
Orchis rubra – 296

274, **316**, 385
Orchis sezikiana – 253, 382
Orchis simia – 46, 50, 51, 53, 57, 63, *64*, 278, **320**, 386, 397, 399, 400
Orchis sitiaca – 46, 47, 50, 51, 53, 57, 63, 252, 253, 254, **262**, 266, 304, 308, 312, 389, 390, 391, 397, 399, 400, 402
Orchis tenoreana – 282
Orchis tridentata – 46, 47, 50, 51, 53, 57, 63, 112, 114, 252, 282, **324**, 386, 387, 398, 400
Orchis tridentata subsp. *commutata* – 114
Orchis undulatifolia – 278
Orchis ustulata – 114, 252
Orchis variegata – 324

Serapias bergonii – 40, 46, 47, 51, 53, 55, 63, 328, **330**, 338, 342, 346, 392, 399, 400, 401
Serapias bergonii × *Serapias lingua* – 355, 391
Serapias bergonii × *Serapias orientalis* – 355, 392
Serapias columnae – 338
Serapias cordigera s.l. – 51
Serapias cordigera subsp. *cretica* – 46, 53, 55, 63, 328, **334**, 338, 398, 392, 398, 399, 400
Serapias cordigera subsp. *cretica* × *Serapias lingua* – 355, 392
Serapias cordigera subsp. *laxiflora* – 330
Serapias elongata – 346
Serapias exaltata – 338
Serapias hellenica – 330
Serapias laxiflora – 330
Serapias laxiflora var. *columae* – 338
Serapias lingua – 46, 51, 53, 55, 63, 328, 329, 330, 334, **338**, 392, 396, 399, 400
Serapias orientalis – 40, 46, 51, 53, 55, 63, 329, **342**, 392, 397, 399, 404
Serapias parviflora – 46, 47, 51, 53, 55, 63, 328, 330, **346**
Serapias vomeracea subsp. *laxiflora* – 330
Serapias vomeracea subsp. *orientalis* – 342
Serapis parviflora var. *columnae* – 338
Spiranthes autumnalis – 350
Spiranthes spiralis – 46, 47, 53, 55, 63, **350**, 399, 400, 403

Danksagung

Unveröffentlichte Fundortdaten haben zur Verfügung gestellt:

H. D. BERGFELD (Karlsruhe)
N. BERLINGHOF (Wörth)
H. Jansen (Essen)
C. GEMBARDT (Weinheim)
R. JAHN (Radebeul)
R. LEHNER (München)
C. KREUTZ (Landgraaf, Niederlande)
D. & U. RÜCKBRODT (Lampertheim)

Mit Bildvorlagen haben das Werk gefördert:

H. BLATT (Friedberg)
J. CLAESSENS (AW Geule, Niederlande)
K. HEISE (Bebra)
S. HERTEL (Haag)
R. JAHN (Radebeul)
R. KOHLMÜLLER (Erlangen)
C. KREUTZ (Landgraaf, Niederlande)
W. LÜDERS (Herzberg)
M. PERSELIS (Kasos)

Ihnen allen sei an dieser Stelle herzlich gedankt.

Besonderen Dank schulden wir Ralf JAHN. Er hat nicht nur einen wertvollen Beitrag über die Insel Gávdos verfaßt, sondern auch das Manuskript kritisch gelesen und uns durch zahlreiche Kommentare wertvolle Anregungen geliefert. Dankbar sind wir auch Bärbel ECCARIUS für ihre mannigfache Unterstützung.

Unterkunftsmöglichkeiten / hilfreiche Adressen

Kreta:

Cretan Villa Hotel
Oplarhigu Lakerda 16
72200 Ierapetra / Crete - Greece
Tel./Fax: 0030 842 28522
Internet: http://www.cretan-villa.com

Hotel El Greco
Christ. Christoforakis
74056 Agia Galini / Crete - Greece
Tel.: 0030 832 91187 / Fax: 91491

Hotel & Restaurant Tropical
Georgios Paidakis
Ammoudara
Gazi, Heraklion / Crete - Greece
Tel.: 0030 81 822122

Hotel Neos Omalos
Omalos - Chania / Crete - Greece
Tel.: 0030 821 67590 / Fax: 67190
Email: omalosdr@otenet.gr

Karpathos:

Hotel Titania, Sevdalis S.A.
Pigadia Karpathos 85700
Dodekanisa - Greece
Tel.: 0030 245 22144 / Fax: 23307

Lefkos Rent A Car, Sissamis Nikos, Lefkos
85700 Karpathos - Greece
Tel./Fax: 0030245 71057

Kasos:

Kasos Maritime and Tourist Agency
Emmanuel S. Manousos
Kasos Dodekanisos - Greece
Tel. 0030 245 41323
Email: emanousos@rho.forthnet.gr

Auf Kasos gibt es keine Auto-Vermietung.